全国高职高专规划教材·通信工程系列

DSP 技术及应用

黎步银　张平川　主　编

薛宏甫　副主编

黄兆祥　主　审

北京大学出版社

PEKING UNIVERSITY PRESS

内 容 简 介

本书针对目前应用最为流行的 TI 公司 C54 系列 DSP，通过典型实例的模块化的形式，详细介绍了 C54 系列 DSP 常用模块与综合应用系统设计的方法与技巧。全书共分 3 篇 12 章，第 1 篇为 DSP 应用基础知识，主要介绍 DSP 基本硬件知识、指令系统及编译方法工具 CCS，主要让读者先对 DSP 及其开发有一个基本了解。第 2 篇为 DSP 基本模块设计与实训，主要介绍键盘与数码、液晶显示、ADC/DAC、信号发生器、基本信号 FFT、LMS 处理、通信等常用模块。第 3 篇为 DSP 综合应用系统设计案例，重点介绍 DSP 短波通信系统、多路视频处理系统、数据采集系统、指纹采集系统应用项目，详细介绍了如何以 DSP C54 等系列芯片为控制核心，实现大型综合应用系统的整个设计思路和详细过程。通过此篇的学习，对 DSP 的综合系统设计的能力将迅速得到提升。

本书适合作为电子信息工程技术、自动化技术、仪器仪表、检测技术、应用电子技术、计算机技术等相关专业的学生用书，也可作为从事 DSP 应用开发的科研及工程技术人员的参考用书。

图书在版编目(CIP)数据

DSP 技术及应用／黎步银，张平川主编. —北京:北京大学出版社，2011.10
(全国高职高专规划教材·通信工程系列)
ISBN 978-7-301-19266-5

Ⅰ.①D…　Ⅱ.①黎…②张…　Ⅲ.①数字信号处理－高等职业教育－教材　Ⅳ.①TN911.72

中国版本图书馆 CIP 数据核字(2011)第 145766 号

书　　　名：**DSP 技术及应用**
著作责任者：黎步银　张平川　主编
策 划 编 辑：桂　春
责 任 编 辑：桂　春
标 准 书 号：ISBN 978-7-301-19266-5/TN·0072
出 版 发 行：北京大学出版社
地　　　址：北京市海淀区成府路 205 号　100871
电　　　话：邮购部 62752015　发行部 62750672　编辑部 62765126　出版部 62754962
网　　　址：http://www.pup.cn
电 子 信 箱：zyjy@pup.cn
印　刷　者：河北滦县鑫华书刊印刷厂
经　销　者：新华书店
787 毫米×1092 毫米　16 开本　14.25 印张　365 千字
2011 年 10 月第 1 版　2011 年 10 月第 1 次印刷
定　　　价：29.00 元

前　言

随着电子信息技术的发展，数字信号处理器及其技术应用也得以迅速普及，其中 TI 公司的系列 DSP 芯片及其应用最为典型。该系列 DSP 技术的相关课程已经成为各大学电子信息、自动化、计算机等相关专业的必修课程，迄今为止，其他任何系列的 DSP 系列都无法与它相提并论。

DSP 的应用开发，是软件与硬件相结合的综合过程。要完成 DSP 应用系统的开发，用户不仅需要掌握编程技术，还需要针对实际应用选择合理的 DSP 芯片和外围器件，并以此为基础，设计硬件电路。所以，通过具体实例来学习 DSP 系统的开发是一条科学且快捷的途径。基于这个原则，本书作者根据多年积累的 DSP 系统开发经验，以典型应用模块为载体，详细介绍了 TI 公司 DSP 常用模块与综合应用系统设计的方法与技巧。

本书有以下几点特色。

(1) 围绕"经验"和"实践"：从基本知识开始，然后根据不同模块和应用领域，分篇安排应用实例。

(2) 突出"应用"和"实用"：安排具有代表性、技术先进性、应用广泛的典型实例，供读者借鉴。除介绍基本设计原理外，还穿插了一些基本经验、技巧和注意事项，有利于读者快速提高。

(3) 体现"即学即用、学以致用"的境界：在学习中，尽量做到反复理解和演练，以达到融会贯通、举一反三的功效。尽量和工作实践联系起来，以期更好的收获。

本书共分 3 篇，主要内容安排如下。

第 1 篇为 DSP 应用基础知识，由第 1、2、3、4 四章内容组成，主要介绍 DSP 系列的基本硬件知识、指令系统及编译方法工具 CCS。主要让读者先对 DSP 及其开发程序有一个基本了解。

第 2 篇为 DSP 基本模块设计与实训，由第 5、6、7、8 四章内容组成。涵盖了键盘与数码、液晶显示、ADC/DAC、信号发生器、基本信号 FFT、LMS 处理、通信模块等常用模块。而且这些模块实例基础实用、易学易懂，全部调试通过，读者即使是门外汉，也可以一学就会，轻松自如。

第 3 篇为 DSP 综合应用系统设计案例，由第 9、10、11、12 四章内容组成。重点通过 DSP 短波通信系统、多路视频处理系统、数据采集系统、指纹采集系统应用项目，详细介绍了如何以 DSP C54 等系列芯片为控制核心，实现大型综合应用系统的设计。通过此篇的学习，可以使 DSP 的综合系统设计能力迅速得到提升，高速加入优秀 DSP 工程师的行列。

本书第 1～6 章及附录 1、2 由漯河职业技术学院张平川老师编写，第 7～9 章由漯河电视台高级工程师薛宏甫编写，第 10～12 章由华中科技大学黎步银教授编写。全书由张平川统稿，华中科技大学文华学院黄兆祥主审。

由于时间仓促，书中难免存在不足和错误之处，欢迎广大读者批评指正。

编　者

2011 年 9 月

目　录

第 1 篇

DSP 应用基础知识

第1章　绪　论

DSP是Digital Signal Processing（数字信号处理）或Digital Signal Processor（数字信号处理器）的缩写。数字信号处理，或者说对信号的数字处理，是利用计算机或专用的数字设备对数字信号进行采集、变换、滤波、估值、增强、压缩和识别等加工处理，以获得符合人们需要的信号形式并进行有效的传输与应用。DSP是20世纪60年代发展起来的，并广泛应用于许多领域的新兴学科。数字信号处理系统是以数字信号处理为基础的。

DSP系统的输入信号可以有各种各样的形式，例如：声音、图像、温度、压力等。假设我们输入的是语音信号，DSP系统首先对语音信号进行带限滤波和抽样，根据Nyquist定理，采样频率至少必须是输入带限信号最高频率的两倍，以防止信号频谱混叠，保证语音信息不丢失。

DSP、单片机以及嵌入式微处理器都是嵌入式家族的一员。与单片机相比，DSP是功能更强大的单片机，是现代电子技术、大规模集成电路、计算机技术和数字信号处理技术相结合的产物，特别适合于数字信号处理运算，主要应用于实时快速实现各种数字信号处理算法（如卷积运算、FFT、DFT、矩阵乘法等）。数字信号处理运算的特点是乘/加及反复相乘求和（乘积累加）。为了能快速地进行数字信号处理的运算，DSP设置了硬件乘法/累加器，并能在单个指令周期内完成乘/加运算。为满足FFT、卷积等数字信号处理的特殊要求，目前DSP大多在指令系统中设置了“循环寻址”及“位倒序”寻址指令和其他特殊指令，使得寻址、排序的速度大大提高。嵌入式微处理器与DSP的一个很大区别，就是嵌入式处理器的地址线要比DSP的数目多，所能扩展的存储器空间要比DSP的存储器空间大得多，所以可配置实时多任务操作系统（RTOS）。RTOS是针对不同处理器优化设计的高效率、可靠性和可信性很高的实时多任务内核，它将CPU时间、中断、I/O、定时器等资源都包装起来，留给用户一个标准的应用程序接口（API），并根据各个任务的优先级，合理地在不同任务之间分配CPU时间。DSP是一种具有特殊结构的微处理器，为了达到快速进行数字信号处理的目的，DSP的总线结构大都采用了程序和数据分开的形式，并具有流水线操作的功能，单周期完成乘法的硬件乘法器以及一套适合数字信号处理运算的指令集。

1.1　DSP芯片发展概况

目前，DSP的主要生产厂家有美国德州仪器公司（TI，Texas Instruments）的TI公司、AD公司、Lucent公司、Motorola公司，其中TI公司的DSP产品占据市场主导地位。

TI作为全球DSP的领导者，TI公司的产品包括低端的低成本低速度DSP到高端大运算量的DSP产品。当前主推三个DSP平台：TMS320C2000、TMS320C5000和

TMS320C6000。其中包括多个子系列，数十种 DSP 器件，为用户提供广泛的选择，以满足各种不同应用的需求。TMS320C2000 系列 DSP 主要用于代替 MCU，应用于各种工业控制领域，尤其是电机控制领域。TMS320C5000 系列 DSP 是为实现低功耗、高性能而专门设计的 16 位定点 DSP 芯片，它主要应用于通信和消费类电子产品，如手机、数码相机、无线通信基础设备、VoIP 网关、IP 电话、MP3 等。TMS320C6000 系列的 DSP 主要应用于高速宽带和图像处理等高端应用，如宽带通信、3G 基站和医疗图像处理等。

TI 公司成功地推出了 DSP 芯片的一系列产品。TMS320 是包括定点、浮点和多处理器在内的数字信号处理器（DSP）系列，其结构非常适合于做实时信号处理，其发展示意图如图 1-1 所示。本书后续内容将以 TMS320C5000 系列为主进行介绍。

TI 的三大主力 DSP 产品：

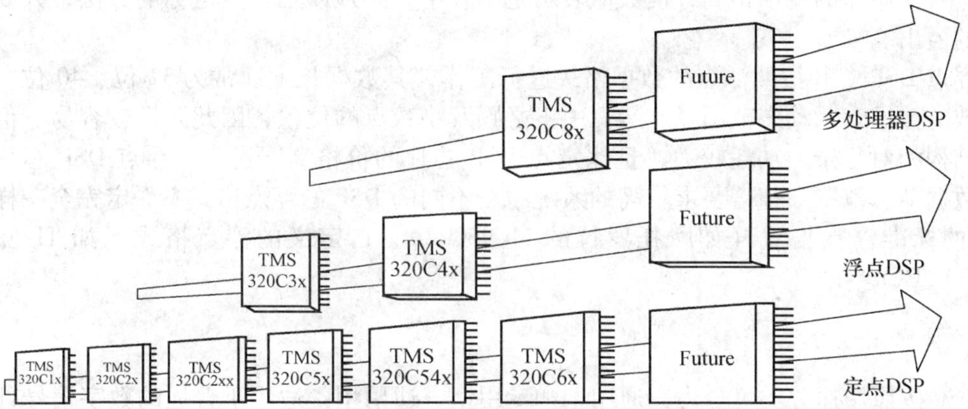

图 1-1　TMS320 系列 DSP 发展示意图

C5000 系列：C54X，C54XX，CSSX（低功耗）；

C2000 系列：C20X，F20X，F24X，F24XX（控制器）；

C6000 系列：C62XX，C67XX，C64X（高性能）。

TI 其他 DSP 产品：

C3X 系列（浮点）：C30，C31，C32，VC33；

C2X 和 C5X 系列：C20，C25，C50 等；

C4X，C8X 系列。

DSP 的发展趋势：

- 更高的运行速度和信号处理速度；
- 多 DSP 协同工作；
- 更方便的开发环境；
- 大量专用 DSP 的出现（DSP 核）；
- 更低的价格，或更高的性能/价格比；
- 更广泛的应用（每年以 30% 增长）；
- 更低的功耗（C55X 0.05mw/MIPS）。

1.2 DSP 分类及技术指标

1.2.1 DSP 分类

DSP 一般按以下两种方式分类。

1. 按数据格式分

按数据格式分可分为定点芯片和浮点芯片两类。定点 DSP 芯片按照定点的数据格式进行工作，其数据长度通常为 16 位、24 位、32 位。定点 DSP 的特点：体积小、成本低、功耗小、对存储器的要求不高；但数值表示范围较窄，必须使用定点定标的方法，并要防止结果的溢出。

浮点 DSP 芯片按照浮点的数据格式进行工作，其数据长度通常为 32 位、40 位。由于浮点数的数据表示动态范围宽，运算中不必顾及小数点的位置，因此开发较容易。但它的硬件结构相对复杂、功耗较大，且比定点 DSP 芯片的价格高。通常，浮点 DSP 芯片使用在对数据动态范围和精度要求较高的系统中。不同的 DSP 的浮点格式不一定完全一样，如 IEEE 的标准浮点格式（如摩托罗拉的 MC96002）、自定义的浮点格式（如 TI 公司的 TMS320C3X）。

2. 按照用途分类

DSP 按照用途分类可分为：通用型和专用型。通用型：适用于普通的数字信号处理应用。专用型：适用于不同的数字信号处理运算或特定的应用场合。例如，数字卷积、数字滤波、FFT 等。

1.2.2 DSP 技术指标

DSP 的主要技术指标比较多，不同厂商的产品指标从不同角度描述了 DSP 的处理能力或技术性能，主要指标包括以下几个方面。

1. 时钟频率

时钟频率要考虑两个方面：一是 DSP 内部工作主频，真正的工作频率。一般是内部主频越高，DSP 的数据处理速度越快。另一个是 DSP 的外部时钟频率，这是 DSP 片外所加的实际时钟频率，这个时钟频率一般要经过 DSP 内部的锁相环倍频至 DSP 的内部工作主频。外部时钟频率低有利于减少外部电路间的干扰，使 PCB 布线容易。所以一般是外部时钟频率低（减少干扰），内部时钟频率高（提高处理速度）。

2. 机器周期

机器周期是执行一条指令所需要的时间。DSP 的大部分指令是单周期指令，即执行时间为一个机器周期。它也从一个方面反映了 DSP 的数据处理速度。

3. MIPS

目前，最通常使用的是 MIPS（Millions of Instruction Per Second），即每秒执行的百万条指令。它综合了时钟频率、DSP 并行度、机器周期等描述 DSP 处理速度的指标。可从 MIPS 来计算机器周期：

例如，TMS320LF2407A 的 MIPS 为 40MIPS，其机器周期为 25 ns。

4. 指令执行速度 MOPS

MOPS（Millions of Operation Per Second）是指每秒执行的百万条操作。但是操作次数并不等于指令条数。一般完成一条指令需要若干次操作。但是不同的 DSP 对于操作的定义不同，不同指令所需要完成的操作次数也不相同。所以 MOPS 指标只是相对于同一种 DSP 系列使用才有意义。

5. 浮点运算速度 MFLOPS

MFLOPS（Millions of Float Operation Per Second）是指每秒执行的百万次浮点运算，是衡量浮点 DSP 浮点运算能力的又一个指标。是指浮点 DSP 内部浮点处理单元每秒钟执行浮点运算的次数。

6. MACSMACS

MACSMACS 是指 DSP 在 1 秒内完成乘—累加运算的次数。因为乘/累加运算是数字信号处理算法中的基本运算。但是 DSP 的应用涉及许多乘/累加运算以外的运算，MACS 并不是全面评价 DSP 性能的指标。

上述的有关衡量 DSP 运算速度的指标，均以程序、数据都在 DSP 内部，DSP 全速运行的结果。实际上，当程序、数据有一部分在 DSP 片外时，尤其是存储器的速度跟不上 DSP 速度要求时，DSP 处理速度就不得不降下来。

1.3　DSP 的特点

1.3.1　DSP 的性能特点

1. 数字信号处理的主要优点

（1）灵活性

当需要改变一个模拟系统的应用时，你可能不得不修改硬件设计，或调整硬件参数。而在数字处理系统，你可以通过改变数字信号处理软件来修改设置，以适应不同的需要。

（2）精度

在模拟处理系统，系统精度受元器件影响，同一批次产品可能有不同的性能。而在数字处理系统中，精度仅与 A/D 的位数和计算机字长、算法有关，它们是在设计系统时就已经决定了的。

(3) 可靠性和可重复性

模拟系统易受环境温度、湿度、噪声、电磁场等的干扰和影响，而数字系统的可靠性和可重复性好。

(4) 大规模集成

模拟系统尽管已有一些模拟集成电路，但品种较少、集成度不高、价格较高。而数字系统中 DSP 体积小、功能强、功耗小、一致性好、使用方便、性价比高。

(5) 虚拟特性与升级

一套模拟系统只能对应一种功能，升级意味着新型号的系统的研制。而数字系统中一套系统对应多种功能，只要装上不同的软件即可。

(6) 特殊应用

有些应用只有数字系统才能实现。例如：信息无失真压缩（LOSSLESS COMPRESSION），V 型滤波器（NOTCH FILTER），线性相位滤波器（LINEAR PHASE FILTER）等。

2. 数字信号处理的局限性

(1) 实时性

模拟系统中除开电路引入的延时外，处理是实时的。而数字系统是由计算机的处理速度决定。

(2) 高频信号的处理

模拟系统可以处理包括微波毫米波乃至光波信号，而数字系统按照奈奎斯特准则的要求，受 S/H，A/D 和处理速度的限制。

(3) 模拟与数字信号的转换

现实世界的信号绝大多数是模拟的（温度、速度、压力等），转换成的电信号也是模拟的（电流、电压等）。要实现数字处理，就必须进行转换。所以一般在一个 DSP 系统中都有 A/D 或 D/A 转换电路，这也限制了 DSP 的应用。

1.3.2 DSP 的结构特点

1. 哈佛结构

哈佛结构是指程序与数据存储空间分开，各有独立的地址总线和数据总线，取指和读数可以同时进行，从而提高速度。

2. 用指令流水线

三级流水线的工作过程如下所示。

取指	译码	寻址	取数	运算	存储		
	取指	译码	寻址	取数	运算	存储	
		取指	译码	寻址	取数	运算	存储

3. 硬件乘法/累加器

在卷积、数字滤波、FFT、相关、矩阵运算等算法中，都有 $\Sigma SA(k)B(n-k)$ 一类的运算，其中包含大量重复乘法和累加。在通用计算机的乘法用软件实现，需要用若十个机器周期。而 DSP 有专用的硬件乘法器，使用 MAC 指令（取数、乘法、累加），可以在单周期内完成。

4. 多种寻址方式

循环寻址（circular addressing），位倒序（bit-reversed）等特殊指令，使 FFT、卷积等运算中的寻址、排序及计算速度大大提高。1024 点 FFT 的时间已小于 1 ms。

5. 独立的 DMA 总线和控制器

有一组或多组独立的 DMA 总线，可以与 CPU 的程序、数据总线并行工作。在不影响 CPU 工作的条件下，DMA 速度已达 800 Mb/s 以上。

6. 多处理器接口

现在的 DSP 中大多都提供了串口和并口，使多个处理器可以很方便地并行或串行工作。如 TMS320C40 有 6 个 8-bit 的接口，VC5420 提供 MsBSP 和 16 位的并口，ADI 的 ADSP21160 也有类似的结构。

7. 仿真及测试

所有 DSP 芯片都包含 JTAG（Joint Test Action Group）标准测试接口（IEEE 1149 标准接口），便于对 DSP 作片上的在线仿真和多 DSP 条件下的调试。

1.4 TMS320 系列 DSP 的典型应用

自从 20 世纪 70 年代末第一个 DSP 芯片诞生以来，DSP 芯片取得了飞速的发展。在随后的 20 年里，DSP 芯片已经在信号处理、音/视频、通信、消费、军事等诸多领域得到了广泛的应用。随着 DSP 芯片性价比的不断提高，单位运算量功耗的显著降低，DSP 芯片的应用领域将会不断扩大。DSP 第一类应用：采用专门的复杂算法来处理大量数据。以声纳和地震探矿为例，算法非常复杂，产品的设计工作量很大，也更复杂。因此使用性能最高的、最容易使用的、能支持多处理器配置的方案。DSP 第二类应用：大量便宜的嵌入式系统，如手机、硬盘和光盘驱动器（用于伺服控制）和便携式播放器。在这些应用中，成本和集成是极为重要的。对便携式的以电池供电的产品，功耗也极为重要。表 1-1 列出了 TMS320 系列 DSP 的典型应用。

表 1-1 TMS320 系列 DSP 的典型应用

音　频	视频和影像	宽带解决方案	无线通信	数位控制
音/视频接收机	数码相机	802.11 无线局域网络	蓝牙解决方案	数字电源
数字广播	多功能打印机	线缆解决方案	2.5 G 和 3 G 的 OMAP	开关电源
数字音频	网上媒体	DSL 解决方案	射频产品	不间断电源
网络音频	视频和影像产品	企业 IP 电话	无线芯片组	
	有线数字媒体	分组网络语音（VoIP）	无线基础设施	
	● IP 视频电话	VoIP 网关解决方案		
	● 监控系统			
	● 视频统计型多工机			
汽　车	**马达控制**	**电话设备**	**光　网**	**安　全**
车身系统	● HVAC	用户端电话设备	光层应用	生物识别
底盘系统	● 工业控制/马达驱动	嵌入式 Modem	实体层应用	
汽车网络信息系统	● 电源工具			
传动系统	● 打印机/影印机			
安全系统	● 大型家电			
防盗系统				

1.5 本章小结

本章主要介绍了 DSP 的基本概念、结构特点及性能特点、分类和技术指标、芯片的发展概况和发展趋势以及 TMS320 系列的典型应用。应主要掌握 DSP 的基本概念、性能指标、和机构特点。

1.6 习　题

1. 什么是 DSP？
2. DSP 的特点是什么？
3. DSP 的哪些结构保证它能高速实时处理信号？

第 2 章　TMS320C54x 硬件结构

2.1　TMS320C54x DSP 内部结构

2.1.1　TMS320C54x DSP 的基本结构

C54x DSP 是 TMS320C5000TM DSP 平台中比较典型的芯片。图 2-1 为 TMS320C54x 的组成框图，图 2-2 为 TMS320C54x 的内部功能框图。

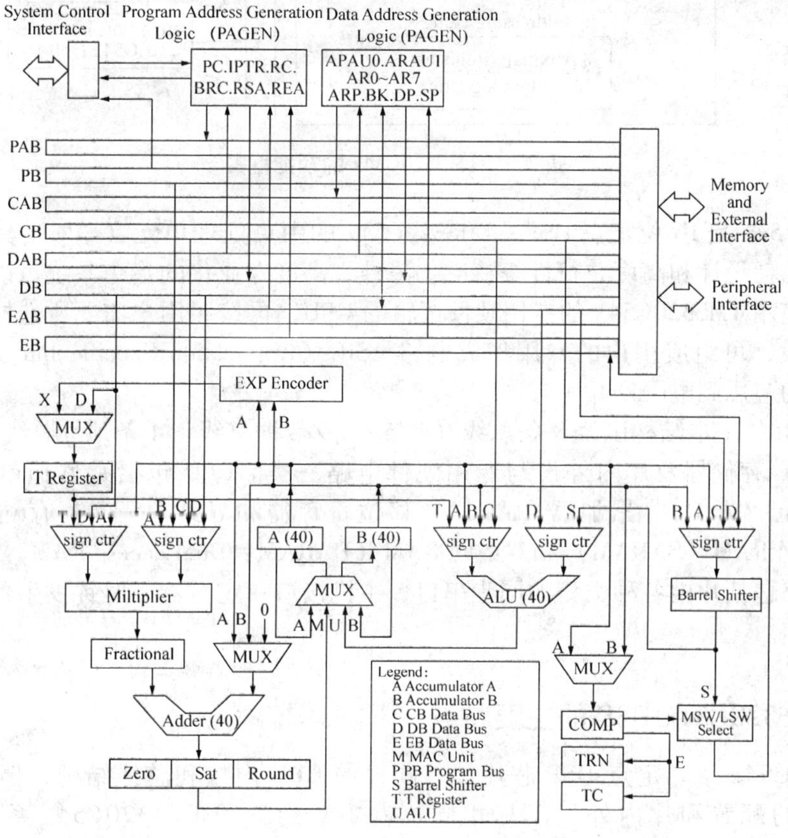

图 2-1　TMS320C54x 的组成框图

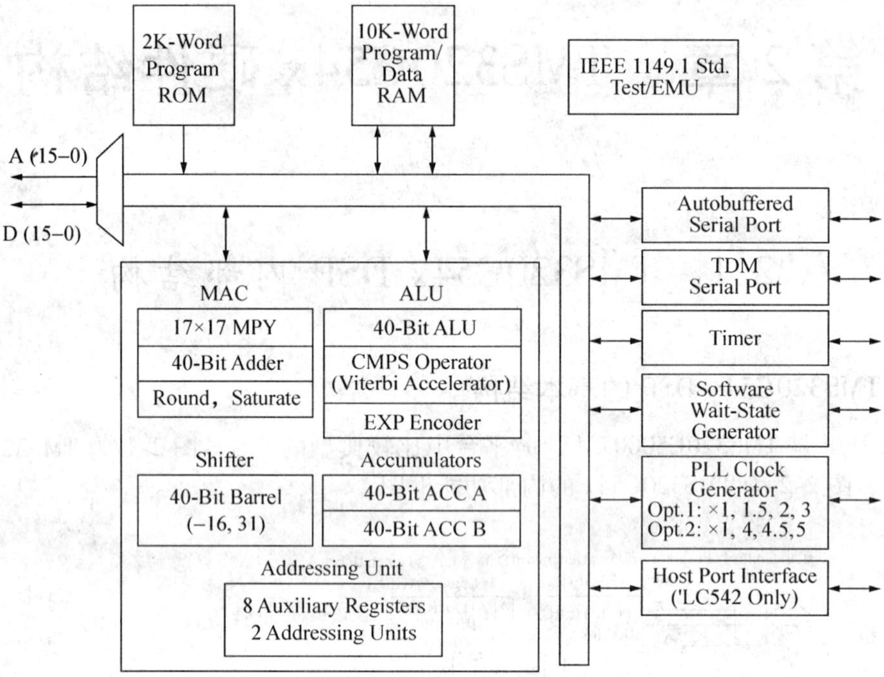

图 2-2　TMS320C54x 的功能框图

TMS320C54x 是 16 位定点 DSP。TMS320C54x 的中央处理单元（CPU）具有改进的哈佛结构、低功耗设计和高度并行性等特点。另外，高度专业化的指令系统可以全面地发挥系统性能。使用 TMS320C54x 的专用硬件逻辑的 CPU，再按照用户需要所选择的片内存储器和片内外设，可组成用户的专用集成电路 ASIC（Application Specific Integrated Circuit）以更加灵活的应用到电子产品中。

C54x DSP 的基本结构围绕 8 条总线（4 条程序/数据总线和 4 条地址总线），有中央处理器（CPU）、存储器及片内外设与专用硬件电路三类。CPU 包括乘累加单元（MAC）、算术逻辑单元（ALU）、累加器（ACC）、移位寄存器和寻址单元等。存储器包括片内 ROM、单访问 RAM（SARAM）和双访问 RAM（DARAM：Dual access RAM）。片内外设与专用硬件电路包括片内各种类型的同步串口、主机接口、定时器、时钟发生器、锁相环及各种控制电路。

2.1.2　TMS320C54x DSP 的主要特点

TMS320C54x 系列定点 DSP 芯片具有同样的 CPU 内核和总线结构，但每一种器件片内存储器的配置和片内外设不尽相同。表 2-1 列举了 TMS320C54x 系列 DSP 基本配置。

表 2-1　TMS320C54x 系列基本配置汇总表

Featrues	C5401	C5402	C5404	C5407	C5409	C5410	C5416	C5420	C5441	C5470
MIPS	50	30/80/100/160	120	120	30～160	100～160	160	200	532	100
RAM/K	8	16	16	40	32	64	128	200	640	72
ROM/K	4	4/16	64	128	16	16	16	—	—	—
McBSP	2	2	3	3	3	3	3	6	12	2
HPI	8 bit	8/16 bit	8/16 bit	8/16 bit	8/16 bit	8/16 bit	8/16 bit	16 bit	8/16 bit	—
DMA	6 ch	6 ch	6 ch	6 ch	6 ch	6 ch	6 ch	12 ch	24 ch	6 ch
USB	—	—	—	—	—	—	—	—	—	—
UART	—	—	X	X	—	—	—	—	—	2
I^2C	—	—	—	—	—	—	—	—	—	1
Timer	2	2	2	2	1	1	1	2	4	3
Core Voltage/V	1.8	1.8/1.5	1.5	1.5	1.5	1.5	1.5	1.8	1.5	1.8
Power/mW	40 (50 MHz)	60 (100 MHz)	50 (100 MHz)	50 (100 MHz)	72 (100 MHz)	80 (120 MHz)	90 (160 MHz)	266 (100 MHz)	550 (133 MHz)	200 (100 MHz)
Package	144LQFP 144BGA	144LQFP 144BGA	144LQFP 144BGA	144LQFP 144BGA	144LQFP 144BGA	144LQFP 144BGA	144LQFP 144BGA	144LQFP 144BGA	176LQFP 169BGA	257BGA
Samples	—	—	—	—	—	—	—	—	—	—
Production	NOW	NOW	NOW	NOW	NOW	NOW	NOW	NOW	NOW	NOW
Price（10KU）	$3.87	$5～$9.9	$10.02	$15.56	$7.50～14	$16～$19	$24	$50	$100	$17.57

TMS320C54x 的主要特征如下：

（1）高度专业化的指令集能够快速地实现算法并用于高级语言编程优化。其包括：

① 单指令重复和块指令重复。

② 用于更好地管理程序存储器和数据存储器的块移动指令。

③ 32 位长整数操作指令。

④ 指令同时读取 2 或 3 个操作数。

⑤ 并行存储和加载的算术指令。

⑥ 条件存储指令。

⑦ 快速中断返回。

（2）片内外设和专用电路采用模块化的结构设计，可以快速地推出新的系列产品。其包括：

① 可编程分区转换逻辑电路。

② 可编程定时器。

③ 可使用内部振荡源或外部振荡源的锁相环（PLL）时钟发生器。当使用外部振荡源时，内部允许使用多个值对芯片倍频。

④ 可编程软件等待状态发生器。

⑤ 串行口：全双工串口（支持 8 bit 或 16 bit 数据传送）、时分多路（TDM）串口和缓冲（BSP）串口。

⑥ 8 bit 并行主机接口（HPI）。

⑦ 外部总线接口可以禁止或允许外部数据总线、地址总线和控制线的输出。

⑧ 数据总线支持总线挂起的特征。

(3) 存储器具有 192 K 字可寻址存储空间（包括 64 K 字程序存储空间、64 K 字数据存储空间和 64 K 字 I/O 空间）。其中，TMS320C548、TMS320C549、TMS320C5402、TMS320C5410 和 TMS320C5420 的程序存储空间还可以扩展到 8 M 字。片内存储器配置因型而异。

(4) CPU（中央处理单元）利用其专用的硬件逻辑和高度并行性提高芯片的处理性能。

① 1 条程序总线、3 条数据总线和 4 条地址总线组成的改进型哈佛结构，提供了更快的速度和更高的灵活性。

② 40 bit 的算术逻辑单元（ALU）包括 40 bit 的桶形移位器和两个独立的 40 bit 累加器 A、B。

③ 17×17 bit 并行乘法单元和专用的 40 bit 加法器用于无等待状态的单周期乘/累加操作。

④ 比较、选择和存储单元（CSSU）能够完成维特比（Viterbi，通信中的一种编码方式）的加/比较/选择操作。

⑤ 指数译码器可以在单周期内对 40 bit 累加器进行指数运算。

⑥ 两个地址发生器包括 8 个辅助寄存器（AR0～AR7）和两个辅助寄存器算术运算单元（ARAU0、ARAU1）。

⑦ TMS320C5420 还包括一个双 CPU 的结构。

(5) TMS320C54x 电源由 IDLE1、IDLE2 和 IDLE3 功耗下降指令控制功耗，以便 DSP 工作在节电模式下，适合于手机等应用。其控制 CLKOUT 引脚的输出，省功耗。

(6) TMS320C54x 执行单周期定点指令时间为 25/20/15/12. 5/10 ns，每秒指令数为 40/66/100 MIPS。

(7) 在片仿真接口、片上的 JTAG 接口符合 IEEE1149. 1 边界扫描逻辑接口标准，可与主机连接，用于芯片的仿真和测试。

2. 1. 3 TMS320C54x DSP 的引脚功能

C54x DSP 的制造工艺为 CMOS，生产型号不同其引脚个数也不同，下面以 C5402 为例介绍其引脚功能，如表 2-2 所示。C5402 的引脚按作用分为时钟引脚、电源引脚、外部中断引脚、通信端口引脚、地址引脚、控制引脚、通用 I/O 引脚、数据引脚等部分。

表 2-2 C5402 引脚功能

名　称	类	说　明
HPIENA	I	在复位时，DSP 检测到此引脚电平为高，则 HPI 功能正常，若为低则 HPI 功能被禁止，它带有内部上拉电阻，若悬空不接则认为是高
CVDD	PWR	给内核提供 1. 8 V 电源
DVDD	PWR	给 I/O 提供 3. 3 V 电源
VSS	GND	地
TCK	I	JTAG 测试时钟
TDI	I	JTAG 测试数据输入，有内部上拉电阻

续表

名　称	类	说　明
TDO	O/Z	JTAG 测试数据输出，有内部上拉电阻
TMS	I	JTAG 测试模式选择，有内部上拉电阻
$\overline{TRST}$	I	JTAG 测试复位，有内部上拉电阻
NC		未用管脚
EMU0	I/O/Z	仿真器引脚
EMU1/$\overline{OFF}$	I/O/Z	仿真器引脚
$\overline{BIO}$	I	根据此信号电平，DSP 可以进行条件跳转、条件执行等操作
XF	O/Z	标志输出，DSP 用软件可改变此值，$\overline{OFF}$ = 0 时为高阻
$\overline{DS}$	O/Z	对数据空间片外访问时为低，否则为高，$\overline{OFF}$ = 0 时为高阻
$\overline{PS}$	O/Z	对程序空间片外访问时为低，否则为高，$\overline{OFF}$ = 0 时为高阻
$\overline{IS}$	O/Z	对 I/O 空间片外访问时为低，否则为高，$\overline{OFF}$ = 0 时为高阻
$\overline{MSTRB}$	O/Z	对片外的程序空间、数据空间访问时为低，否则为高，$\overline{OFF}$ = 0 时为高阻
READY	I	数据准备好，表明不再需要硬件等待，DSP 可以结束当前片外访问，若 READY 为低，则 DSP 将继续本次访问，在下一个时钟重新检测 READY 管脚
$\overline{IOSTRB}$	O/Z	DSP 进行 I/O 访问时为低，但其低电平持续时间比 $\overline{IS}$ 短
R/W	O/Z	为高表示 DSP 从片外读，为低表示向片外写，平时总为高。$\overline{OFF}$ = 0 时为高阻
$\overline{HOLD}$	I	用于请求 DSP 进入 HOLD 模式，DSP 若接受这一请求，将放弃对片外访问总线的控制权，即令其管脚上的 A0～A19，D0～D15，$\overline{DS}$，$\overline{PS}$，$\overline{IS}$，$\overline{MSTRB}$，$\overline{IOSTRB}$，R/$\overline{W}$等信号为高阻
$\overline{HOLDA}$	O/Z	DSP 收到 $\overline{HOLD}$ 信号并能响应其后，置此管脚为低，并进入 HOLD 模式。$\overline{OFF}$ = 0 时为高阻
$\overline{MSC}$	O/Z	在软件等待期内，此管脚为低，平时为高，$\overline{OFF}$ = 0 时为高阻
BDX0～1	O/Z	串口发数端
BFSX0～1	I/O/Z	串口发数帧同步信号，复位后默认为输入
HD0～7	I/O/Z	主机接口（HPI）的 8 位数据线，主机是一个外部控制器，通过 DSP 的主机接口与 DSP 交换数据。当 HPI 被关闭时，HD0～7 为可编程的通用 I/O，复位时，DSP 采样 HPIENA 以决定 HPI 是否使能
HCNTL0～1	I	主机利用它们来选择 DSP 的 3 个 HPI 寄存器之一进行访问，当 HPIENA = 0 时这两个信号带有内部上拉电阻
HBIL	I	字节标识，用以表明访问的是 16 位数据的第一个或第二个字节，HPIENA = 0 时带有内部上拉电阻
$\overline{HCS}$	I	主机片选，当为低时表示主机访问在进行，HPIENA = 0 时带内部上拉电阻
$\overline{HDS1～2}$	I	数据选通，为低时表示主机访问在进行，HPIENA = 0 时带内部上拉电阻
$\overline{HAS}$	I	地址选通，数据/地址线复用的主机利用此信号将地址线锁存到 HPI 的地址寄存器中，HPIENA = 0 时带内部上拉电阻
HR/W	I	为高时表示主机读数，为低时表示主机写数
HRDY	O/Z	DSP 用于通知主机下一次访问是否可以进行，$\overline{OFF}$ = 0 时为高阻

续表

名　称	类	说　明
TOUT1/$\overline{\text{HINT}}$	O/Z	DSP 通过软件改变此信号以向主机发出中断请求，与 TOUT1 复用管脚
A0～A19	O/Z	地址总线，只有对程序片外空间寻址时，A16～A19 才有效，数据空间和 I/O 空间仅用 A0～A15，当 DSP 进入 HOLD 模式或$\overline{\text{OFF}}$=0 时，地址线变为高阻
D0～D15	I/O/Z	DSP 和片外的程序、数据、I/O 空间传递数据时，会置这些数据线为输入（读）或输出（写）；不进行片外操作时、$\overline{\text{RS}}$有效、HOLD 模式及$\overline{\text{OFF}}$=0 都置数据线为高阻
$\overline{\text{IACK}}$	O/Z	当 DSP 响应一个中断时，此信号为低，$\overline{\text{OFF}}$=0 时变为高阻
$\overline{\text{INT0～3}}$	I	外部中断，可屏蔽
$\overline{\text{NMI}}$	I	不可屏蔽中断
$\overline{\text{RS}}$	I	复位，强令 DSP 终止当前操作，从地址 FF80h 开始执行，影响多种寄存器和状态位
MP/$\overline{\text{MC}}$	I	DSP 在复位时采样此管脚电平，若为低，则为微机模式，DSP 将片内 4 K ROM 映射到程序地址高端；若为高，DSP 不进行这种映射，PMST 寄存器记录了这一位且可被修改
$\overline{\text{IAQ}}$	O/Z	当指令地址出现在地址线上时为低，$\overline{\text{OFF}}$=0 时为高阻
CLKOUT	O/Z	主时钟输出，$\overline{\text{OFF}}$=0 时为高阻
CLKMD1～3	I	时钟模式选择，决定 DSP 内部主时钟如何由外时钟倍频或分频而得到
X2/CLKIN	I	时钟输入，也可和 X1 一起产生时钟
X1	O	时钟输出，与 X2 一起加上外接晶体、电容产生时钟
TOUT0	O/Z	定时器 0 计数到 0 时，在此管脚输出一个脉冲，脉宽为一个主时钟周期
TOUT1/HINT	O/Z	定时器 1 计数至 0 时，在此管脚输出一个脉冲，脉宽为一个主时钟周期，但此脚另一作用为主机接口中断信号 HINT，仅在主机接口禁止时才用于定时器 1 的输出
BCLKR0～1	I/O/Z	串口 0/1 的数据接收时钟，复位后默认为输入
BDR0～1	I	串口数据接收
BFSR0～1	I/O/Z	串口数据接收帧同步信号，复位后默认为输入
BCLKX0～1	I/O/Z	串口发数时钟，复位后默认为输入

2.2 TMS320C54x 的 CPU 结构

CPU 是 DSP 芯片中的核心部分，是用来实现数字信号处理运算和高速控制功能的部件。CPU 内的硬件构成决定了其指令系统的性能。TMS320C54x 的 CPU 包括：

（1）乘法器/加法器单元（Multiplier/Adder）；

（2）两个 40 位的累加器 A、B；

（3）桶型移位寄存器（Barrel Shifter）；

（4）比较、选择和存储单元（CSSU）；

（5）40 位算术逻辑单元（ALU）；

（6）CPU 状态和控制寄存器（ST0、ST1 和 PMST）；

（7）寻址单元（Addressing Unit）；

（8）指数编码器（EXP Encoder）。

2.2.1 算术逻辑运算单元

C54x 使用 40-bit 的算术逻辑单元（ALU）和两个 40-bit 的累加器（ACCA 和 ACCB）来完成二进制补码的算术运算。同时 ALU 也能完成布尔运算。算术逻辑单元 ALU 的输入操作数可来自 6 个方面，分别是：

（1）累加器 A 或 B 中的 40 位数；

（2）数据存储器中读出的 2 个 16 位字；

（3）数据存储器中的 16 位字；

（4）16 位的立即数；

（5）移位寄存器的输出；

（6）暂存器 T 中的 16 位字。

2.2.2 桶形移位器

C54x 的桶形移位器有一个与累加器或数据存储器（CB，DB）相连接的 40-bit 输入，和一个与 ALU 或数据存储器（EB）相连接的 40-bit 输出。桶形移位器能把输入的数据进行 0 到 31bits 的左移和 0 到 15bits 的右移。所移的位数由 ST1 中的移位数域（ASM）或被指定作为移位数寄存器的暂存器（TREG）决定。

桶形移位器可以执行以下定标操作：

（1）在执行 ALU 操作前预定好一个数据存储器操作数或累加器内容；

（2）对累加器的值进行算术或逻辑移位；

（3）归一化累加器；

（4）在保存累加器到数据存储器之前定标累加器。

2.2.3 累加器 ACC

累加器 ACCA 和 ACCB 存放从 ALU 或乘法器/加法器单元输出的数据，累加器也能输出到 ALU 或乘法器/加法器中。累加器可分为三部分：保护位、高位字和低位字。累加器 A 和 B 的示意图如图 2-3 和图 2-4 所示。

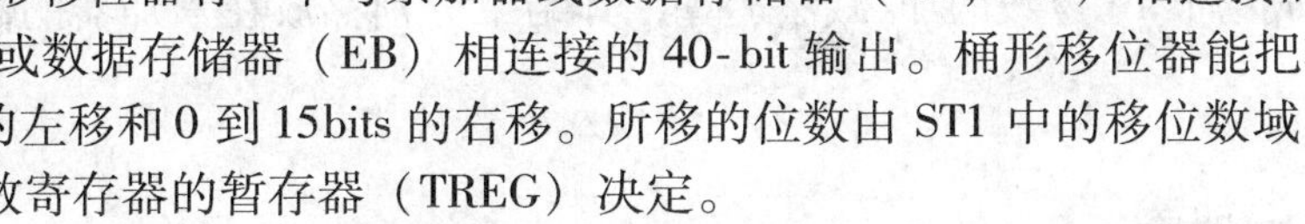

图 2-3 累加器 ACC A

39　　32	31　　16	15　　0
BG	BH	BL
保护位	高位字	低位字

图 2-4　累加器 ACC　B

保护位用于保存计算时产生的多余高位，防止在迭代运算中产生溢出，例如自相关运算。AG、AH、AL、BG、BH 和 BL 都是存储器映像寄存器（在存储空间中占有地址），由特定的指令将其内容放到 16 位数据存储器中，并从数据存储器中读出或写入 32 位累加器值。

2.2.4　比较选择存储单元

比较、选择和存储单元（CSSU）完成累加器的高位字和低位字之间的最大值比较，即选择累加器中较大的字并存储在数据存储器中，不改变状态寄存器 ST0 中的测试/控制位和传送寄存器（TRN）的值。同时，CSSU 利用优化的片内硬件促进 Viterbi 型蝶形运算。

通信领域常常用到维持比（Viterbi）算法，该算法需要完成大量的加法/比较/选择（ACS）运算。CSSU 单元支持各种 Viterbi 算法，其中加法由 ALU 单元完成，只要将 ST1 中的 C16 置 1，所有的双字指令都会变成双 16 位算术运算指令，这样 ALU 就可以在一个机器周期内完成两个 16 位数的加/减法运算，其结果分别存放在累加器的高 16 位和低 16 位中。

2.2.5　指数编码器

指数编码器用于支持单周期指令 EXP 的专用硬件。它可以求出累加器中的指数值，并以二进制补码形式存放于 T 中。用 EXP 和 NORM 指令可以对累加器中的内容归一化，完成定点数和浮点数之间的转换。

2.2.6　乘累加器单元

（1）乘法器/加法器与一个 40-bit 的累加器在一个单指令周期里完成 17×17bit 的二进制补码运算。乘法器/加法器单元由以下部分组成：乘法器，加法器，带符号/无符号输入控制，小数控制，零检测器，舍入器（二进制补码），溢出/饱和逻辑和暂存器（TREG）。

（2）乘法器有两个输入：一个是从 TREG，数据存储器操作数，或一个累加器中选择；另一个则从程序存储器，数据存储器，一个累加器或立即数中选择。

（3）另外，乘法器和 ALU 在一个指令周期里共同执行乘/累加（MAC）运算且并行 ALU 运算。这个功能可用来确定欧几里得距离，以及完成复杂的 DSP 算法所需要的 LMS（最小均方差）滤波。

2.2.7　CPU 状态控制寄存器

C54x 有三个状态和控制寄存器，它们分别为：状态寄存器 ST0，状态寄存器 ST1 和处理器方式状态寄存器 PMST。ST0 和 ST1 包括了各种条件和方式的状态，PMST 包括了存储器配置状态和控制信息。

1. 状态寄存器（ST0 和 ST1）

使用置位指令 SSBX 和复位指令 RSBX 可以单独设置和清除状态寄存器的各位。例如：RSBX SXM；禁止符号扩展 SXM = 0。SSBX SXM；符号扩展 SXM = 1。

ST0 的结构如图 2-5 所示，含义见表 2-3。ST1 的结构如图 2-6 所示，含义见表 2-4。

15–13	12	11	10	9	8–0
ARP	TC	C	OVA	OVB	DP

图 2-5　ST0 寄存器结构

表 2-3　ST0 寄存器的位功能说明

位	符　号	功　能
15～13	ARP	辅助寄存器指针。这 3 位指向当前辅助寄存器。当处于标准模式时，ARP 将始终置 0（CMPT = 0）
12	TC	测试/控制位。TC 保留算术逻辑单元位测试操作的结果。TC 的状态（置位和清除）决定条件分支、调用、执行和返回指令的动作
11	C	进位位。执行减法时产生借位，清零；而执行加法时产生进位，置 1；反之，则相反
10	OVA	累加器 A 溢出
9	OVB	累加器 B 溢出
8～0	DP	数据页指针。DP 中的 9 位与指令字中的低 7 位连接，形成 16 位地址。这一操作在 CPL = 0 时有效

15	14	13	12	11	10	9	8	7	6	5	4–0
BRAF	CPL	XF	HM	INTM	0	OVM	SXM	C16	FRCT	CMPT	ASM

图 2-6　ST1 寄存器结构

表 2-4　ST1 寄存器的位功能说明

位	符　号	功　能
15	BRAF	块重复有效。BRAF 标识当前是否有块重复指令正在进行
14	CPL	编译方式标识。CPL = 0，使用 DP；CPL = 1，使用 SP
13	XF	外部扩展引脚 XF 的状态

续表

位	符　号	功　能
12	HM	挂起方式。应答$\overline{\text{HOLD}}$引脚的信号。HM 指出是否运行处理器内部操作 HM = 0，处理器一直在内部程序存储器运行，而外部存储器挂起，并把外部总线置为高阻 HM = 1，处理器内部挂起
11	INTM	全局中断屏蔽位。INTM = 1，所有可屏蔽中断禁止。INTM 位不影响不可屏蔽中断（$\overline{\text{RS}}$ 和 $\overline{\text{NMI}}$）
10		此位总读为 0
9	OVM	溢出方式位。决定在发生溢出时的处理方式

2. 处理器工作方式状态寄存器（PMST）

PMST 可由存储器映像寄存器指令装载，如 STM。图 2-7 是 PMST 寄存器的结构图。PMST 各位的含义列于表 2-5 中。

15–7	6	5	4	3	2	1	0
IPTR	MP/$\overline{\text{MC}}$	OVLY	AVIS	DROM	CLKOFF	SMUL†	SST†

图 2-7　PMST 寄存器结构

表 2-5　PMST 寄存器的位功能说明

位	符　号	功　能
15～7	IPTR	中断向量指针。9 位的 IPTR 字段指向程序存储器内中断矢量的所在页（128 字/页）
6	MP/	微处理器/微型计算机工作方式位。在这两种方式下，TMS320C54x 的存储空间配置不一样，此位决定 TMS320C54x 片内 ROM 是否在程序存储空间使用。该位的设置和清除由软件决定
5	OVLY	RAM 重叠位，决定片内双寻址数据 RAM 区是否映像到程序存储空间
4	AVIS	地址可见位，AVIS 允许/禁止内部程序存储空间地址线是否可以出现在芯片外部引脚上
3	DROM	数据 ROM 位。可使片内 ROM 映像到数据存储空间中
2	CLKOFF	时钟输出关断位。当 CLKOUT = 1 时，CLKOUT 引脚的输出禁止，此时 CLKOUT 为高电平
1	SMUL⁺	乘法器饱和方式位。当 SMUL = 1 时，在 MAC 和 MAS 的加法指令使用前，乘法产生饱和结果。SMUL 位应在 OVM = 1 和 FRCT = 1 时使用有效。一般为保留位
0	SST⁺	存储饱和位。当 SST = 1 时，在把累加器内容存储到程序存储器之前，数据进行饱和操作。饱和操作在移位操作之后，一般为保留位

2.2.8　寻址单元

TMS320C54x 有两个地址发生器：PAGEN（Program Address Generation Logic）和 DAGEN（Data Address Generation Logic）。PAGEN 包括程序计数器 PC、IPTR、块循环寄存器（RC、BRC、RSA 和 REA），这些寄存器可支持程序存储器寻址。DAGEN 包括循环缓冲区大小寄存器 BK、DP、堆栈指针寄存器 SP、8 个辅助寄存器（AR0～AR7）和 2 个辅助寄存器算术单元（ARAU0 和 ARAU1）。8 个辅助寄存器和 2 个辅助寄存器算术单元一起可进行 16 位无符号数算术运算，支持间接寻址模块，AR0～AR7 由 ST0 中的 ARP 来指定。

2.3　TMS320C54x 的总线结构

TMS320C54x DSP 片内由 8 组 16 bit 总线（1 组程序总线 PB、3 组数据线 DB/CB/EB、4 组地址总线 AB）构成。程序总线（PB）传送从程序存储器装载的指令代码和立即数。这些总线的功能分别是：3 组数据总线（DB/CB/EB）负责将片内的各种元器件相互连接。

TMS320C54x 能利用两个辅助寄存器算术单元（ARAU0 和 ARAU1）在同一个周期内生成两个数据存储器地址。

PB 能加载保存于程序空间的操作数（例如，系数表），并将操作数传送到乘法器和加法器中进行乘累加操作，或利用数据移动指令（MVPD 和 READA）把程序空间的数据传送到数据空间。

TMS320C54x 还有一组双向的片内总线用于访问片内外设，这组总线轮流使用 DB 和 EB 与 CPU 连接。访问者使用这组总线进行读/写操作需要两个或更多的周期，具体所需周期数取决于片内外设的结构。表 2-6 总结了各种不同类型的总线访问。

表 2-6　总线访问类型

访问类型	地址总线				数据总线			
	PAD	CAD	DAB	EAB	PB	CB	DB	EB
程序读	✓				✓			
程序写	✓							✓
单数据读			✓				✓	
双数据读		✓	✓			✓	✓	
32bit 长数据读		✓ hw	✓ lw			✓ hw	✓ lw	
单数据写				✓				✓
数据读/写			✓	✓			✓	✓
双数据读/系数读	✓	✓	✓		✓	✓	✓	
外设读			✓				✓	
外设写				✓				✓

2.4 TMS320C54x 存储器和 I/O 空间

DSP 扩展存储器主要分为两类：ROM 和 RAM。ROM 包括 EPROM、EEPROM、Flash Memory 等。这一类存储器主要用于存储用户程序和系统常数表，一般映像在程序存储空间。RAM 主要指静态 RAM（SRAM）。

所有 TMS320C54x 芯片内都包含随机存储器（RAM）和只读存储器（ROM）。在芯片中有两类 RAM：双寻址 RAM（DARAM）和单寻址 RAM（SARAM），分别也可称为双口 RAM 和单口 RAM。DARAM 每个机器周期可被访问两次。TMS320C54x 因具体器件不同，片内存储器的类型或容量也有些差异。表 2-7 列出了几种常用的 TMS320C54x 器件的存储器容量。

TMS320C54x 有 26 个 CPU 寄存器和片内外设寄存器被映像在数据存储空间，各类 TMS320C54x 存储器的特征及组织和使用不同的片内存储器块将在下面详细介绍。

表 2-7 TMS320C54x 内部存储器容量

存储器类型		TMS320C541	TMS320C542	TMS320C543	TMS320C545	TMS320C546	TMS320C548	TMS320C5402	TMS320C5410
ROM	程序	20	2	2	32	32	2	4	16
	程序/数据	8	0	0	16	16	0	4	16
DARAM		5	10	10	6	6	8	16	8
SARAM		0	0	0	0	0	24	0	56

2.4.1 存储器空间

TMS320C54x 采用改进的哈佛结构。存储空间由三个独立可选的存储空间组成，这三个独立可选的存储空间包括 64 K 字的程序存储空间、64 K 字的数据存储空间和 64 K 字的 I/O 空间。片内或片外的 ROM 和 RAM、外部的 EPROM 和 EEPROM 以及芯片中的存储器映像寄存器包括在这三个空间中。

在 TMS320C54x 中，片内存储器有 DARAM、SARAM 和 ROM 三种类型。它们通常配置在数据存储空间，但也可以配置在程序存储空间。片内 ROM 则一般配置在程序存储空间，但一部分 ROM 也可以配置到数据存储空间中。

TMS320C54x 的工作方式状态寄存器 PMST 提供了三个控制位：MP/、OVLY 和 DROM，用于在存储空间中配置片内存储器。使用这三个控制位可以设置片内存储器是否配置到存储空间，并指定片内存储器是配置到程序存储空间还是数据存储空间。

（1）MP/$\overline{\text{MC}}$：微处理器/微型计算机工作方式位。

当 MP/$\overline{\text{MC}}$ =0 时，允许片内 ROM 配置到程序存储空间；

当 MP/$\overline{\text{MC}}$ =1 时，禁止片内 ROM 配置到程序存储空间。

（2）OVLY：RAM 重叠位。

当 OVLY =1 时，片内 ROM 配置到程序和数据存储空间；

当 OVLY =0 时，片内 RAM 仅配置到数据存储空间。

(3) DROM：数据 ROM 位。

当 DROM =1 时，片内 ROM 配置到程序和数据存储空间。

当 DROM =0 时，禁止 ROM 配置到数据存储空间。

DROM 的用法与 MP/$\overline{MC}$的状态无关。

图 2-8～图 2-12 是 TMS320C54x 芯片数据和程序存储空间的配置图，从中也可以看到上述三个控制位与内存储器的关系。

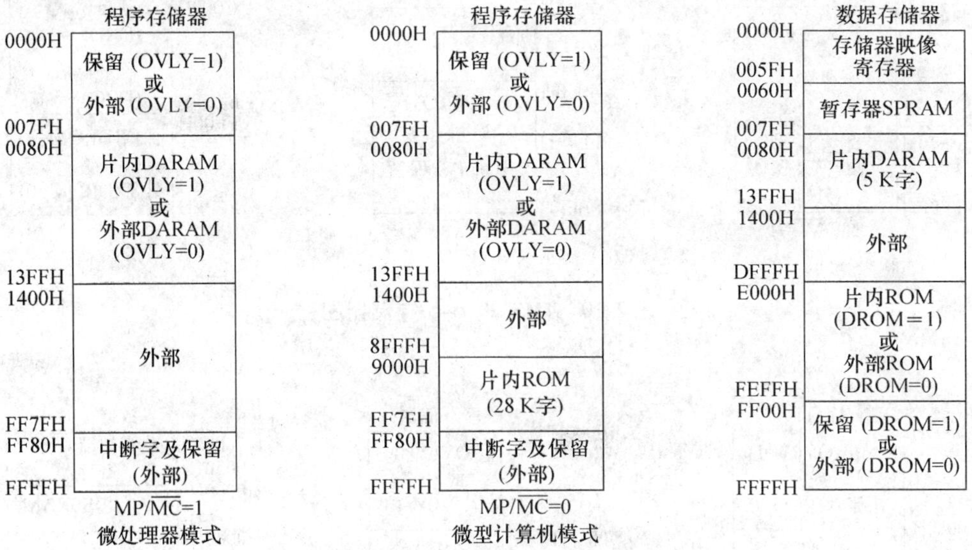

图 2-8 TMS320C541 存储器图

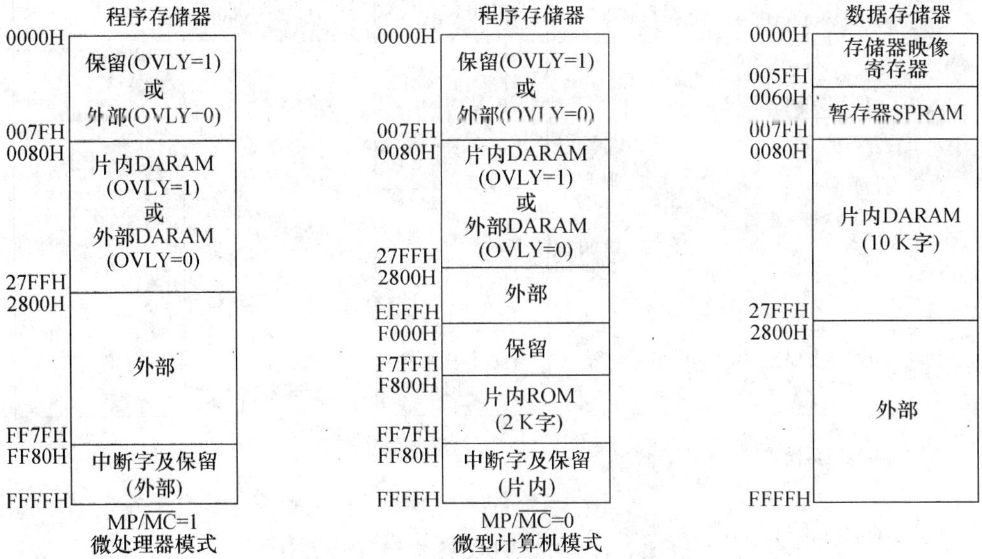

图 2-9 TMS320C543 存储器图

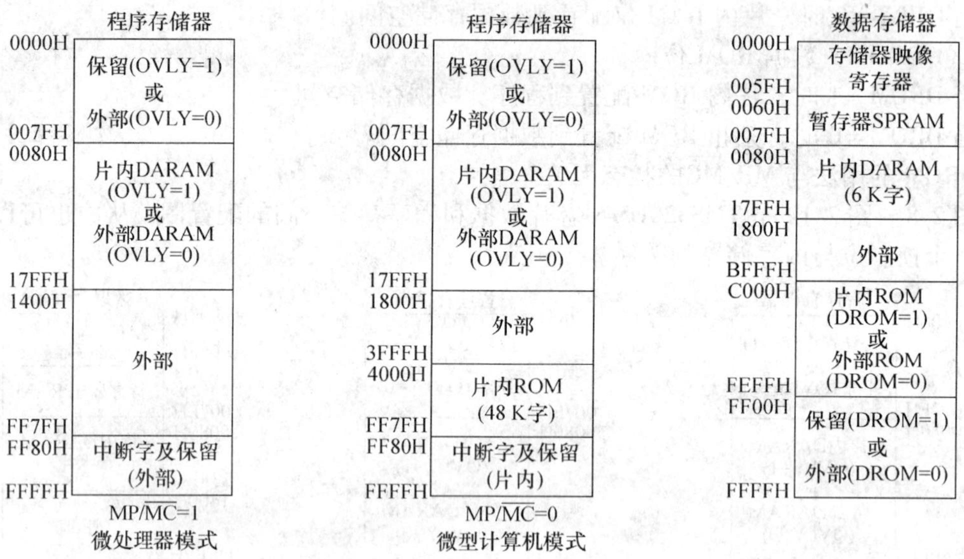

图 2-10 TMS320C545 存储器图

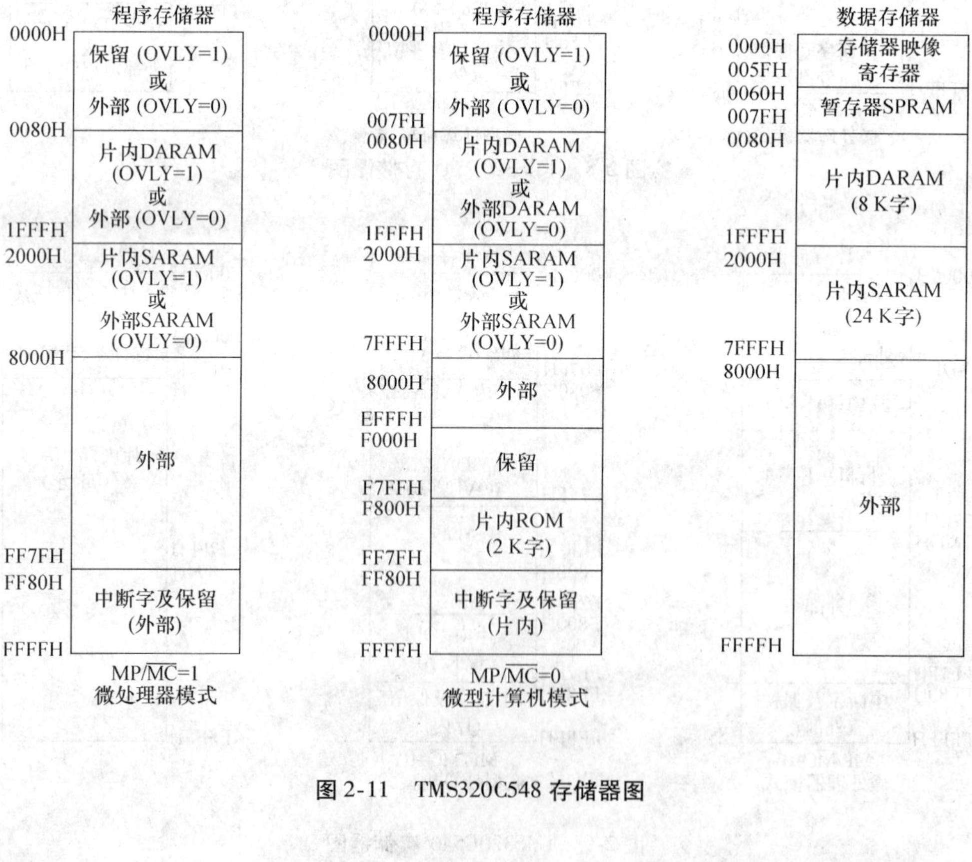

图 2-11 TMS320C548 存储器图

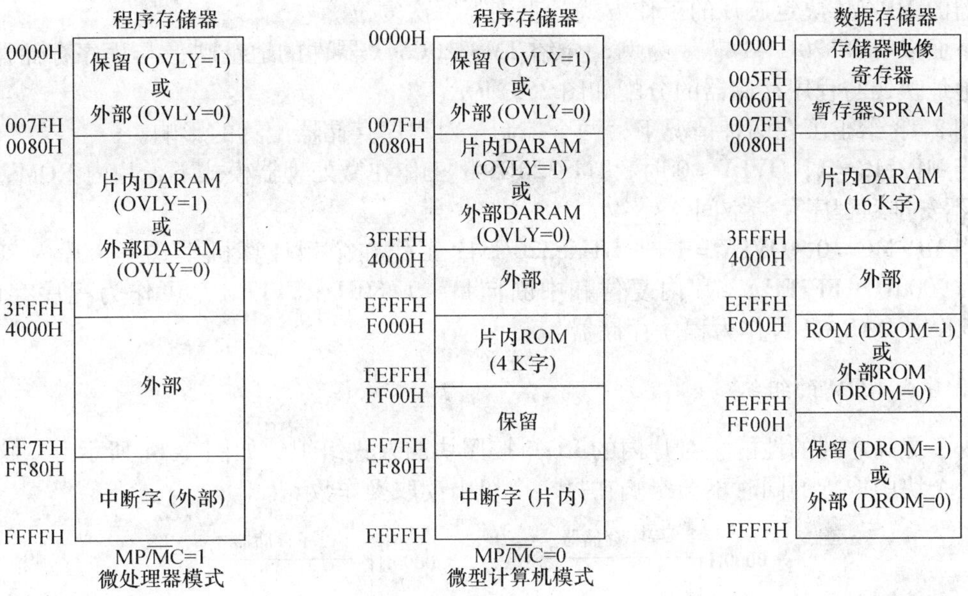

图 2-12　TMS320C5402 存储器图

2.4.2　程序存储器

TMS320C54x 可以寻址 64 K 字的程序存储空间。（TMS320C548、TMS320C549、TMS320C5410、TMS320C5402 和 TMS320C5420 可以扩展到 8 M 字。）TMS320C54x 的片内 ROM、片内双寻址 RAM（DARAM）和片内单寻址 RAM（SARAM）可以通过软件配置到程序存储空间中。如果片内存储器配置到程序存储器中，则芯片在访问程序存储器时会自动访问这些存储单元。当 PAGEN 产生了一个不在片内存储器的地址时，会自动使用一个外部总线操作。表 2-8 是 TMS320C54x 系列芯片的片内存储器配置。

表 2-8　TMS320C54x 芯片片内程序存储器配置　　（单位：K 字）

型　号	ROM	DARAM	SARAM	型　号	ROM	DARAM	SARAM
TMS320C541	28	5	—	TMS320C548	2	8	24
TMS320C542	2	10	—	TMS320C549	16	8	24
TMS320C543	2	10	—	TMS320C5402	4	16	—
TMS320C545	48	6	—	TMS320C5410	16	8	56
TMS320C546	48	6	—	TMS320C5420	—	32	168

1. 程序存储器配置

MP/$\overline{MC}$和 OVLY 位决定片内存储器是否配置到程序存储空间。复位时，MP/$\overline{MC}$引脚上的逻辑电平将设置 PMST 寄存器的 MP/位。MP/$\overline{MC}$引脚在复位时有效。复位后，PMST

寄存器的 MP/$\overline{MC}$决定芯片的工作方式，直到下一次复位。

下面以 TMS320C541 芯片为例，介绍 TMS320C54x 器件的地址映像与程序存储器的分配。地址映像与程序存储器的分配如图 2-8 所示。

图 2-13 给出了在两种情况下，两个控制位对程序存储器配置的影响。

当 MP/$\overline{MC}$ =1，OVLY =0 时，TMS320C541 工作在微处理器模式下，片内 ROM、片内 RAM 不安排到程序存储空间。

当 MP/$\overline{MC}$ =0，OVLY =1 时，TMS320C541 工作在微型计算机模式下，片内 28 k 字 ROM（9000H～FF7FH）、片内复位和中断向量（FF80H～FFFFH）可作为程序存储器；片内 5 K 字 DARAM 可作为程序存储器。

2. 片内 ROM 的组织

为了提高芯片的性能，对片内的 ROM 按照块的方式组织，如图 2-14 所示。这样，可以在一个块中取指的同时不会影响在另一个块中读取操作数。

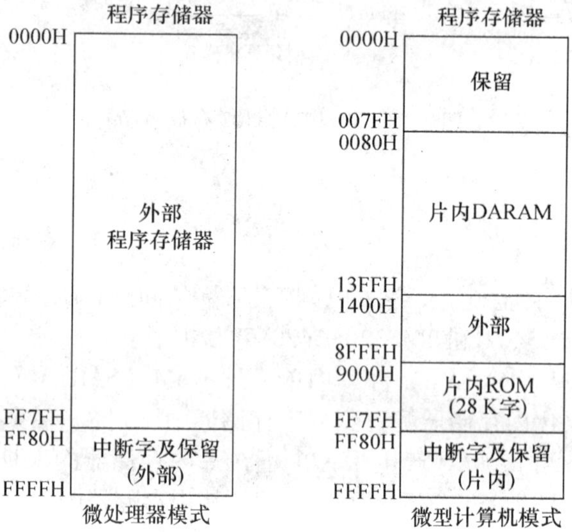

图 2-13 TMS320C541 程序存储器配置图

3. 片内 ROM 在程序存储空间中的地址配置

当芯片复位时，复位、中断向量分配在 FF80H 开始的程序存储空间中，然而，TMS320C54x 的中断矢量表可以重定位到任意一个 128 字的边界上去，这就很容易将中断矢量表从引导 ROM 中移出来，然后再根据存储器图安排。在片内 ROM 中，有 128 个字用于保存检测设备的目的，应用程序不要写到这段存储器中（FF00H～FF7FH）。

4. 片内 ROM 的内容和配置

TMS320C54x 的片内 ROM 的容量有大有小，大的 ROM（24 k、28 k 或 48 k 字）可把用户的程序代码写进去；小的 ROM（高 2K 字）由 TI 公司定义。根据不同的型号，TMS320C54x 的 2 K 字程序空间中包含以下内容：

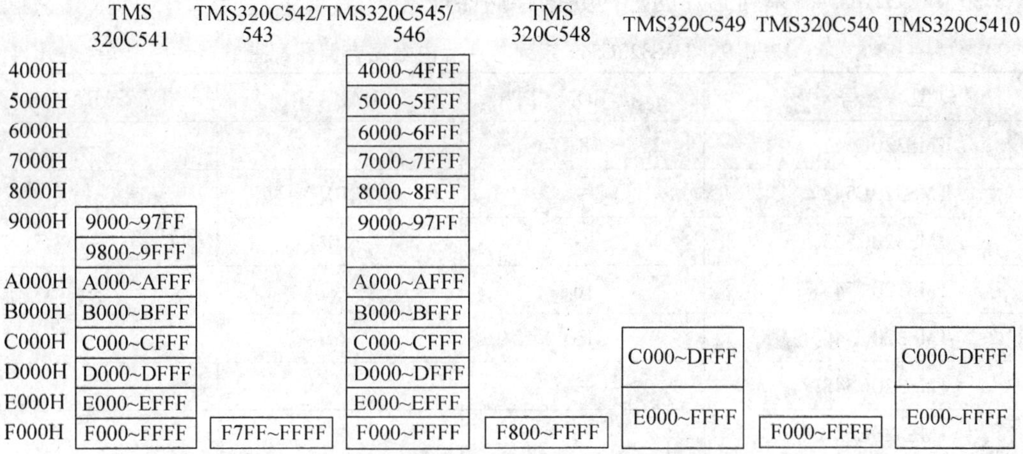

图 2-14　TMS320C54x 的片内 ROM 的组织

（1）自举加载程序：完成串行口、外部存储器、I/O 口或并行口 BOOT-LOAD 功能的程序代码；

（2）256 字的 μ 率扩展表；

（3）256 字的 A 率扩展表；

（4）256 字的正弦表；

（5）中断向量表。

图 2-15 是片内 ROM 中包含上述各种内容的总结。当 $MP/\overline{MC}=0$ 时，FF80H～FFFFH 配置成片内 ROM。

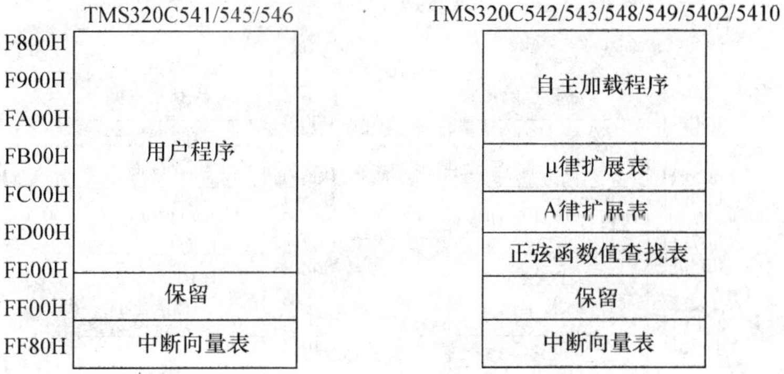

图 2-15　片内 ROM 程序存储器图

2.4.3　数据存储器

TMS320C54x 可以寻址 64 K 字的数据存储空间，其片内 ROM、片内双口 RAM（DARAM）和片内单口 RAM（SARAM）可以通过软件配置到数据存储空间。如果片内存储器配置到数据存储空间，则芯片在访问程序存储器时会自动访问这些存储单元。当 DAGEN 产生的地址不在片内存储器的范围内时，处理器会自动地对外部数据存储器寻址。

表 2-9 是 TMS320C54x 系列芯片的片内数据存储器配置。

表 2-9 TMS320C54x 系列芯片片内数据存储器配置 （单位：K 字）

型　号	ROM	DARAM	SARAM
TMS320C541	8	5	—
TMS320C542	—	10	—
TMS320C543	—	10	—
TMS320C545	16	6	—
TMS320C546	16	6	—
TMS320C548	—	8	24
TMS320C549	16	8	24
TMS320C5402	4	16	—
TMS320C5410	16	8	56
TMS320C5420	—	32	168

1. 数据存储器配置

数据存储器包含片内或片外的 RAM，片内的 DARAM 映像到数据存储空间。一些 TMS320C54x 的芯片还能够把一部分片内 ROM 配置到数据存储空间中，这种配置需要修改 PMST 寄存器的 DROM 位。这部分片内 ROM 既可以在数据空间使能（DROM＝1），也可以在程序空间使能（$MP/\overline{MC}=0$）。在复位时，处理器把 DROM 位清零。TMS320C541 数据存储器配置图如图 2-16 所示。

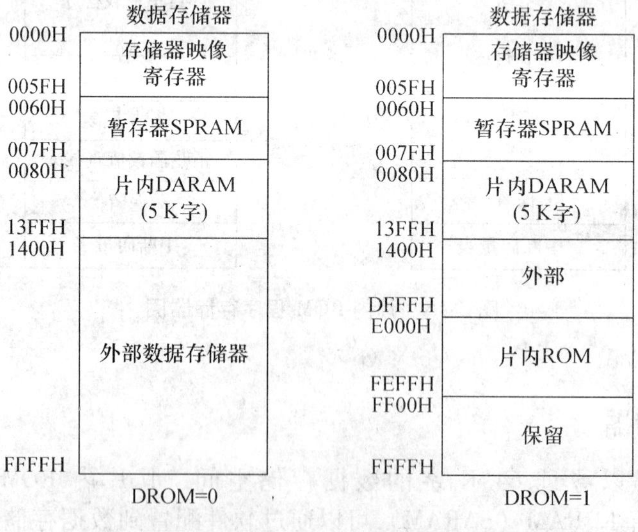

图 2-16 TMS320C541 数据存储器配置图

2. 片内 RAM 配置

片内 RAM 可细分成若干块以提高性能。例如，分块后，允许用户在同一周期内从同一块 DARAM 中提取两个操作数，并将一个操作数写到另一块 DARAM 中。图 2-17 给出了片内 RAM 的分块图。

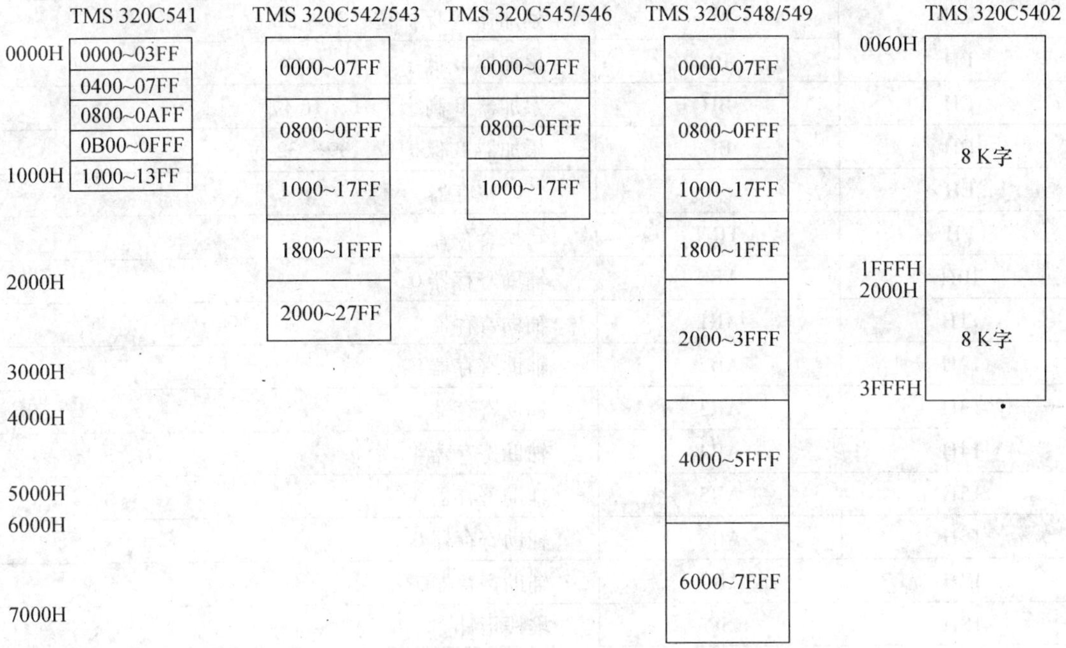

图 2-17　片内 RAM 的分块图

3. 存储器映像寄存器

在数据存储器的 64 K 字空间中，包含存储器映像寄存器 MMR，它们都放在存储空间的第 0 页（0000H～007FH）。第 0 页包含如下内容：

（1）存储器映像 CPU 寄存器（0000H～001FH）（共 26 个），当寻址这些寄存器时，不需插入等待状态。

（2）外围电路寄存器（0020H～005FH），访问它们需使用专门的外设总线结构。

（3）32 字的暂存器 SPRAM（0060H～007FH）。

表 2-10 列出了 CPU 存储器映像寄存器的地址及名称。

表 2-10　CPU 存储器映像寄存器

地　址	名　称	说　明
0H	IMR	中断屏蔽寄存器
1H	IFR	中断标志寄存器
2～5H	—	保留
6H	ST0	状态寄存器 0

续表

地　址	名　称	说　明
7H	ST1	状态寄存器 1
8H	AL	累加器 A 低字，15～0 位
9H	AH	累加器 A 高字，31～16 位
AH	AG	累加器 A 保护位，39～32 位
BH	BL	累加器 B 低字，15～0 位
CH	BH	累加器 B 高字，31～16 位
DH	BG	累加器 B 保护位，39～32 位
EH	T	暂时寄存器
FH	TRN	转换寄存器
10H	AR0	辅助寄存器 0
11H	AR1	辅助寄存器 1
12H	AR2	辅助寄存器 2
13H	AR3	辅助寄存器 3
14H	AR4	辅助寄存器 4
15H	AR5	辅助寄存器 5
16H	AR6	辅助寄存器 6
17H	AR7	辅助寄存器 7
18H	SP	堆栈指针
19H	BK	循环缓冲大小寄存器
1AH	BRC	块重复计数器
1BH	RSA	块重复首址寄存器
1CH	REA	块重复尾址寄存器
1DH	PMST	处理器模式状态寄存器
1EH	XPC	程序计数器扩展寄存器

2.4.4 I/O 空间

TMS320C54x 除了程序存储空间和数据存储空间之外，还提供一个 64 K 字的 I/O 空间(0000H～0FFFFH)。I/O 空间都在片外，它的作用是与片外设备连接。使用 PORTR 和 PORTW 两条指令可对 I/O 空间寻址。I/O 空间的读/写时序不同于程序和数据存储器，它适用于访问映像到 I/O 空间的设备，而不是存储器。

TMS320C54x 还有一个可屏蔽存储器保护选项，用来保护片内存储器的内容。当选定这项时，所有外部产生的指令都不能访问片内存储器空间。

2.5　本章小结

本章以 TMS320C54 系列 DSP 为例，主要介绍了 DSP 的内部结构，CPU 结构及各部分作用，程序存储器、数据存储器、总线以及 I/O 空间分配。要求熟悉这些基本的功能及存储资源分配，为以后开发应用做准备。

2.6　习　题

1. 简述 DSP 结构的特点。
2. 简述 CPU 的主要组成部分及作用。
3. 简述程序存储器的分配及控制。
4. 简述 DSP 总线的特点。
5. 简述 I/O 的空间分配。

第3章　指令系统与寻址方式

3.1　寻址方式

3.1.1　指令的表示方法

1. 指令的基本格式

汇编语言是DSP应用软件的基础。编写汇编语言必须要符合相应的格式，这样汇编器才能将源文件转换为机器语言的目标文件。

与所有的微处理器助记符指令一样，TMS320C54x的助记符指令也是由操作符和操作数两部分组成的。在汇编前，操作符是用助记符表示的，指出指令应完成何种操作；操作数用来描述该指令的操作对象，它可以是数据本身，也可以是指出如何获取操作数的信息。汇编语言语句格式可以包含4个部分：标号域、指令域、操作数域和注释域。汇编语言语句格式如下：

[标号][:]　指令 [操作数列表]　[;注释]

其中 [ ] 内的部分是可选项。操作数可以没有或有多个，其内容可以是立即数、寄存器、程序地址、数据地址、I/O地址等。

2. 指令的数据类型

TMS320C54x寻址存储器有16位数和32位数两种基本的数据形式。大多数指令能够寻址16位数，只有双精度和长字指令才能寻址32位数，这些指令有：

- DSAT：执行长操作数与T寄存器内的值相加/减运算。
- DSUB：从累加器中减去双精度数或者双16位数。
- DLD：将双精度数或者双16位数加载累加器。
- DRSUB：从双精度数或者双16位数减去累加器的数。
- DADST：执行双精度数或者双16位数与T寄存器内的值相加/减运算。
- DST：将累加器的数据存放到长字单元中。
- DSUBT：从长操作数中减去T寄存器中的数据。
- DADD：将双精度数或者双16位数加到累加器中。

在对32位数寻址时，先处理高位有效字，然后处理低位有效字。如果寻址的第1个字处在偶地址，那么第2个字就处在下一个（较高的）地址；如果第1个字处在奇地址，那么第2个字就处在前一个（较低的）地址，如图3-1所示。在讨论寻址方式时，要用到一些缩写语，其名称和含义如下：

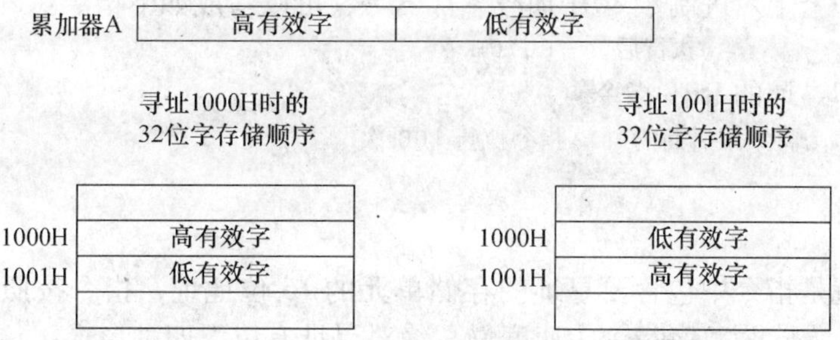

图3-1　32位字的存储顺序

- 1 K：16位长的立即数。
- src：源累加器A/B
- dst：目的累加器A/B。
- PA：16位立即数，其I/O地址空间为0～65535。
- Smem：16位单寻址操作数。
- Xmem：16位双寻址操作数，用于双操作数指令及某些单操作数指令，来自DB总线。
- Ymem：16位双寻址操作数，用于双操作数指令，来自CB总线。
- dmad：16位立即数，其数据存储地址空间为0～65535。
- pmad：16位立即数，其程序存储地址空间为0～65535。

3.1.2　数据寻址方式

TMS320C54x数字信号处理器共有7种寻址方式，它们的基本含义如下：

- 立即数寻址：指令中嵌有一个固定的数，主要用于初始化操作。
- 绝对地址寻址：指令中有一个固定的地址。
- 累加器寻址：按累加器内的地址去访问程序存储器中的一个单元。
- 直接寻址：指令中的7bits是一个数据页内的偏移地址，而所在的数据页由数据页指针DP或SP决定。该偏移加上DP和SP的值决定了在数据存储器中的实际地址。
- 间接寻址：按照辅助寄存器中的地址访问存储器。
- 存储器映射寄存器寻址：修改存储器映射寄存器中的值，而不影响当前DP或SP的值。
- 堆栈寻址：把数据压入和弹出系统堆栈。

1. 立即寻址

立即寻址就是在指令中已经包含有执行指令所需的操作数（一个固定的立即数）。立即寻址方式中的立即数有两种数值形式，数值的位数为3、5、8或9位时为短立即数；数值的位数为16位时是长立即数。立即数可以包含在单字节或双字节指令中，短立即数在单字节指令中，长立即数在双字节指令中。在一条指令中，立即数的形式是由所使用的指令的类型决定的。

在立即寻址方式的指令中，在数字前面加一个“#”符号，表示此数为一个立即数，否则会误认为是一个地址。

例如：用一个十六进制数 80H 加载累加器 A，可以写成如下指令：

```
LD  #70H,A          执行后,A = 0070H
```

采用短立即寻址的 RPT 指令

```
RPT  #99      ;将紧跟后面的 NOP 指令执行 100 次
```

2. 绝对寻址

绝对寻址就是指令中包含要寻址的存储单元的 16 位地址，指令按照此地址进行数据寻址。这种寻址方式为双字指令，速度慢。绝对寻址有以下四种形式：

（1）数据存储器地址单元（dmad）寻址：用程序标号或数据来确定指令中所需要的数据空间地址。其指令如下：

```
MVKD   dmad,Smem         MVMD   MMR,dmad
MVDK   Smem,dmad         MVDM   dmad,MMR
```

（2）端口地址（PA）寻址：用一个符号或一个常数来确定外部 I/O 端口地址。其指令如下：

```
PORTR    PA,Smem         PORTW   Smem,PA
```

（3）程序存储器地址单元（pmad）寻址：用一个符号或一个具体的数来确定程序存储器中的地址。其指令如下：

```
MACP    Smem,pmad,src           MVPD    pmad,Smem
FIRS    Xmem,Ymem,pmad          MVDP    Smem,pmad
MACD    Smem,pmad,src
```

（4）*（lk）寻址：16 位符号常数所指的数据存储单元（Smem）中的操作数。

3. 累加器寻址

累加器寻址是用累加器中的数作为一个地址。这种寻址方式可用来对存放数据的程序存储器寻址。共有两条指令可以采用累加器寻址：READA Smem；WRITA Smem。

READA 是把累加器 A 所确定的程序存储器单元中的一个字，传送到单数据存储器（Smem）操作数所确定的数据存储器单元中。WRITA 是把 Smem 操作数所确定的数据单元中的一个字，传送到累加器 A 确定的程序存储器单元中去。

4. 直接寻址

在直接寻址中，指令代码包含了数据存储器地址的低七位。这 7-bit dma 作为偏移地址与数据页指针（DP）或堆栈指针（SP）相结合共同形成 16-bit 的数据存储器实际地址。直接寻址的优点是访问方便快捷，每条指令只需要一个字。直接寻址的代码格式如下：

15-8	7	6-0
Opcode	I = 0	dma

当状态寄存器 ST1 中的 CPL 位等于 0 时，ST0 中的 DP 值（9 位地址）与指令中的 7 位地址一起形成 16 位数据存储器地址，如图 3-2 所示。

9位数据页面指针DP	7位dma

图 3-2　以 DP 为基准的直接寻址

因为 DP 值的范围是 0～511，所以以 DP 为基准的直接寻址把存储器分成 512 页；又因为 7 位 dma 值的范围是 0～127，所以每页有 128 个可访问的单元，也就是说，DP 指向 512 页中的一页，dma 就指向该页中的特定单元。DP 值可以由 LD 指令装入，RESET 指令将 DP 赋为 0。DP 不能通过上电进行初始化，必须在程序中对它进行初始化后，才能保证程序正常工作。

当 ST1 中的 CPL 位等于 1 时，将指令中的 7 位地址与 16 位堆栈指针 SP 相加，形成 16 位的数据存储器地址，如图 3-3 所示。

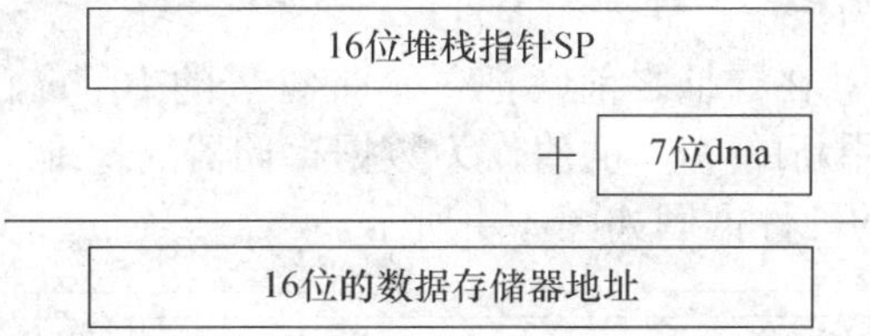

图 3-3　以 SP 为基准的直接寻址方式

直接寻址的句法是利用一个符号“@”（加在变量的前面）或者一个常数来确定偏移地址值的。例如：

（1）数据页指针直接寻址：x = 01FFH，y = 0200H。

（2）堆栈指针直接寻址：SP = 0010H。

5. 间接寻址

在间接寻址中，64 K 数据空间任意单元都可通过一个辅助寄存器中的 16-bit 地址进行访问。‘C54x 有 8 个 16-bit 辅助寄存器（AR0-AR7）。两个辅助寄存器算术单元（ARAU0 和 ARAU1），根据辅助寄存器的内容进行操作，完成无符号的 16-bit 算术运算。间接寻址很灵活，不仅能从存储器中读或写一个单 16-bit 数据操作数，而且能在一条指令中访问两个数据存储器单元（即从两个独立的存储器单元读数据，或读一个存储器单元同时写另一个存储器单元，或读写两个连续的存储器单元）。

（1）单数据存储器操作数间接寻址

单数据存储器操作数间接寻址指令的格式如下：

15-8	7	6-3	2-0
Opcode	I = 1	MOD	ARF

2～0 位：3 位辅助寄存器域，它定义了寻址所使用的辅助寄存器。ARF 由状态寄存器 ST1 中的兼容方式位 CMPT 来决定。

CMPT = 1：选择兼容方式。

CMPT = 0：选择标准方式。ARP 始终设置为 0，不能修改。

单操作数间接寻址类型：

- * ARx：ARx 包含了数据存储器地址
- * ARx -/ * ARx +：访问后，ARx 中的地址减 1/加 1
- * + ARx：在寻址之前，ARx 中的地址加 1

- ＊ARx－0B/ ＊ARx＋0B：访问后，从 ARx 中以位倒序进位的方式减去/加上 AR0
- ＊ARx－0/ ＊ARx＋0：访问后，从 ARx 中减去/加上 AR0
- ＊ARx－%/ ＊ARx＋%：访问后，ARx 中的地址以循环寻址的方式减 1/加 1
- ＊ARx－0%/ ＊ARx＋0%：访问后，从 ARx 中以循环寻址的方式减去/加上 AR0
- ＊ARx（lk）：ARx 和 16-bit 的长偏移（lk）的和用来作为数据存储器地址。ARx 本身不被修改
- ＊＋ARx（lk）：在寻址之前，把一个带符号的 16-bit 的长偏移（lk）加到 ARx 中，然后用新的 ARx 的值作为数据存储器的地址
- ＊＋ARx（lk)%：在寻址之前，把一个带符号的 16-bit 的长偏移以循环寻址的方式加到 ARx 中，然后再用新的 ARx 的值作为数据存储器的地址

单操作数间接寻址的硬件框图如图 3-4 所示。

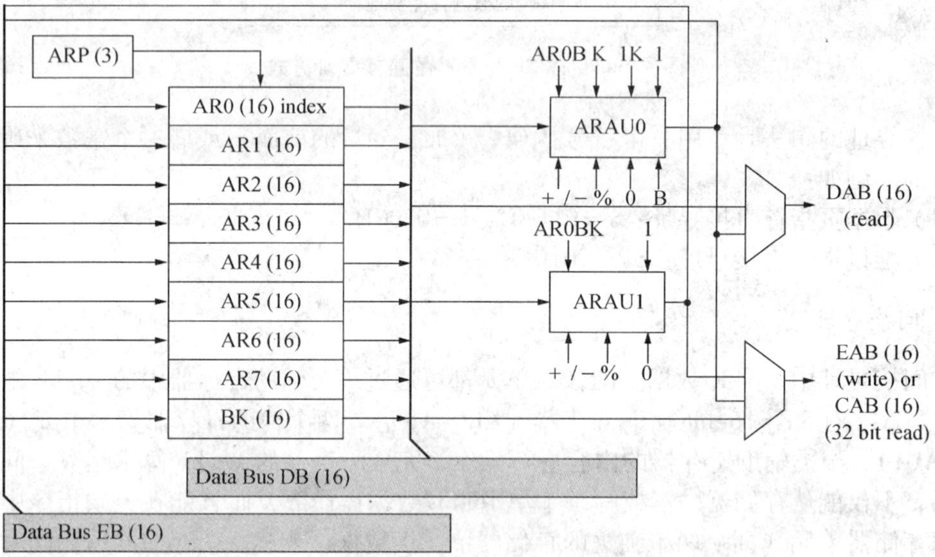

图 3-4 单操作数间接寻址的硬件框图

编程举例：

$$y_0 = \sum_{i=0}^{3} a_i x_i = a_0 x_0 + a_1 x_1 + a_2 x_2 + a_3 x_3$$

间接寻址编程：

```
     .mmregs
     .bss x, 4, 1
a    .word 1, 2, 3, 4           MAC  *AR2 +,A
     .sect "program"            LD   *AR1 +,T
     STM #a, AR1                MAC  *AR2 +,A
     STM #x, AR2                LD   *AR1,T
     LD #0, A                   MAC   *AR2,A
     LD *AR1 +,T                ……
     MAC *AR2 +,A
     LD *AR1 +,T
```

(2) 位码倒序寻址功能

位码倒序寻址提高了执行速度和在 FFT 算法的程序中使用存储器的效率。在这种寻址方式中，AR0 存放的整数 N 是 FFT 点数的一半。一个辅助寄存器指向一数据存放的物理单元。当使用位码倒序寻址把 AR0 加到辅助寄存器中时，地址以位倒序的方式产生，即进位是从左向右，而不是从右向左。间接寻址中 * Arn +0B/ -0B 表示位码倒序寻址。

例如：AR0 =0000 1010B，AR2 =0110 0110B，如执行 * AR2 +0B 寻址功能，也就是（0110 0110）+（000 1010），结果 AR2 =0110 1101B。应注意，计算是采用从左到右运算的。

以 16 点 FFT 为例，其运算结果的顺序为 X（0）、X（8）、X（4）、…、X（15），如表 3-1 所示。

表 3-1 位码倒序寻址

存储单元	FFT 变换	位码倒序	位码倒序	存储单元	FFT 变换	位码倒序	位码倒序
0000	X（0）	0000	X（0）	1000	X（1）	0001	X（8）
0001	X（8）	1000	X（1）	1001	X（9）	1001	X（9）
0010	X（4）	0100	X（2）	1010	X（5）	0101	X（10）
0011	X（1）	1100	X（3）	1011	X（13）	1101	X（11）
0100	X（2）	0010	X（4）	1100	X（3）	0011	X（12）
0101	X（1）	1010	X（5）	1101	X（11）	1011	X（13）
0110	X（6）	0110	X（6）	1110	X（7）	0111	X（14）
0111	X（1）	1110	X（7）	1111	X（15）	1111	X（15）

(3) 循环寻址

循环缓冲器是在卷积、相关和 FIR 滤波器等算法中，在存储器中设置的一个保存着最新的一批数据的滑动窗口。当新的数据到来时，缓冲器中最早的数据就会被新的数据覆盖。循环缓冲器实现的关键是循环寻址的实现。循环缓冲器大小寄存器（BK）的内容确定了循环缓冲器的大小。BK 中的数值由指令“STM #lk，BK”设定。长度为 R 的缓冲器必须从 N 位地址的边界开始（即循环缓冲器基地址的 N 个最低有效位必须为 0），N 应满足 2N ＞R 的最小整数。

循环缓冲区的有效基地址（EFB）就是用户选定的辅助寄存器（ARx）的低 N 位置 0 后所得到的值，循环缓冲区的的尾地址（EOB）是通过用 BK 的低 N 位代替 ARx 的低 N 位得到的。循环缓冲区的指针 index 就是 ARx 的低 N 位，step 就是加到辅助寄存器或从辅助寄存器中减去的值。图 3-5 说明了 BK、辅助寄存器（ARx）、循环缓冲区的尾地址和首地址以及循环缓冲器的指针关系。

(4) 双数据存储器操作数寻址

双数据存储器操作数寻址用来完成两个读操作，或一个读和一个并行存储操作。采用这种方式的指令只有一个长字，并且只能以间接寻址的方式工作。用 Xmem 和 Ymem 来代表这两个数据存储器操作数。在完成两个读操作过程中，Xmem 表示读操作数（访问 D 数据总线），Ymem 表示读操作数（访问 C 数据总线）；在一个读操作同时并行一个并行存储操作过程中，Xmem 表示读操作数（访问 D 数据总线），Ymem 表示一个写（访问 E 数据总线）操作数。

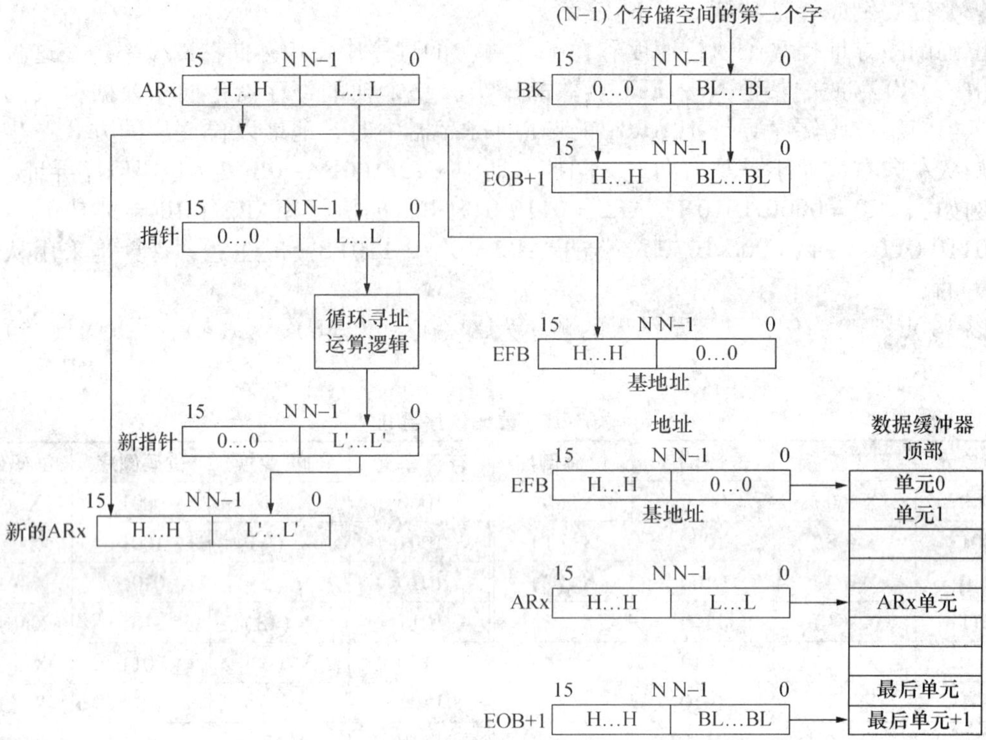

图 3-5　循环寻址的框图

如果源操作数和目的操作数指向同一个单元，则在并行存储指令中（如 ST ‖ LD），读在写之前。如果一个双操作指令（如 ADD）指向同一辅助寄存器，并且这两个操作数的寻址方式不同，那么就按 Xmod 域所确定的方式来寻址。双数据存储器操作数间接寻址的硬件框图如图 3-6 所示。

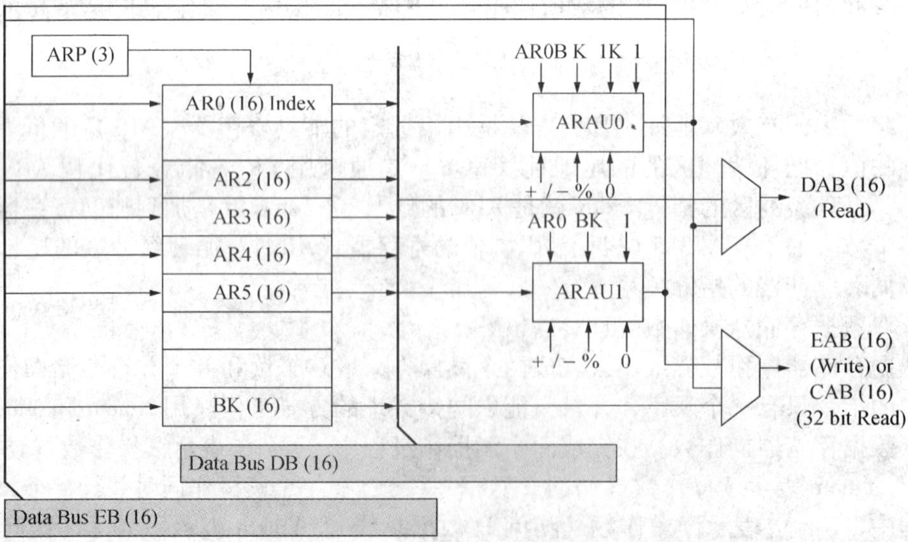

图 3-6　双数据存储器操作数间接寻址的硬件框图

双数据存储器操作数间接寻址的指令格式如下：

D15　D8	D7　D6	D5　D4	D3　D2	D1　D0
操作码	Xmod	Xar	Ymod	Yar

双数据存储器操作数间接寻址指令代码的位功能说明：

D15～8：包含了指令的操作码；

D7～6：Xmod，说明访问 Xmem 操作数的间接寻址方式的类型；

D5～4：Xar，标明包含 Xmem 地址的辅助寄存器；

D3～2：Ymod，说明访问 Ymem 操作数的间接寻址方式的类型；

D1～0：Yar，标明包含 Ymem 地址的辅助寄存器。

由指令的 Xar 和 Yar 域选择的辅助寄存器说明：

00：AR2 辅助寄存器；　　01：AR3 辅助寄存器；

10：A R4 辅助寄存器；　　11：AR5 辅助寄存器；

双数据存储器操作数间接寻址类型：

- *Arx：ARx：数据存储器地址
- *ARx-/*ARx+：访问后，ARx 中的地址减 1/加 1
- *ARx+0%：访问后，AR0 以循环寻址的方式加到 ARx 中。

例如：

```
MPY    *AR2,*AR3,A
FIRS   *AR2,*AR3,coef
```

6. 存储器映像寄存器寻址

存储器映像寄存器寻址用来修改存储器映像寄存器而不影响当前数据页指针（DP）或堆栈指针（SP）的值。存储器映像寄存器寻址既可以在直接寻址中使用，又可以在间接寻址中使用。

由于 DP 和 SP 不需要改变，因此写一个寄存器的开销是最小的。存储器映像寄存器寻址可以在直接寻址和间接寻址中使用。

只有 8 条指令能使用存储器映像寄存器寻址：

- LDM　MMR, dst
- MVDM　dmad, MMR
- MVMD　MMR, dmad
- MVMM　MMRx, MMRy
- POPM　MMR
- PSHM　MMR
- STLM　src,　MMR
- STM　#lk,　MMR

存储器映像寄存器（MMR）地址的产生有两种方法：

（1）在直接寻址方式下，不管当前 DP 或 SP 的值为何值，使数据寄存器地址的高 9 位（MSBs）强制置 0，数据存储器地址的低 7 位（LSBs）则来自于指令字。

（2）在间接寻址方式下，只使用当前辅助寄存器的低 7 位作为数据存储器地址的低 7 位，地址的高 9 位为 0，指定的辅助寄存器的高 9 位在寻址后被强制置 0。

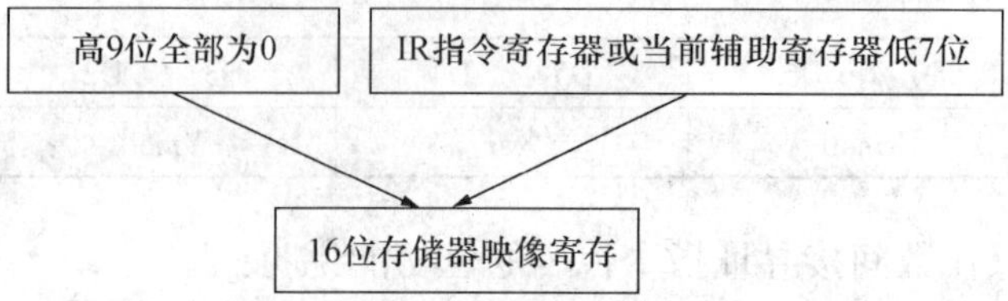

图 3-7 存储器映像寄存器寻址

7. 堆栈寻址

系统堆栈用来在中断和子程序期间自动存放程序计数器。它也能用来存放额外的数据项或传递数据值。处理器使用一个 16-bit 的存储器映像寄存器——堆栈指针来对堆栈寻址，它总是指向存放在堆栈中的最后一个元素。

有 4 条使用堆栈寻址方式访问堆栈的指令：

- PSHD 把一个数据存储器的值压入堆栈
- PSHM 把一个存储器映像寄存器的值压入堆栈
- POPD 把一个数据存储器的值弹出堆栈
- POPM 把一个存储器映射寄存器的值弹出堆栈

堆栈存放数据是从高地址向低地址进行的。压入堆栈时，先减小 SP，再将数据压入堆栈；弹出堆栈时，先从堆栈弹出数据，再增加 SP 值。图 3-8 说明了堆栈操作对堆栈指针（SP）的影响。

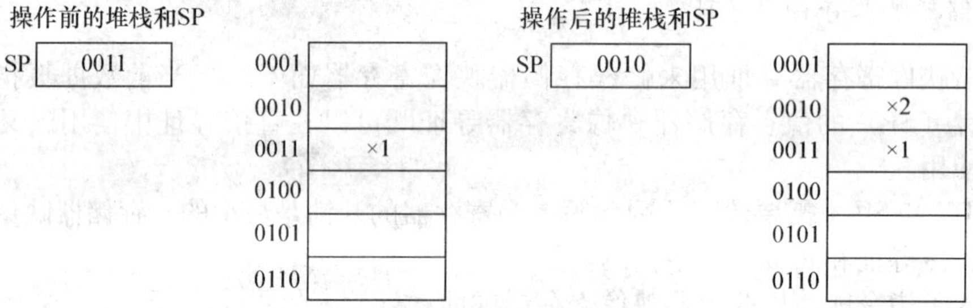

图 3-8 堆栈操作对堆栈指针的影响

3.2 TMS320C54x 的指令系统

TMS320C54x 可以使用两套指令系统：代数表达式形式指令和助记符形式指令。代数表达式形式指令易学易记，运算关系清楚明了；助记符形式指令与计算机汇编语言比较接近，便于阅读和记忆。因为两者的汇编器不同，所以两种形式的指令不能混淆。TMS320C54x 指令系统按功能可以分成 4 种基本类型：

（1）算术运算指令；

（2）逻辑运算指令；
（3）程序控制指令；
（4）加载和存储指令。

3.2.1　指令系统规定的符号与缩写

TMS320C54x 指令系统中规定了许多符号与缩写，表 3-2 中列出了指令系统和操作码中的符号和缩写。

表 3-2　指令集符号

符　号	说　明	符　号	说　明
A	累加器 A	n	XC 指令操作数。n = 1 表示 1 条指令执行；n = 2 表示 2 条指令执行
ALU	算术逻辑单元	N	指定 RSBX/SSBX/XC 指令中修改的状态寄存器。N = 0，状态寄存器 ST0；N = 1，状态寄存器 ST1
AR	辅助寄存器	OVA	ST0 中的累加器 A 的溢出标志
ARx	指定的辅助寄存器（0≤x≤7）	OVB	ST0 中的累加器 B 的溢出标志
ARP	ST0 中的辅助寄存器指针域，3 位域指针指向当前的辅助寄存器（AR）	OVdst	目的累加器（A 或 B）的溢出标志
ASM	ST1 中的 5 位累加器移位模式域（ -16≤ASM≤15）	OVdst_	与当前目的累加器相反的累加器的溢出标志
B	累加器 B	OVsrc	源累加器（A 或 B）的溢出标志
BRAF	ST1 中的块重复有效标志	OVM	ST1 中的溢出模式位
BRC	块重复计数器	PA	16 位立即数表示的端口地址（0≤PA≤65535）
BITC	4 位值，用于确定位测试指令对指定数据存储器的哪一位进行测试	PAR	程序地址寄存器
C16	ST1 中的双 16 位/双精度算术模式位	PC	程序计数器
C	ST0 中的进位位	pmad	16 位立即数表示的程序存储器地址（0≤PA≤65 535）
CC	2 位的条件代码	Pmem	程序存储器操作数
CMPT	ST1 中的兼容模式位	PMST	处理器模式状态寄存器
CPL	ST1 中的编译模式位	prog	程序存储器操作数
cond	条件执行指令所用的条件	[R]	舍入（凑整）选项
[d]，[D]	延迟方式的选项	rnd	舍入
DAB	地址总线	RC	循环计数器
DAR	DAB 地址寄存器	RTN	在 RETF [D] 指令中使用的快速返回寄存器
dmad	16 位立即数表示的数据存储器地址（0≤dmad≤65 535）	REA	块循环尾地址寄存器

续表

符　号	说　明	符　号	说　明
Dmem	数据存储器操作数	RSA	块循环起始地址寄存器
DP	ST0 中的 9 位数据存储器页指针域	SBIT	4 位域指示在 RSBX/SSBX/XC 指令中修改的状态寄存器位数（0≤SBIT≤15）
dst	目的累加器（累加器 A 或 B）	SHFT	4 位指示的移位数（0≤SHFT≤15）
dst_	与当前目的累加器相反的累加器，若 dst = A，则 dst_ = B；若 dst = B，则 dst_ = A	SHIFT	5 位指示的移位数（-16≤SHIFT≤15）
EAB	E 地址总线	Sind	使用间接寻址的单访问数据存储器操作数
EAR	EAB 地址寄存器	Smem	16 位单访问的数据存储器操作数
extpmad	23 位立即数表示的程序存储器地址	SP	堆栈指针
FRCT	ST1 中的分数模式位	src	源累加器（A 或 B）
hi（A）	累加器 A 中的高 16 位（31～16 位）	ST0，ST1	状态寄存器 0，状态寄存器 1
HM	ST1 中的保持模式位	SXM	ST1 中的符号扩展模式位
IFR	中断标志寄存器	T	暂存寄存器
INTM	ST1 中的中断屏蔽位	TC	ST0 中的测试/控制标志位
K	小于 9 位的短立即数	TOS	堆栈栈顶
k3	3 位立即数（0≤k3≤7）	TRN	转换寄存器
k5	5 位立即数（0≤k5≤7）	TS	T 寄存器中位（5～0）确定的位移数

指令系统中所用的运算符号说明如下：

～、+、-：从右到左一元加法、减法、1 的补码

+、-：执行从左到右加法、减法

*、/、%：执行从左到右乘法、除法、取模

>、≥：执行从左到右大于、大于/等于

<、≤：执行从左到右小于、小于/等于

≫、≪：执行从左到右右移、左移

^：执行从左到右位异或运算

|：执行从左到右位或运算

≠or！=：执行从左到右不等于

&：执行从左到右按位与运算

3.2.2　指令系统分类及指令功能

TMS320C54x 的指令一共有 129 条，由于操作数的寻址方式不同，以至于派生有 205 条指令。TMS320C54x 指令系统的分类有两种方法，一是按指令执行时所需的周期分类；一是按指令的功能分类。按指令的功能可分为四类：算术运算指令、逻辑运算指令、程序控制指令以及加载和存储指令。

1. 算术运算指令

算术运算指令用于完成加、减、乘、除等算术运算，可分为加法指令、减法指令、乘法指令、乘加指令、乘减指令、双操作数指令和专用指令。其中，大部分指令只需要1个指令周期，只有个别指令需要2～3个指令周期。

(1) 加法指令

指令中表示整数时，有有符号数和无符号数两种格式。TMS320C54x 提供了4条用于加法的指令，如 ADD、ADDC、ADDM 和 ADDS。

加法指令的功能说明如下：

- ADD Smem,src;Src = src + Smem

  功能说明：操作数加到累加器
- ADD Smem,TS,src;Src = src + Smem≪TS

  功能说明：操作数移位后加到累加器
- ADD Smem,16,src[,dst];Dst = src + Smem≪16

  功能说明：操作数左移16位后加到累加器
- ADD Smem[,SHIFT],src[,dst];Dst = src + Smem≪SHIFT

  功能说明：操作数移位后加到累加器
- ADD Xmem,SHFT,src;Src = src + Xmem≪SHFT

  功能说明：操作数移位后加到累加器
- ADD Xmem,Ymem,dst;Dst = Xmem≪16 + Ymem≪16

  功能说明：两个操作数分别左移16位，然后相加
- ADD #lk[,SHFT],src[,dst];Dst = src + #lk≪SHFT

  功能说明：长立即数移位后加到累加器
- ADD #lk,16,src[,dst];Dst = src + #lk≪16

  功能说明：长立即数左移16位后加到累加器
- ADD src[,SHIFT] [,dst];Dst = dst + src≪SHIFT

  功能说明：累加器移位后相加
- ADD src,ASM [,dst];Dst = dst + src≪ASM

  功能说明：累加器按 ASM 移位后相加
- ADDC Smem,src;Src = src + Smem + C

  功能说明：操作数带进位加至累加器
- ADDM #lk,Smem;Smem = Smem + #lk

  功能说明：长立即数加至存储器中
- ADDS Smem,src;Src = src + uns(Smem)

  功能说明：符号位不扩展的加法

ADD 指令有10种句法。如果目的累加器 dst 被指定，则结果存放在 dst 中；如果没有被指定，则结果存放在源累加器 src 中。移位操作数的范围为 $-16 \leqslant SHIFT \leqslant 15$，$0 \leqslant SHFT \leqslant 15$。正数为左移位，左移位低位添0，高位受 SXM 位影响。如果 SXM = 1，则高位进行符号扩展；如果 SXM = 0，则高位清零。负数为右移位，受 SXM 位影响。如果 SXM = 1，则高位进行符号扩展；如果 SXM = 0，则高位清零。

例 1 ADD ＊AR3＋，14，A

指令执行前：

(A)=00 0000 1400H，(C)=1，(AR3)=0100H，(SXM)=1，

数据存储器(0100H)=1500H

指令执行后：

(A)=00 0540 1400H，(C)=0，(AR3)=0101H，(SXM)=1

数据存储器(0100H)=1500H

例 2 ADD A，－8，B

指令执行前：

(A)=00 0540 1400H，(C)=1，(B)=00 0000 1800H

指令执行后：

(A)=00 0540 1400H，(C)=1，(B)=00 0005 5814H

例 3 ADD #4568H，8，A，B

指令执行前：

(A)=00 0000 1400H，(C)=1，(B)=00 0000 1800H

指令执行后：

(A)=00 0000 1400H，(C)=0，(B)=00 0045 8000H

例 4 ADD ＊AR2＋，＊AR2－，A

指令执行前：

(A)=00 0000 1400H，(C)=1，(AR2)=0100H,数据存储器(00FFH)=1300H，(0100H)=1400H，(0101H)=1500H，

指令执行后：

(A)=00 2A00 0000H，(C)=0，(AR2)=0101H，

数据存储器(00FFH)=1300H，(0100H)=1400H，(0101H)=1500H

(2) 减法指令

TMS320C54x 中减法指令有许多，如 SUB、SUBB、SUBC 和 SUBS。其中，SUBS 是无符号数的减法运算，SUBB 是带借位的减法运算，而 SUBC 是含条件的移位减。在 TMS320C54x 中，没有专门的除法指令，要实现除法运算一般有两种方法：一种方法是用乘法进行，如要除以某个数，可以先求出该数的倒数，再乘以其倒数；另一种方法是用 SUBC 指令，再重复 16 次减法运算，可实现两个无符号数的除法运算。减法指令中状态位与加法指令中的基本相同。

减法指令的功能说明如下：

- SUB Smem,TS,src;Src = src – Smem≪TS

  功能说明：从累加器中减去一个移位后的操作数
- SUB Smem, src;Src = src – Smem

  功能说明：从累加器中减去一个操作数
- SUB Smem,16,src[,dst];Dst = src – Smem≪16

  功能说明：从累加器中减去左移 16 位后的操作数
- SUB Smem[,SHIFT], src[,dst];Dst = src – Smem≪SHIFT

  功能说明：操作数移位后与累加器相减
- SUB Xmem,SHFT,src;Src = src – Xmem≪SHFT

  功能说明：操作数移位后与累加器相减

- SUB Xmem,Ymem,dst;Dst = Xmem≪16 - Ymem≪16
  功能说明：两个操作数分别左移 16 位再相减
- SUB #lk[,SHFT],src[,dst];Dst = src - #lk≪SHFT
  功能说明：长立即数移位后与累加器相减
- SUB #lk,16,src[,dst];Dst = src - #lk≪16
  功能说明：长立即数左移 16 位后与累加器相减
- SUB src[,SHIFT] [,dst];Dst = dst - src≪SHIFT
  功能说明：源累加器移位后与目的累加器相减
- SUB src,ASM [,dst];Dst = dst - src≪ASM
  功能说明：源累加器按 ASM 移位后与目的累加器相减
- SUBB Smem,src;Src = src - Smem -
  功能说明：带借位的减法
- SUBC Smem,src;if(src - Smem≪15)≥0
  src = (src - Smem≪15)≪1 +1
  else src = src≪1
  功能说明：有条件减法
- SUBS Smem,src;Src = src - uns(Smem)
  功能说明：符号位不扩展的减法

例 5　SUB　#12345，8，A，B

指令执行前：

```
(A) =00 0000 1200H,
(B) =00 0000 1800H,
(C) =X,
(SXM) =1
```

指令执行后：

```
(A) =00 0000 1200H,
(B) =FF FFCF D900H,
(C) =0,
(SXM) =1
```

例 6
```
LD    #8, DP       ; 使页面指针 DP =8
LD    #0006H, A    ; 加载 A 累加器
SSBX  C            ; 置借位位 C 为 1
SUBB  @5, A        ; 完成带借位的减法运算。数据地址 =0405H，为直接寻址
```

指令执行前：

```
(A) =00 0000 0006H
(DP) =008H,
(C) =1,
数据存储器(0405H) =0008H
```

指令执行后：

```
(A) =FF FFFF FFFEH
(DP) =008H,
(C) =0,
数据存储器(0405H) =0008H
```

例 7 利用 SUBC 完成整除法，41H ÷ 7H = 9H，余数是 2H。

```
LD  #0041H,B         ;将被除数 41H 装入累加器 B 的低 16 位
STM #0100H,AR2       ;寄存器 AR2 =0100H
STM  #0110H,AR3      ;寄存器 AR3 =0110H
ST   #0007H,*AR2     ;设置 AR2 寄存器的内容,(AR2)=0007H
RPT    #15           ;重复 SUBC 指令 15 +1 次
SUBC *AR2,B          ;使用 SUBC 指令完成除法运算
STL  B,*AR3+         ;将商(累加器 B 的低 16 位)存入变量 AR3 所指地址的数据单元,
                     ;AR3 +1→AR3
STH  B,*AR3          ;将余数(累加器 B 的高 16 位)存入变量 AR3 所指地址的数据单元
```

SUBC 指令重复执行前和最后一条指令执行完后各寄存器的状态如下：

指令执行前：

```
(B)=00 0000 0041H
(C)=X
(AR2)=0100H,
(AR3)=0110H
```

数据存储器

```
(0100H)=0007H,
(0110H)=0000H,
(0111H)=0000H
```

指令执行后：

```
(B)=00 0002 0009H
(C)=1
(AR2)=0100H
(AR3)=0111H
```

数据存储器

```
(0100H)=0007H,
(0110H)=0009H,
(0111H)=0002H
```

例 8 商为整数的除法：0.44 ÷ （ −0.22） = −2 的程序段。

```
        .bss   num,1
           .bss    den,1
           .bss    quot,1
           .data
table:  .word    44*32768/100
           .word    -22*32768/100
           .text
start:  STM    #num,AR1                ;把被除数的地址送入 AR1 中
           RPT      #1                 ;把下一条指令重复执行 2 次
           MVPD  table,*AR1+           ;把被除数和除数送进数据存储单元
           LD       @den,16,A          ;将除数装入 A 累加器的高 16 位
        MPYA    @num                   ;利用乘法操作确定商的符号
           ABS     A                   ;将除数取绝对值
           STH     A,@den              ;将除数绝对值放回原位
             LD     @num,A             ;将被除数装入 A 累加器的低 16 位
           ABS     A                   ;将被除数取绝对值
           RPT     #15                 ;16 次减法循环,完成除法
SUBC    @den,A
        XC       1,BLT  ;如果 B <0,则商为负数,执行 NEG 指令,否则跳
```

```
                 ;过 NEG 指令
        NEG    A
        STL    A,@ quot              ;保存结果
done:   B      done
          .end
```

结果 y = FFFEH = −2。

例 9　商为小数的除法：44 ÷ （−176） = −0.25 的程序段。

```
        .bss    num,1
        .bss    den,1
        .bss    quot,1
        .data
table:  .word   44
        .word   -176
        .text
start:  STM     #num,AR1
        RPT      #1
        MVPD  table,*AR1+
            LD       @ den,16,A
            MPYA     @ num
            ABS      A
            STH      A,@ den
            LD       @ num,16,A       ;将被除数装入 A 累加器的高 16 位
ABS     A
            RPT      #14              ;15 次减法循环,完成除法
            SUBC     @ den,A
            XC       1,BLT
            NEG      A
            STL      A,@ quot
done:   B      done
            .end
```

结果 y = E000H = −0.25。

(3) 乘法指令

TMS320C54x 中有大量的乘法运算指令，其结果都是 32 位，放在 A 或 B 累加器中。乘数在 TMS320C54x 的乘法指令中的使用很灵活，可以是 T 寄存器、立即数、存储单元以及 A 或 B 累加器的高 16 位。如果是无符号数相乘，则使用一条专用于无符号数相乘的指令，即 MPYU 指令，其他指令都是有符号数的乘法。

乘法指令的功能说明：

- MPY Smem,dst
  Dst = T × Smem
  功能说明：T 寄存器值与操作数相乘
- MPYR Smem,dst
  Dst = rnd(T × Smem)
  功能说明：T 寄存器值与操作数相乘（带舍入）
- MPY Xmem,Ymem,dst
  Dst = Xmem × Ymem,T = Xmem
  功能说明：两个操作数相乘
- MPY Smem,#lk,dst

Ds = Smem × #lk, T = Smem

功能说明：长立即数与操作数相乘

- MPY #lk,dst

  Dst = T × #lk

  功能说明：T 寄存器值与长立即数相乘

- MPYA dst

  Dst = T × A

  功能说明：T 寄存器值与累加器 A 的高位相乘

- MPYA Smem

  B = Smem × A, T = Smem

  功能说明：操作数与累加器 A 的高位相乘

- MPYU Smem,dst

  Dst = uns(T) × uns(Smem)

  功能说明：两无符号数相乘

- SQUR Smem,dst

  Dst = SmemvSmem, T = Smem

  功能说明：操作数的平方

- SQUR A,dst

  dst = A × A

  功能说明：累加器 A 的高位平方

例 10 实现整数乘法。

```
LD     #0030H,A      ;将 0030H 装入累加器 A
STM    #0100H,AR2    ;AR2 =0100H
ST     #2000H,*AR2   ;(AR2)=2000H
RSBX   FRCT          ;清 FTCT 标志位,准备整数乘
LD     #2,DP         ;DP =002H
LD     0,T           ;将 AR2 中的内容 2000H 装入 T 寄存器
MPY    #-2,A         ;完成 2000H 与 0FFFEH 相乘,结果放入 A 累加器(32 位),
                     ;A = FF FFFF C000H
```

例 11 实现小数乘法。

```
SSBX   FRCT          ;置 FRCT 标志位,准备小数乘法
LD     temp1,16,A    ;将变量 temp1 装入累加器 A 的高 16 位
MPYA   temp2         ;完成 temp2 与累加器 A 的高 16 位相乘,结果放入 B 累加器,
                     ;并将 temp2 装入 T 寄存器
STH temp3            ;将乘积结果的高 16 位存入变量 temp3
```

(4) 乘加指令

乘加指令完成一个乘法运算，将乘积再与源累加器的内容相加。指令中使用 R 后缀的，其运算结果要进行凑整。

乘加指令的功能说明：

- MAC Smem,src

  Src = src + T × Smem

  功能说明：T 寄存器值与操作数相乘后加到累加器

- MAC Xmem,Ymem,src[,dst]

  Dst = src + Xmem × Ymem, T = Xmem

  功能说明：两个操作数相乘后加到累加器

- MAC #lk,src[,dst]

  Dst = src + T × #lk

功能说明：长立即数与 T 寄存器值相乘后加到累加器

- MAC Smem,#lk,src[,dst]
  Dst = src + Smem × #lk,
  T = Smem
  功能说明：长立即数与操作数相乘后加到累加器
- MACR Smem,src
  Src = rnd(src + T × Smem)
  功能说明：T 寄存器值与操作数相乘后加到 A（带舍入）
- MACR Xmem,Ymem,src[,dst]
  dst = rnd(src + Xmem × Ymem),T = Xmem
  功能说明：两个操作数相乘后加到累加器（带舍入）
- MACA Smem[,B]
  B = B + Smem × A,T = Smem
  功能说明：操作数与累加器 A 的高位相乘后加 B
- MACA T,src[,dst]
  dst = src + T × A
  T 与 A 的高位相乘后再累加
- MACAR Smem[,B]
  B = rnd(B + Smem × A),T = Smem
  功能说明：操作数与 A 的高位相乘后再加 B（带舍入）
- MACAR T,src[,dst]
  dst = rnd(src + T × A)
  功能说明：T 与 A 的高位相乘后再累加
- MACD Smem,pmad,src
  src = src + Smem × pmad,T = Xmem,
  功能说明：带延时的操作数与程序存储器值相乘后再累加
- MACP Smem,pmad,src
  src = src + Smem × pmad,T = Xmem
  功能说明：操作数与程序存储器值相乘后再累加
- MACSU Smem,Ymem,src
  src = src + uns(Smem) × Ymem,T = Xmem
  功能说明：无符号数与有符号数相乘后再累加

例 12　MAC　#345H，A，B

指令执行前：

(A) = 00 0000 1000H,
(B) = 00 0000 0000H,
(T) = 0400H,
(FRCT) = 0

指令执行后：

(A) = 00 0000 1000H,
(B) = 00 000D 2400H,
(T) = 0400H,
(FRCT) = 0

例 13　MAC　#345H，A，B

指令执行前：

(A) = 00 0000 1000H,

(B) = 00 0000 0000H,
(T) = 0400H,
(FRCT) = 1

指令执行后：

(A) = 00 0000 1000H,
(B) = 00 001A 3800H,
(T) = 0400H,
(FRCT) = 1

例 14 MAC ＊AR3 + , ＊AR4 + , A, B

指令执行前：

(A) = 00 0000 1000H,
(B) = 00 0000 0004H,
(T) = 0008H,
(AR3) = 0100H,
(AR4) = 0200H,

数据存储器

(0100H) = 5678H,
(0200H) = 1234H

指令执行后：

(A) = 00 0000 1000H,
(B) = 00 0C4C 10C0H,
(T) = 5678H,
(AR3) = 0101H,
(AR4) = 0201H,

数据存储器

(0100H) = 5678H,
(0200H) = 1234H

例 15 MACR ＊AR3 + , ＊AR4 + , A, B

指令执行前：

(A) = 00 0000 1000H,
(B) = 00 0000 0004H,
(T) = 0008H,
(FRCT) = 1
(AR3) = 0100H,
(AR4) = 0200H,

数据存储器

(0100H) = 5678H,
(0200H) = 1234H

指令执行后：

(A) = 00 0000 1000H,
(B) = 00 0C4C 0000H,
(FRCT) = 1
(T) = 5678H,
(AR3) = 0101H,
(AR4) = 0201H,

数据存储器

(0100H) = 5678H,

(0200H)=1234H

例16　MACA　T，A，B

指令执行前：

(A)=00 1234H,
(B)=00 0002H,
(T)=0444H,
(FRCT)=1,

指令执行后：

(A)=00 1234H,
(B)=00 12CFH,
(T)=0444H,
(FRCT)=1,

例17　MACA　T，B，B

指令执行前：

(A)=00 1234 0000H,
(B)=00 0002 0000H,
(T)=0444H,
(FRCT)=1,

指令执行后：

(A)=00 1234 0000H,
(B)=00 009D 4BA0H,
(T)=0444H,
(FRCT)=1,

例18　MACD　*AR2-，COEFFS，A

指令执行前：

(A)=00 0077 0000H,
(T)=0008H,
(FRCT)=0
(AR2)=0100H,
程序存储器(COEFFS)=1234H
数据存储器
(0100H)=0055H,
(0101H)=0066H

指令执行后：

(A)=00 0000 1000H,
(FRCT)=0
(T)=0055H,
(AR2)=00FFH,
程序存储器(COEFFS)=1234H
数据存储器
(0100H)=0055H,
(0101H)=0055H

例19　MACSU　*AR3+，*AR4+，A

指令执行前：

(A)=00 0000 1000H,
(T)=0008H,

(FRCT)=0
(AR3)=0100H,
(AR4)=0200H,
数据存储器
(0100H)=8765H,
(0200H)=1234H

指令执行后:

(A)=00 09A0 AA84H,
(B)=00 0C4C 0000H,
(FRCT)=1
(T)=8765H,
(AR3)=0101H,
(AR4)=0201H,
数据存储器
(0100H)=8765H,
(0200H)=1234H

例20 MACSU *AR3+, *AR4+, A

指令执行前:

(A)=00 0000 1000H,
(T)=0008H,
(FRCT)=0
(AR3)=0100H,
(AR4)=0200H,
数据存储器
(0100H)=1234H,
(0200H)=FFFF 8765H

指令执行后:

(A)=FF F76C AA84H,
(FRCT)=0
(T)=1334H,
(AR3)=0101H,
(AR4)=0201H,
数据存储器
(0100H)=1234H
(0200H)=8765H,

(5) 乘减指令 (9条)

乘减指令完成从累加器B或源累加器src或目的累加器dst中减去T寄存器或一个操作数与另一个操作数的乘积,结果存放在累加器B或dst或src中。

乘减指令的功能说明如下:

- MAS Smem,src

  功能说明:从src中减去T*操作数。

  $$src = src - T \times Smem$$

- MASR Smem,src

  功能说明:从src中减去T*操作数(带舍入)

  $$src = uns\ (src - T \times Smem)$$

- MAS Xmem,Ymem,src[,dst]

功能说明：从 src 中减去两操作数之积。

dst = src − Xmem × Ymem，T = Xmem

● `MASR Xmem,Ymem,src[,dst]`

功能说明：从 src 中减去两操作数的乘积（带舍入）

dst = rnd（src − Xmem × Ymem），T = Xmem

● `MASA T,src[,dst]`

功能说明：从 src 中减去 T 与 A 高位之积。

dst = src − T × A

● `MASAR T,src[,dst]`

功能说明：从 src 中减去 T 与 A 高位之积（带舍入）

dst = rnd（src − T × A）

● `SQURA Smem,src`

功能说明：先平方后累加

src = src + Smem × Smem，T = Smem

● `SQURS Smem,src`

功能说明：先平方后作减法

src = src − Smem × Smem，T = Smem

● `MASA Smem[,B]`

功能说明：从 B 中减操作数与 A 高位之积

B = B − Smem × A，T = Smem

例 21　MAS 指令用法

MAS　＊AR3 +，＊AR4 +，A，B

Register/memory		Before instruction	After instruction
A		00 0000 1000H	00 0000 1000H
B		000000 0004H	FF F3B4 0F40H
AR3		0100H	0101H
AR4		0200II	0201H
FRCT		1	1
T		0008H	5678H
DATA memory	0100H	5678H	5678H
	0200H	1234H	1234H

例 22　MASR 指令用法

MASR　AR3 +，＊AR4 +，A，B

	Before instruction	After instruction
A	00 0000 1000H	00 0000 1000H
B	000000 0004H	FF F3B4 0000H

续表

		Before instruction	After instruction
AR3		0100H	0101H
AR4		0200H	0201H
FRCT		1	1
T		0008H	5678H
DATA memory	0100H	5678H	5678H
	0200H	1234H	1234H

例 23 编制计算

解：

y=0.1*0.8+(-0.2)*0.6+(-0.3)*(-0.9)程序段.

```
          .bss    x,3
          .bss    a,3
          .bss    y,1
          .data
table:  .word    1*32768/10,-2*32768/10,-3*32768/10
        .word    8*32768/10,6*32768/10,-9*32768/10
        .text
start:  STM      #table,AR1              ;AR1 指向程序地址 table
        STM      #x,AR2                  ;AR2 指向 x
        STM      #5,AR0
        LD       #0,A
loop:   LD   *AR1+,A
                                         ;从程序存储单元向数据存储单元传送 6 个数据
        STL      A,*AR2+
            BANZ  loop,*AR0-
                                         ;AR0≠0,执行标号 loop,否则执行下一条指令
SSBX        FRCT
            CALL     SUM
end:    B       end
SUM:    STM     #a,AR3                   ;被乘数单元
            STM    #x,AR4                ;乘数单元
            RPTZ   A,#2                  ;重复执行下条指令 3 次,使累加器 A 清零
            MAC     *AR3+,*AR4+,A
            STH    A,@y
        RET
        .end
```

结果 y=1D70H =0.23。

(6) 双操作数指令

双操作数指令中有一个操作数 Lmem 是长数据存储操作数，该指令为双长字（32 位）的指令。如 DADD 指令，它在 C16 的控制下完成一个 32 位的加法运算或两个 16 位的加法运算。当 C16=0 时，指令以双精度（32 位）方式执行；当 C16=1 时，指令以双 16 位方式执行。双操作数指令的说明：

- DADD Lmem,src,[dst];

功能说明：双精度/双 16 位数加到累加器，if C16 = 0　dst = Lmem + src；If C16 = 1，dst（39～16）= Lmem（31～16）+ src（31～16），dst（15～0）= Lmem（15～0）+ src（15～0）

● DADST Lmem,dst

功能说明：双精度/双 16 位数与 T 寄存器值相加/减。if C16 = 0　dst = Lmem +（T≪16 + T），if C16 = 1，dst（39～16）= Lmem（31～16）+ T，dst（15～0）= Lmem（15～0）- T

● DRSUB Lmem,src

功能说明：双精度/双 16 位数减去累加器 if C16 = 0　dst = Lmem - src，if C16 = 1 src（39～16）= Lmem（31～16）- src（31～16）src（15～0）= Lmem（15～0）- src（15～0）

● DSAD T Lmem,dst

功能说明：长立即数与 T 寄存器值相加/减 f C16 = 0　dst = Lmem - i（T≪16 + T）if C16 = 1　dst（39～16）= Lmem（31～16）- T dst（15～0）= Lmem（15～0）+ T

● DSUB Lmem,src

功能说明：从累加器中减去双精度/双 16 位数 if C16 = 0　src = src - Lmem if C16 = 1，src（39～16）= src（31～16）- Lmem（31～16）

● DSUB T Lmem,src

功能说明：从长立即数中减去 T 寄存器值。if C16 = 0　dst = Lmem -（T≪16 + T）

例 24　DADD 指令练习

DADD　*AR3 +，A，B

		Before instruction	After instruction
A		00 5678 8933H	005678 8933H
B		000000 0000H	006BAD1D89H
AR3		0100H	0102H
C16		0	0
DATA memory	0100H	1534H	1534H
	0101H	9456H	9456H

例 25　DADD 指令练习

DADD　*AR3 -，A，B

Register/memory		Before instruction	After instruction
A		00 5678 8933H	00 5678 8933H
B		000000 0000H	00 6BAC 1D89H
AR3		0100H	00FEH
C16		1	1
DATA memory	0100H	1534H	1534H
	0101H	9456H	9456H

(7) 专用指令

在TMS320C54x中，许多专用指令用来完成一些特殊的操作，这样不仅可以大大提高编写程序的速度，缩短程序的长度，还避免了汇编中为实现一种功能而需要多条语句的弊端，减少了指令执行的周期。

专用指令的功能说明如下：

- ABD ST Xmem,Ymem

  功能说明：求绝对值

  B = B + | A (32～16) |

  A = (Xmem - Ymem) ≪16

- ABS src,[dst]

  dst = | src |

  功能说明：累加器取绝对值

- ABS src,[dst]

  dst = | src |

  功能说明：累加器取绝对值

- CMPL src,[dst]

  dst = /src

  功能说明：累加器取反

- DELAY Smem

  (Smem + 1) = Smem

  功能说明：存储器单元延迟

- EXP src

  T = 符号位所在的位数 (src) -8

  求累加器的指数

- FIRS Xmem,Ymem,pmad

  B = B + A(32～16)(pmad

  A = (Xmem + Ymem)≪16

  功能说明：对称有限冲击响应滤波器

- LMS Xmem,Ymem

  B = B + Xmem(Ymem)

  A = A + Xmem≪16 + 215

  功能说明：求最小均方值

- MAX dst

  dst = max(A,B)

  功能说明：求累加器的最大值

- MIN dst

  dst = min(A,B)

  功能说明：求累加器的最小值

- NEG src,[dst]

  dst = - src

  功能说明：累加器变负

- NORM src,[dst]

  dst = src≪TS dst = norm(src,TS)

功能说明：归一化

- POLY Smem

  B = Smem≪16

  A = rnd(A(32～16)(T + B)

  功能说明：求多项式的值

- RND src,[dst]

  dst = src + 215

  功能说明：累加器舍入运算

- SAT src

  功能说明：饱和运算（src），对累加器的值做饱和计算

- SQDST Xmem,Ymem

  B = B + A(32～16) × A(32～16),A = (Xmem - Ymem)≪16

  功能说明：求两点之间距离的平方

例 26　ABDST 指令

ABDST　* AR3 +，* AR4 +

Register/memory		Before instruction	After instruction
A		FF ABCD 0000H	FF FFAB 0000H
B		000000 0000H	00 0000 5433H
AR3		0100H	0101H
AR4		0200H	0201H
FRCT		0	0
DATA memory	0100H	0055H	0055H
	0200H	00AAH	00AAH

例 27　FIRS 指令

FIRS　* AR3 +，* AR4 +，COEFFS

Register/memory		Before instruction	After instruction
A		00 0077 0000H	00 00FF 0000H
B		000000 0000H	00 0008 762CH
AR3		0100H	0101H
AR4		0200H	0201H
FRCT		0	0
Program memory	COEFFS	1234H	1234H
DATA memory	0100H	0055H	0055H
	0200H	00AAH	00AAH

2. 逻辑指令

按照功能的不同可将逻辑指令分为五组，即与指令（AND）、或指令（OR）、异或指令（XOR）、移位指令（ROL）和测试指令（BITF）。根据操作数的不同，指令的执行需要1～2个指令周期。前三组指令与计算机汇编语言中逻辑指令一样，是按位进行操作的。

（1）与逻辑运算指令

与逻辑运算指令的功能说明：

- AND Smem,src;
  src = src&Smem
  功能说明：操作数和累加器相与
- AND #lk[,SHFT],src[,dst];
  dst = src&#lk≪SHIFT
  功能说明：长立即数移位后和累加器相与
- AND #lk,16,src[,dst]
  dst = src&#lk≪16
  功能说明：长立即数左移16位后和累加器相与
- AND src[,SHIFT][,dst]
  Dst = dst&src≪SHIFT
  功能说明：源累加器移位后和目的累加器相与
- ANDM #lk,Smem
  Smem = Smem&#lk
  功能说明：操作数和长立即数相与

（2）或逻辑运算指令

或逻辑运算指令的功能说明。

- OR Smem,src
  Src = src | Smem
  功能说明：操作数和累加器相或
- OR #lk[,SHFT],src[,dst]
  Dst = src | #lk≪SHFT
  功能说明：长立即数移位后和累加器相或
- OR #lk,16,src[,dst]
  dst = src | #lk≪16
  功能说明：长立即数左移16位后和累加器相或
- OR src[,SHIFT][,dst]
  dst = dst | src≪SHIFT
  功能说明：源累加器移位后和目的累加器相或
- ORM #lk,Smem
  Smem = Smem | #lk
  功能说明：操作数和长立即数相或

（3）异或逻辑运算指令

异或逻辑运算指令的功能说明：

- XOR Smem,src
  src = src ∧ Smem
  功能说明：操作数和累加器相异或

- `XOR #lk[,SHFT],src[,dst]`
  `dst = src ∧ #lk≪SHFT`
  功能说明：长立即数移位后和累加器相异或
- `XOR #lk,16,src[,dst]`
  `dst = src ∧ #lk≪16`
  功能说明：长立即数左移 16 位后和累加器相异或
- `XOR src[,SHIFT][,dst]`
  `dst = dst ∧ src≪SHIFT`
  功能说明：源累加器移位后和目的累加器相异或
- `XORM #lk,Smem`
  `Smem = Smem ∧ #lk`
  功能说明：操作数和长立即数相异或

(4) 移位指令

例 28　SFTA 指令练习

SFTA A，-8，B

Register/memory	Before instruction	After instruction
A	FF 8765 0055H	FF 8765 0055H
B	00 4321 1234H	FF FF87 6500H
C	X	0
SXM	1	1

例 29　SFTA 练习

SFTA A，-8，B

Register/memory	Before instruction	After instruction
A	FF 8765 0055H	FF 8765 0055H
B	00 4321 1234H	FF FF87 6500H
C	X	0
SXM	0	0
OVM	0	0
OVB	0	1

例 30　SFTL 练习

SFTL A，-8，B

Register	Before instruction	After instruction
A	FF 8765 0055H	FF 8765 0055H
B	FF 8000 0000H	00 0087 6500H
C	0	1

例 31 SFTL B, +5

Register/memory	Before instruction	After instruction
B	FF A200 1234H	00 4002 4680H
C	0	0

(5) 测试指令

测试指令可以测试操作数的指定位的值，也可以比较两个操作数是否相等。这些指令的执行需要 1～2 个指令周期。

测试指令的功能说明：

- BIT Xmem,BITC
  TC = Xmem(15 - BITC)
  功能说明：测试指定位
- BITF Smem,#lk
  If(Smem&&#lk) = 0 then TC = 0 Else TC = 1
  功能说明：测试由立即数指定的位域
- BITT Smem
  TC = Smem(15 - T(3～0))
  功能说明：测试由 T 寄存器指定的位
- CMPM Smem,#lk
  If Smem = #lk then TC = 1 Else TC = 0
  功能说明：比较单数据存储器操作数和立即数的值
- CMPR CC,ARx
  0≤CC≤3
  CC =00,测试 ARx = AR0
  CC =01,测试 ARx < AR0
  CC =10,测试 ARx > AR0
  CC =11,测试 ARx≠AR0
  功能说明：辅助寄存器 ARx 与 AR0 相比较

例 32 BIT 指令用法

BIT *AR2+, 12

Register/memory	Before instruction	After instruction
A	FF 8765 0055H	FF 8765 0055H
B	00 4321 1234H	FF FF87 6500H
C	X	0
SXM	1	1

例 33 CMPR 指令用法

CMPR 2, AR4

Register/memory	Before instruction	After instruction
TC	1	0
AR0	FFFFH	FFFFH
AR4	7FFFH	7FFFH

3. 程序控制指令

程序控制指令用于控制程序的执行顺序。程序控制指令包括分支转移指令（B、BC）、调用指令（CALL）、中断指令（INTR、TRAP）、返回指令（RET）、重复指令（RPT）、堆栈操作指令（FRAME、POPD）和混合程序控制指令（IDLE、NOP）。这些指令根据不同情况分别需要 1～6 个指令周期。

条件分支转移指令或条件调用、条件返回指令都要用条件来限制分支转移、调用和返回操作，只有当一个条件或多个条件得到满足时才执行指令。条件运算符分为两组：

第 1 组：

A 类：EQ、NEQ,LEQ、GEQ,LT、GT

B 类：OV,NOV

第 2 组：

A 类：TC,NTC

B 类：C,NC

C 类：BIO,NBIO

说明：组内同一类中不能选两个条件；

组内类与类之间的条件可以“与/或”；

组与组之间的条件只能“或”；

组 1 的不同类组合时，必须针对同一累加器。

（1）分支转移指令

分支转移指令可以改变程序指针 PC，使程序从一个地址跳转到另一个地址。分支转移指令分有条件转移和无条件转移两种。指令后缀有 D 的指令是延迟转移，指令执行时先执行紧跟的下一条指令，紧接着延迟转移指令的两条单字指令和一条双字指令。延迟转移可以减少转移指令的执行时间，但程序的可读性变差。

后缀有 D 的分支转移指令的功能说明：

- B[D] Pmad

  PC = pmad(15～0)

  功能说明：可选择延时的无条件分支转移

- BACC[D] src

  PC = src(15～0)

  功能说明：可选择延时的按累加器规定的地址转移

- BANZ[D] pmad,Sind

  If(Sind≠0) then PC = pmad(15～0)

  功能说明：辅助寄存器不为 0 时转移

- BC[D] Pmad,cond[,cond[,cond]]

  If(cond(s) then PC = pmad(15～0)

  功能说明：可选择延时的条件分支转移

- FB[D] extpmad

  PC = pmad(15～0);XPC = pmad(22～16)

  功能说明：可选择延时的无条件远程分支转移

- FBACC[D] src

  PC = src(15～0);XPC = src(22～16)

  功能说明：按累加器规定的地址远程分支转移

例 34 用 AR2 作为循环计数器，设初值为 4，共执行 5 次加法运算。

解：

```
            …
LOOP:ADD   *AR1+,A
     BANZ  LOOP,*AR2-
     …
```

例 35 用 AR0 作为循环计数器，设初值为 7，共执行 8 次从程序存储器到数据存储器的传送。

解：

```
              …
LOOP:  LD     *AR1+,A
           STL    A,*AR2+
     BANZ   LOOP,*AR0-
     …
```

例 36 FBACC 指令用法

FBACC A

Register/memory	Before instruction	After instruction
A	00 0030 2000H	00 0200 2000H
PC	0100H	2000H
XPC	00H	30H

（2）调用指令

调用指令与分支转移指令的区别是，采用调用指令时，被调用的程序段执行完后要返回程序的调用处继续执行原程序。

调用指令为非延时指令，PC+1→TOS；指令后缀带 D 时，是延迟调用，紧接着指令的两条单字指令和一条双字指令先被取出执行，此时 PC+3→TOS。对于 CC［D］指令，当满足确定的条件时，PC+2→TOS，pmad→PC，否则，PC+2→PC；如果是延迟调用，该指令后的两个字指令先被取出执行，被测试的条件不会受影响，PC+4→TOS。

延迟调用指令的功能说明如下：

- CALA[D] src
  SP=SP-1,PC+1[3]=TOS;PC=src(15～0)
  功能说明：按累加器规定的地址调用子程序
- CALL[D] pmad
  SP=SP-1,PC+2[4]=TOS; PC=pmad(15～0)
  功能说明：无条件调用子程序
- CC[D] Pmad,cond[,cond[,cond]]
  if(cond(s)) then SP=SP-1;PC+2[4]=TOS,PC=pmad(15～0)
  功能说明：有条件调用子程序
- FCALA[D] src
  SP=SP-1,PC+1[3]=TOS;PC=src(15～0)
  XPC= src(22～16)
  功能说明：按累加器规定的地址远程调用子程序
- FCALL[D] extpmad

SP = SP - 1, PC + 2 [4] = TOS; PC = pmad (15～0); XPC = pmad (22～16)

功能说明：无条件远程调用子程序

例 37 CALA 指令用法

CALA A

Register/memory		Before instruction	After instruction
A		00 0000 3000H	00 0000 3000H
PC		0025H	3000H
SP		1111H	1110H
Data memory	1110H	4567H	0026H

例 38 CALAD 指令用法

CALAD A

ANDM 4444H, ＊AR1 +

Register/memory		Before instruction	After instruction
A		00 0000 3000H	00 0000 3000H
PC		0025H	3000H
SP		1111H	1110H
Data memory	1110H	4567H	0028H

（3）中断指令

当有中断发生时，INTM 位置 1，屏蔽所有可屏蔽中断，并设置中断标志寄存器 IRF 中相应的中断标志位。中断向量地址是由处理器工作方式状态寄存器 PMST 中的中断向量指针 IPTR（9 位）和左移两位后的中断向量序号（中断向量序号为 0～31，左移两位后变为 7 位）组成的。中断向量地址的形成如图 3-9 所示。

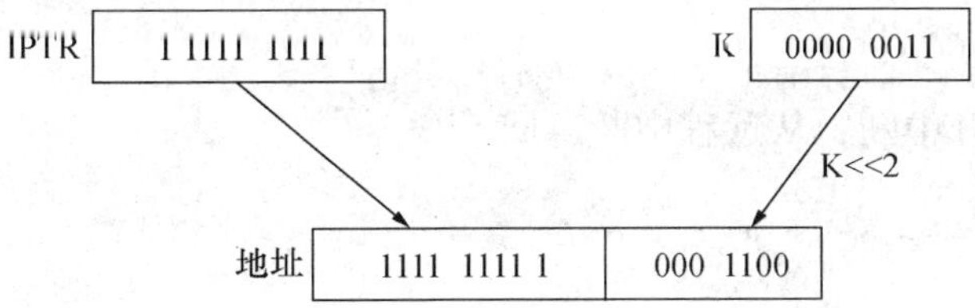

图 3-9 中断向量地址的形成

中断指令的说明：

① INTR K

功能说明：不可屏蔽的软件中断，关闭其他可屏蔽的软件中断。

SP = SP - 1, TOS = PC + 1 PC = IPTR (15～7) + K≪2 INTM = 1

② TRAP K

功能说明：不可屏蔽的软件中断，不影响 INTM 位。

SP = SP - 1, TOS = PC + 1 PC = IPTR (15～7) + K≪2

例 39　INTR 用法

INTR 3

Register/memory		Before instruction	After instruction
INTM		0	1
PC		0025H	3000H
SP		1000H	0FFFH
IPTR		1FFH	1FFH
Data memory	0FFFH	4567H	0026H

(4) 返回指令

返回指令用于在执行完调用程序段或中断服务程序后，使程序返回到调用指令或中断发生的地方以继续执行。

例 40　FRETE 指令用法

FRETE

Register/memory		Before instruction	After instruction
XPC		05H	06H
PC		2112H	0110H
ST1		xCCxxH	X4xxH
SP		0300H	0302H
Data memory	0300H	006EH	006EH
	0301H	0110H	0110H

返回指令的功能说明：

- FRET[D]
  XPC = TOS,SP = SP +1,
  PC = TOS,SP = SP +1
  功能说明：远程返回
- FRETE[D]
  XPC = TOS,SP = SP +1,
  PC = TOS,SP = SP +1,INTM = 0
  功能说明：开中断，从远程中断返回
- RC[D] cond[,cond[,cond]]
  If(cond(s) then PC = TOS,SP = SP +1
  Else PC = PC +1
  功能说明：条件返回
- RET[D]
  PC = TOS,SP = SP +1
  功能说明：返回
- RETE[D]
  PC = TOS,SP = SP +1,INTM = 0
  功能说明：开中断，从中断返回
- RETF[D]
  PC = RTN,SP = SP +1,INTM = 0
  功能说明：开中断，从中断快速返回

(5) 重复指令

重复指令能使 DSP 重复执行一条指令或一段指令。在执行 RPT 或 RPTZ 期间，对和所有可屏蔽中断都不响应。在执行 RPTB 指令前，必须把循环次数置入 BRC 寄存器中。在块重复执行期间，可以响应中断。

重复指令的功能说明：

- RPTB[D] pmad
  循环执行一段指令，RSA = PC + 2 [4]，
  功能说明：块重复指令
- RPT #K
  循环执行一条指令，RC = #K
  功能说明：重复执行下条指令#K + 1 次
- RPTZ dst,#lk
  循环执行一条指令，RC = #lk，dst = 0
  功能说明：重复执行下条指令，累加器清零
- RPT Smem
  循环执行一条指令，RC = Smem
  功能说明：重复执行下条指令（Smem）+1 次
- RPT #lk
  循环执行一条指令，RC = #lk
  重复执行下条指令#lk + 1 次

例 41　RPT 指令用法

```
RPT   #99H;循环执行 NOP 指令 100 次,RC = 63H,单字指令
  NOP
  RPT   #0FFFFH     ;将紧跟在 RPT 后面的下一条指令循环执行 1000 次,双字指令
```

(6) 堆栈操作指令

堆栈操作指令可以对堆栈进行压入和弹出操作，操作数可以是立即数、数据存储器单元 Smem 或存储器映像寄存器 MMR。

堆栈操作指令的功能说明如下：

- POPM MMR;MMR = TOS,SP = SP + 1
  功能说明：将数据从栈顶弹出至 MMR
- PSHD Smem;SP = SP - 1,Smem = TOS
  功能说明：将数据压入堆栈
- FRAME K;SP = SP + K, -128≤K≤127
  功能说明：堆栈指针偏移一个立即数值
- PSHM MMR;SP = SP - 1,MMR = TOS
  功能说明：将 MMR 压入堆栈
- POPD Smem;Smem = TOP,SP = SP + 1
  功能说明：将数据从栈顶弹出至数据存储器

(7) 其他程序控制指令

其他程序控制指令的功能说明：

- IDLE K
  PC = PC + 1,1≤K≤3
  功能说明：保持空转状态，直到中断发生

- MAR Smem
  if CMPT = 0 then 修改 ARx
  if CMPT = 1 and ARx≠AR0
  then 修改 ARX, ARP = x
  功能说明：修改辅助寄存器
- NOP
  功能说明：空操作
- RESET
  功能说明：软件复位
- RSBX N, SBIT
  STN(SBIT) = 0
  功能说明：状态寄存器复位
- SSBX N, SBIT
  STN(SBIT) = 1
  功能说明：状态寄存器置位
- XC n, cond[, cond[, cond]]
  功能说明：如果满足条件，执行下面的 n 条指令，n = 1 或 2，否则执行 n 条 NOP 指令有条件执行

例 42　XC 指令用法

```
XC   1,ALEQ     ;条件 ALEQ 指 A≤0
       MAR   *AR1 +
       ADD  A,8
```

如果 A≤0，执行下面一条“MAR　*AR1 +”指令，XC 指令执行后 AR1 = AR1 + 1，否则执行一条 NOP 指令，再执行“ADD A，8”指令。XC 指令的条件在前两条指令中就已被确定，无论条件满足与否，程序体的执行时间是一样的。XC 的效率比一般的跳转指令高。

4. 加载和存储指令

加载和存储指令用于完成数据的读入和保存，包括一般的加载和存储指令（LD、ST）、条件存储指令（CMPS、SACCD）、并行的加载和乘法指令（LD ‖ MAC）、并行的加载和存储指令（ST ‖ LD）、并行的存储和加减指令（ST ‖ ADD、ST ‖ SUB）以及其他加载和存储指令（MVDD、PORTW、READA）。这些指令根据不同情况分别需要 1～5 个指令周期。

（1）加载指令

加载指令用于将数据存储单元中的数据、立即数或源累加器的值装入目的累加器、暂时寄存器 T 等，即给目的累加器、暂时寄存器 T 等赋值。

加载指令的功能说明如下：

- DLD, Lmem, dst; dst = Lmem
  功能说明：双精度/双 16 位长字加载累加器
- LD Smem, dst; dst = Smem
  功能说明：将操作数加载累加器
- LD Smem, TS, dst; dst = Smem≪TS
  功能说明：操作数按 TREG（5～0）移位后加载累加器
- LD Smem, 16, dst; dst = Smem≪16
  功能说明：操作数左移 16 位后加载累加器

- LD Smem[,SHIFT],dst; dst = Smem≪SHIFT
  功能说明：操作数移位后加载累加器
- LD Xmem,SHFT,dst; dst = Xmem≪SHFT
  功能说明：操作数移位后加载累加器
- LD #K,dst; dst = #K
  功能说明：短立即数加载累加器
- LD #lk[,SHFT],ds; dst = #lk≪SHFT
  功能说明：长立即数移位后加载累加器
- LD #lk,16,dst; dst = #lk≪16
  功能说明：长立即数左移 16 位后加载累加器
- LD src,ASM[,dst]; dst = src≪ASM
  功能说明：源累加器被 ASM 移位后加载目地累加器
- LD src[,SHIFT],dst; dst = src≪SHIFT
  功能说明：源累加器移位后加载目的累加器
- LD Smem,T; T = Smem
  功能说明：操作数加载 T 寄存器
- LD Smem,DP; DP = Smem(8～0)
  功能说明：9 位操作数加载 DP
- LD #k9,DP; DP = #k9
  功能说明：9 位立即数加载 DP
- LD #k5,ASM; ASM = #k5
  功能说明：5 位立即数加载 ASM
- LD #k3,ARP; ARP = #k3
  功能说明：3 位立即数加载 ARP
- LD Smem,ASM; ASM = Smem(4～0)
  功能说明：5 位操作数加载 ASM
- LDM MMR,dst; dst = MMR
  功能说明：将 MMR 加载到累加器
- LDR Smem,dst;dst(31～16) = rnd(Smem)
  功能说明：操作数舍入加载累加器的高位
- LDU Smem,dst;dst = uns(Smem)
  功能说明：无符号操作数加载累加器
- LTD Smem;T = Smem,(Smem + 1) = Smem
  功能说明：操作数加载 T 寄存器并延迟

例 43 给累加器 A 加载一个双 16 位长字。

```
STM  #0100H,AR2
DLD  *AR2+,A
```

Register/memory		Before instruction	After instruction
A		00 0000 1000H	00 ABCD 1234H
AR2		0000H	0102H
Data memory	0100H	0ABCDH	0ABCDH
	0301H	1234H	1234H

例 44 LD 用法

LD ＊AR1，A

Register/memory		Before instruction	After instruction
A		00 0000 0000H	FF FFFF FFDBH
AR1		0100H	0100H
SXM		1	1
Data memory	0100H	FFDBH	FFDBH

例 45 LDM 用法

LDM AR1，A

Register/memory	Before instruction	After instruction
A	00 0000 1111H	00 0000 0256H
AR1	0256H	0256H

例 46 LDM 用法

LDM ＊AR1，A

Register/memory		Before instruction	After instruction
A		00 0000 3000H	00 0000 4567H
AR1		1125H	0025H
Data memory	0065H	4567H	4567H

例 47 LDM 0065H，B

Register/memory		Before instruction	After instruction
B		00 0000 3000H	00 0000 4567H
Data memory	0065H	4567H	4567H

（2）存储指令

存储指令用于将源累加器、立即数、暂时寄存器 T 或状态转移寄存器 TRN 的值保存到数据存储单元或存储器映像寄存器中。存储指令的功能说明下：

- DSTsrc,Lmem;Lmem = src

  功能说明：累加器值存到长字单元中
- ST T,Smem;Smem = T

  功能说明：存储 T 寄存器值
- ST TRN,Smem;Smem = TRN

  功能说明：存储 TRN 寄存器值
- ST #lk,Smem;Smem = #lk

  功能说明：存储长立即数
- STH src,Smem;Smem = src(31～16)

  功能说明：存储累加器的高位
- STH src,ASM,Smem

Smem = src(31～16)≪ASM

功能说明：累加器高位按 ASM 移位后存储

- STH src,SHFT,Xmem;Xmem = src(31～16)≪SHFT

  功能说明：累加器高位移位后存储

- STH Src[,SHIFT],Smem;Smem = src(31～16)≪SHIFT

  功能说明：累加器高位移位后存储

- STL src,Smem;Smem = src(15～0)

  功能说明：存储累加器的低位

- STL src,ASM,Smem;Smem = src(15～0)≪ASM

  功能说明：累加器低位按 ASM 移位后存储

- STL src,SHFT,Xmem;Smem = src(15～0)≪SHFT

  功能说明：累加器低位移位后存储

- STL Src[,SHIFT],Smem;Smem = src(15～0)≪SHIFT

  功能说明：累加器低位移位后存储

- STLM src,MMR;MMR = src(15～0)

  功能说明：累加器低位存储到 MMR 中

- STM #lk,MMR;MMR = #lk

  功能说明：长立即数存储到 MMR 中

例 48 DST 用法

DST B, * AR1 +

Register/memory		Before instruction	After instruction
B		00 ABCD 3000H	00 ABCD 3000H
AR1		0200H	0202H
Data memory	0200H	0FFDCH	0ABCDH
	0201H	1234H	3000H

例 49 DST 用法

DST B, * AR1 -

Register/memory		Before instruction	After instruction
B		00 ABCD 3000H	00 ABCD 3000H
AR1		0200H	01FEH
Data memory	0200H	0FFDCH	3000H
	0201H	1234H	0ABCDH

例 50 ST 用法

ST 0ABFFH, 0

Register/memory		Before instruction	After instruction
DP		004H	004H
Data memory	0200H	1010H	0ABFFH

例 51　ST 用法

ST T，＊AR6－

Register/memory		Before instruction	After instruction
T		4321H	4321H
AR6		3456H	3455H
Data memory	3456H	1010H	4321H

例 52　STM 用法

STM 0ABCDH，IMR

Register/memory	Before instruction	After instruction
IMR	5678H	0ABCDH

例 53　STM 用法

STM 5678H，＊AR7＋

Register/memory		Before instruction	After instruction
AR6		0200H	0202H
Data memory	0200H	0FFDCH	5678H

（3）条件存储指令

条件存储指令是在条件满足的情况下，将源累加器、T 寄存器或块重复计数器 BRC 的值存储在数据存储单元中。条件存储指令的功能说明如下：

- CMPS src,Smem

  if src(31～16)＞src(15～0)

  Smem = src(31～16)

  else Smem = src(15～0)

  功能说明：比较、选择并存储最大值
- SACCD src,Xmem,cond

  if(cond)

  Xmem = src≪(ASM－16)

  else Xmem = Xmem

  功能说明：有条件存储累加器值
- SRCCD Xmem,cond

  if(cond) Xmem = BRC

  else Xmem = Xmem

  功能说明：有条件存储块重复计数器
- STRCD Xmem,cond

  if(cond) Xmem = T

  else Xmem = Xmem

  功能说明：有条件存储 T 寄存器值

例 54　SRCCD 用法

SRCCD ＊AR6－，AGT

Register/memory		Before instruction	After instruction
A		00 70FF FFFFH	00 70FF FFFFH
AR6		0212H	0211H
BRC		1234H	1234H
Data memory	0212H	6666H	1234H

例 55　SACCD 用法

SACCD A，＊AR6＋0，ALT

Register/memory		Before instruction	After instruction
A		FF FE00 4321H	FF FE00 4321H
AR6		0212H	0214H
AR0		0002H	0002H
ASM		01H	01H
Data memory	0212H	6666H	FC00H

（4）其他加载和存储指令

其他加载和存储指令可以实现两个数据存储单元间数据的传送，两个存储器映像寄存器单元间数据的传送等，不受状态位影响。

其他加载和存储指令的功能说明：

- `MVDD Xmem,Ymem;Ymem = Smem`
  功能说明：在数据存储器内部传送数据
- `MVDK Smem,dmad;dmad = Smem`
  功能说明：向数据存储器内部指定地址传送数据
- `MVDM dmad,MMR;MMR = dmad`
  功能说明：数据存储器向 MMR 传送数据
- `MVDP Smem,pmad;pmad = Smem`
  功能说明：数据存储器向程序存储器传送数据
- `MVKD dmad,Smem;Smem = dmad`
  功能说明：向数据存储器内部指定地址传送数据
- `MVMD MMR,dmad;dmad = MMR`
  功能说明：MMR 向数据存储器传送数据
- `MVMM MMRx,MMRy;MMRy = MMRx`
  功能说明：MMRx 向 MMRy 传送数据
- `MVPD Pmad,Smem;Smem = pmad`
  功能说明：程序存储器向数据存储器传送数据
- `PORTR PA,Smem;Smem = PA`
  功能说明：从 PA 口输入数据

- POPTW Smem,PA;PA = Smem

  功能说明：从PA口输出数据
- READA Smem; Smem = Pmem(A)

  功能说明：按累加器A寻址读程序寄存器并存入数据存储器
- WRITA Smem; Pmem(A) = Smem

  功能说明：将数据按累加器A寻址写入程序寄存器

例56 MVDD用法

MVDD ＊AR2＋，＊AR6＋

Register/memory		Before instruction	After instruction
AR2		0800H	0801H
AR6		0200H	0201H
Data memory	0200H	6666H	0ABCDH
	0800H	0ABCDH	0ABCDH

例57 MVDK用法

MVDK ＊AR2－，1000H。

Register/memory		Before instruction	After instruction
AR2		01FFH	01FEH
Data memory	1000H	6666H	0ABCDH
	01FFH	0ABCDH	0ABCDH

5. 并行执行指令

TMS320C54x DSP的CPU结构使TMS320C54x可以在不引起硬件资源冲突的情况下支持某些并行执行指令，并行指令同时利用D总线和E总线。D总线用来执行加载或算术运算，E总线用来存放先前的结果。这些并行执行指令有并行加载和存储指令、并行加载和乘法指令、并行存储和加减指令及并行存储和乘法指令，而且都是单字单周期指令。

(1) 并行加载和存储指令

并行加载和存储指令受标志位OVM和ASM影响，寻址后影响标志位C。并行加载和存储指令的功能说明如下：

- ST ‖ LD;ST src,Ymem ‖ LD Xmem,dst

  Ymem = src≪(ASM－16) ‖ dst = Xmem≪16

  功能说明：存储累加器并加载累加器
- ST ‖ LD ST src,Ymem ‖ LD Xmem,T

  Ymem = src≪(ASM－16) ‖ T = Xmem

  功能说明：存储累加器并加载T寄存器

例58　ST B，＊AR3－ ‖ LD ＊AR6＋，A

Register/memory		Before instruction	After instruction
A		00 0000 001CH	FF 8001 0000H
B		FF 8421 1234H	FF 8421 1234H
AR3		0200H	01FFH
AR6		0201H	0202H
ASM		1CH	1CH
SXM		1	1
Data memory	0200H	0000H	F842H
	0201H	8001H	8001H

例59　ST 用法

ST B，＊AR4－ ‖ LD ＊AR5＋，A

Register/memory		Before instruction	After instruction
A		00 0000 001CH	FF 8001 0000H
B		FF 8421 1234H	FF 8421 1234H
AR3		0200H	01FFH
AR6		0201H	0202H
ASM		04H	04H
SXM		1	1
Data memory	0200H	0000H	4211H
	0201H	8001H	8001H

例60　ST 用法

ST A，＊AR3＋ ‖ LD ＊AR3－，A

Register/memory		Before instruction	After instruction
A		00 6660 001CH	FF 8001 0000H
AR3		0200H	01FFH
ASM		04H	04H
SXM		1	1
Data memory	0200H	8001H	6660H

（2）并行加载和乘法指令

并行加载和乘法指令受标志位OVM、SXM和FRCT影响，寻址后影响OVdst标志位。指令中目的累加器dst可以是A或B，如果dst为A累加器，那么dst_为B累加器，反之亦然。并行加载和乘法指令的功能说明：

- LD ‖ MAC;LD Xmem,dst ‖ MAC Ymem,dst_
  dst = Xmem≪16 ‖ dst_ = dst_ + T × Ymem
  功能说明：加载累加器并行乘法累加运算
- LD ‖ MACR; LD Xmem,dst ‖ MACR Ymem,dst_
  dst = Xmem≪16 ‖ dst_ = rnd(dst_ + T × Ymem)
  功能说明：加载累加器并行乘法累加运算（带舍入）

- LD ‖ MAS;LD Xmem,dst ‖ MAS Ymem,dst;dst = Xmem≪16 ‖ dst_ = dst_ - T × Ymem

  功能说明：加载累加器并行乘法减法运算
- LD ‖ MASR

  LD Xmem,dst ‖ MASR Ymem,dst_

  dst = Xmem≪16 ‖ dst_ = rnd(dst_ - T × Ymem)

  功能说明：加载累加器并行乘法减法运算（带舍入）

例 61 LD 用法

LD *AR3 -, A ‖ MAC *AR6, B

Register/memory		Before instruction	After instruction
A		00 0010 1111H	00 1234 0000H
B		00 0010 1111H	00 010C 9511H
AR3		0100H	00FFH
AR6		0200H	0200H
T		0400H	0400H
FRCT		0	0
Data memory	0200H	0000H	F842H
	0201H	8001H	8001H

（3）并行存储和加减指令

并行存储和加减指令受标志位 OVM、SXM 和 ASM 影响，寻址后影响 C 和 OVdst 标志位。指令中目的累加器 dst 可以是 A 或 B，如果 dst 为 A 累加器，那么 dst_ 为 B 累加器，反之亦然。

并行存储和加减指令的功能说明：

- ST ‖ ADD;ST src,Ymem ‖ ADD Xmem,dst

  Ymem = src≪(ASM - 16) ‖ dst = dst_ + Xmem≪16

  功能说明：存储累加器值并行加法运算
- ST ‖ SUB;ST src,Ymem ‖ SUB Xmem,dst

  Ymem = src≪(ASM - 16) ‖ dst = Xmem≪16 - dst_

  功能说明：存储累加器值并行减法运算

例 62 ST 用法

ST A, *AR3 ‖ ADD *AR4 +0%, B

Register/memory		Before instruction	After instruction
A		FF 8421 1000H	FF 8001 1000H
B		00 0000 1111H	FF 2742 1000H
OVM		0	0
SXM		1	1
AR3		0100H	0100H
AR4		0200H	0202H
AR0		0002H	0002H
OVB		0	1
Data memory	0100H	0101H	0842H
	0201H	A321H	A321H

（4）并行存储和乘法指令

并行存储和乘法指令受标志位 OVM、SXM、ASM 和 FRCT 影响，寻址后影响标志位 C 和 OVdst。

并行存储和乘法指令的功能说明如下：

- ST ‖ MAC；ST src，Ymem ‖ MAC Xmem，dst
  Ymem = src≪（ASM − 16） ‖ dst = dst + T × Xmem
  功能说明：存储累加器值并行乘法累加运算
- ST ‖ MACR ST src，Ymem ‖ MACR Xmem，dst
  Ymem = src≪（ASM − 16） ‖ dst = rnd（dst + T × Xmem）
  功能说明：存储累加器值并行乘法累加运算（带舍入）
- ST ‖ MAS ST src，Ymem ‖ MAS Xmem，dst
  Ymem = src≪（ASM − 16） ‖ dst = dst − T × Xmem
  功能说明：存储累加器值并行乘法减法运算
- ST ‖ MASR ST src，Ymem ‖ MASR Xmem，dst
  Ymem = src≪（ASM − 16） ‖ dst = rnd（dst − T × Xmem）
  功能说明：存储累加器值并行乘法减法运算（带舍入）
- ST ‖ MPY ST src，Ymem ‖ MPY Xmem，dst
  Ymem = src≪（ASM − 16） ‖ dst = T × Xmem
  功能说明：存储累加器值并行乘法运算

例 63　ST 用法

ST A，∗AR3 − ‖ MAC ∗AR4，B

Register/memory		Before instruction	After instruction
A		00 0000 1111H	00 0000 1111H
B		00 0000 1111H	00 010C 9511H
T		0400H	0400H
ASM		5	5
FRCT		0	0
AR3		0200H	00FFH
AR4		0200H	0002H
Data memory	0100H	1234H	0202H
	0200H	4321H	4321H

例 64　ST 用法

ST A，∗AR3 − ‖ MACR ∗AR4，B

Register/memory	Before instruction	After instruction
A	00 0010 1111H	00 0010 1111H
B	00 0000 1111H	FF 010D 0000H
T	0400H	0400H

续表

Register/memory		Before instruction	After instruction
ASM		1CH	1CH
AR3		0100H	00FFH
AR4		0200H	0200H
FRCT		0	0
Data memory	0100H	1234H	0001H
	0201H	4321H	4321H

例65 ST用法

ST A, ＊AR3 - ‖ MAS ＊AR4, B

Register/memory		Before instruction	After instruction
A		00 0010 1111H	00 0010 1111H
B		00 0000 1111H	FF FEF3 8D11H
T		0400H	0400H
ASM		5	5
FRCT		0	0
AR3		0100H	00FFH
AR4		0200H	0200H
Data memory	0100H	1234H	0202H
	0200H	4321H	4321H

例66 ST用法

ST A, ＊AR3 - ‖ MPY ＊AR4, B

Register/memory		Before instruction	After instruction
A		FF 8421 1234H	FF 8421 1234H
B		00 0000 1111H	00 2000 0000H
T		4000H	4000H
ASM		00H	00H
FRCT		1	1
AR3		0100H	00FFH
AR4		0200H	0200H
Data memory	0100H	1111H	8421H
	0200H	4000H	4000H

6. 重复指令

在TMS320C54x中有单个循环指令，它能使下一条指令重复执行。指令重复的次数由单个循环指令中的操作数决定，并等于操作数加1。该操作数的值被赋给16位重复寄存器RC，RC的值只能由单个循环指令中的操作数赋给，不能用程序赋值。当一条指令被重复执行时，绝对程序或数据地址将自动加1。

一旦重复指令被解码，除RS之外的所有中断均被屏蔽，直到下一条指令被重复执行完之后。重复功能用于一些指令中，如对乘加和块移动指令可以执行重复操作，重复操作的结果使这些多周期指令在第一次执行后变成单周期指令。重复操作可使下列的重复指令由多重循环变成单重循环。

重复指令功能说明：

- FIRS 有限冲击响应滤波器
- MACD 乘和移动结果延迟存于累加器
- MACP 乘和移动结果存于累加器
- MVDK 从数据到数据传送
- MVDM 从数据到MMR传送
- MVDP 从数据到程序传送
- MVKD 从数据到数据传送
- MVMD 从MMR到数据传送
- MVPD 从程序到数据传送
- READA 从程序存储器读到数据存储器
- WRITA 从数据存储器写入程序存储器

对于单个数据存储器操作数指令，如果有一个长偏移地址或绝对地址，如 * ARn (lk)、* +ARn (lk)、* +ARn (lk)%和 * (lk)，则指令将不能被重复执行。

注意：下列指令不能用RPT或RPTZ指令循环执行。

- ADDM
- CC [D]
- FRETE [D]
- RESET
- RSBX
- ANDM
- CMPR
- IDLE
- RET [D]
- SSBX
- B [D]
- DST
- INTR
- RETE [D]
- TRAP
- BACC [D]
- FB [D]
- LD ARP
- RETF [D]
- XC
- BANZ [D]
- FBACC [D]
- LD DP
- RND
- XORM
- BC [D]
- FCALA [D]
- MVMM
- RPT
- CALA [D]

- FCALL [D]
- FRET [D]
- ORM
- RC [D]
- RPTB [D]
- RPTZ
- CALL [D]

3.2.3 TMS320C54x 伪指令

TMS320C54x 伪指令主要给程序提供数据、控制汇编过程。具体功能说明有：定义全局变量；将数据和代码汇编到特定的段；指定汇编器可以获得宏的特定库；为未初始化的变量保留存储空间；存储器初始化；汇编条件块；控制展开列表的形式；检查符号调试信息。

常用伪指令的格式和功能说明如下：

- .text [段起点]　功能说明：包含可执行程序代码
- .end　功能说明：结束伪指令，放在汇编语言源程序的最后
- .title "string"　功能说明：标题名。例如：.title "example.asm"
- .data [段起点]　功能说明：包含初始化数据
- .bss 符号,字数；　功能说明：为未初始化的变量保留存储空间
- .word $value_1$ [,…,$value_n$]；　功能说明：设置 16 位带符号整型量
- .int $value_1$ [,…,$value_n$]；　功能说明：设置 16 位无符号整型量
- .sect　"段名"[,段起点]　功能说明：建立包含代码和数据的自定义段
- .mmregs；　功能说明：定义存储器映像寄存器的替代符号
- .def 变量 1 [,…,变量 n]；　功能说明：在当前模块中定义，并可在别的模块中使用
- .ref 变量 1 [,…,变量 n]；　功能说明：在当前模块中使用，但在别的模块中定义
- .global 变量 1 [,…,变量 n]；　功能说明：可替代 .def 和 .ref 伪指令
- .usect　"段名",字数；　功能说明：为未初始化的变量保留存储空间的自定义段

其中，段定义伪指令有 5 个：分别是 .bss（未初始化段）；.data（已初始化段）；.sect（已初始化段）；.text（已初始化段）.usect（未初始化段）。

未初始化段伪指令 .bss 和 .usect 命令建立未初始化段。未初始化段就是 TMS320C54x 存储器中的保留空间，它通常被定位在 RAM 区。在目标文件中，这些段中没有确切内容，在程序运行时，可以利用这些存储空间存放变量，变量一般存放于数据存储器区域中。

已初始化段伪指令 .text、.data 和 .sect 命令建立已初始化段。已初始化段包括可执行代码或已初始化的数据。在目标文件中，这些段中都有确切内容，当加载程序时再将这些内容放到 TMS320C54x 的存储器中。每个初始化段都可以重新定位，也可以引用在其他段中定义的符号，链接器会自动处理段间的相互引用。

.text 后是汇编语言程序的正文。经汇编后，.text 后的是可执行程序代码，一般存放于程序存储器区域中。

.data 后是已初始化数据，有 int 和 word 两种数据形式。由命令文件可以将定义的数据存放于程序或数据存储器中。

.sect 建立包含代码和数据的自定义段，常用于定义中断向量表。

1. 常数初始化伪指令

常数初始化伪指令格式和功能说明如下：

- `.float  value1[,…,valuen]`
  功能说明：初始化一个或多个 32 位的数据，为 IEEE 浮点数
- `.xfloat  value1[,…,valuen]`
  功能说明：初始化一个或多个 32 位的数据，为 IEEE 单精度的浮点格式
- `.string "string1"[,…,"stringn"]`
  功能说明：初始化一个或多个字符
- `.pstring "string1"[,…,"stringn"]`
  功能说明：初始化一个或多个字符
- `.long  value1[,…,valuen]`
  功能说明：设置 32 位无符号整型量
- `.xlong  value1[,…,valuen]`
  功能说明：设置 32 位无符号整型量
- `.bes  size in bits`
  功能说明：保留确定数目的位
- `.space  size in bits`
  功能说明：保留确定数目的位
- `.byte  value1[,…,valuen]`
  功能说明：初始化一个或多个字节
- `.field  value[,size in bits]`
  功能说明：将单个值放入当前字的指定位域
- `.int  value1[,…,valuen]`
  功能说明：设置 16 位无符号整型量
- `.word  value1[,…,valuen]`
  功能说明：设置 16 位带符号整型量

几个伪指令的对比或说明：

（1）.string 和 .pstring。.string 类似于 .byte，把 8 位字符放到当前段的连续字中，每 8 位字符占一个字。

（2）.long 和 .xlong。这两个指令将 32 位数存放在当前段的连续字中，高位字先存。.long 伪指令能自动按长字（偶地址）边界排列，但 .xlong 不能。

（3）.int 和 .word。例如"table：.int 1，2，3，4"，或例"table：.word 8，6，4，2"。

（4）.bes 和 .space。汇编器对这些保留的位填 0，将位数乘以 16 来实现保留字。

（5）.float 和 .xfloat。这两个指令将 32 位浮点数存放在当前段的连续字中，高位字先存。.float 伪指令能自动按长字（偶地址）边界排列，但 .xfloat 不能。

（6）.field。此指令可以把多个域打包成一个字，汇编器不会增加 SPC 的值，直至填满一个字。

2. 段程序计数器定位伪指令

段程序计数器定位伪指令的句法如下：

```
.align [size in bits]
```

该指令使段程序计数器 SPC 对准 1～128 字的边界，保证该指令后面的代码从一个字或页的边界开始。不同的操作数代表了不同的含义："1" 表示让 SPC 对准字边界；"2" 表示让 SPC 对准长字/偶地址边界；"128" 表示让 SPC 对准页边界；当 . align 不带操作数时，其缺省值为 128，即对准页边界

3. 输出列表格式伪指令

输出列表格式伪指令的格式和功能说明如下：

- .page
  功能说明：在输出列表中产生一个页指针
- .title "string"
  功能说明：打印每一页的标题
- .width page width
  功能说明：设置列表文件的页宽度
- .fclist/.fcnolist
  功能说明：允许/禁止假条件块出现在列表中
- .length page length
  v：控制列表文件的页长度
- .list/.nolist
  功能说明：打开/关闭输出列表
- .drlist/.drnolist
  功能说明：伪指令加入/不加入列表文件
- .mlist/.mnolist
  功能说明：打开/关闭宏扩展和循环块的列表
- .sslist/.ssnolist
  功能说明：允许/禁止替换符号扩展列表
- .tab size
  功能说明：定义制表键 tab 的大小
- .option{B | L | M | R | T | W | X}
  功能说明：控制列表文件中的某些属性。

. option 操作数所代表的含义如下：

B：把 . byte 伪指令的列表限制在一行里。

L：把 . long 伪指令的列表限制在一行里。

M：关掉列表中的宏扩展。

R：复位 B、M、T 和 W 选项。

T：把 . string 伪指令的列表限制在一行里。

W：把 . word 伪指令的列表限制在一行里。

X：产生一个符号交叉参照列表。

4. 文件引用伪指令

文件引用伪指令格式和功能说明如下：

- .global symbol1 [,…,symboln]

功能说明：声明一个或多个外部符号

- .mlib ["]filename["]

  功能说明：定义宏库名

- .ref $symbol_1$ [,…,$symbol_n$]

  功能说明：确认在当前段中使用且在其他段中定义的符号

- .copy ["]filename["]

  功能说明：从其他文件读源文件，所读语句出现在列表中

- .include ["]filename["]

  功能说明：从其他文件读源文件，所读语句不出现在列表中

- .def symbol1 [,…,symboln]

  功能说明：确认在当前段中定义且能被其他段使用的符号

5. 条件汇编伪指令

条件汇编伪指令分以下两类。

（1）第一类：

```
.loop   [well-defined expression]
.break   [well-defined expression]
.endloop
```

（2）第二类：

```
.if well-defined expression
.else if well-defined expression
.else
.end if
```

6. 符号定义伪指令

符号定义伪指令的格式和功能说明：

- .asg ["]字符串["],替换符号;

  功能说明：将一个字符串赋给一个替换符号

- .endstruct;

  功能说明：设置类似于 C 的结构定义

- .equ/.set 常数;

  功能说明：将值赋给符号

- .eval 表达式,替换符号;

  功能说明：将表达式的值传送到与替代符号等同的字符串中

- .label 符号;

  功能说明：定义一个特殊符号指向当前段中的装入地址

- .struct;

  功能说明：设置类似于 C 的结构定义

- .tag 结构名;

  功能说明：将结构特性与一个标号联系起来

7. 其他伪指令的格式和功能说明

- .algebraic;

  功能说明：告诉编译器，文件中包含了算术伪指令

- .end;

  功能说明：结束程序
- .mmregs;

  功能说明：定义存储器映像寄存器的符号名称
- .version;

  功能说明：决定指令所运行的处理器
- .emsg 字符串;

  功能说明：把错误信息发送到标准输出设备中
- .mmsg 字符串;

  功能说明：把编译时的信息发送到标准输出设备中
- .wmsg 字符串;

  功能说明：把警告信息发送到标准输出设备中
- .sblock ["]段名["][,…,"段名"];

  功能说明：指定几段为一个模块
- .newblock;

  功能说明：使局部标号复位

3.2.4 TMS320C54x 宏命令

TMS320C54x 汇编器支持宏语言。宏命令是源程序中具有独立功能的一段程序代码，它可以根据用户的需要，由用户创建自己的指令。宏命令一经定义，便可在以后的程序中多次调用，从而可以简化和缩短源程序。其功能有：定义自己的宏，重新定义已存在的宏；简化长的或复杂的汇编代码；访问由归档器创建的宏库；处理一个宏中的字符串；控制展开列表。

1. 宏定义

宏命令可以在源程序的任何位置定义，但必须在宏调用之前先定义好。宏定义也可以嵌套。定义如下：

```
宏命令名
  .macro     <形式参数>
          ;
    宏体
          ;
    .endm
```

2. 调用

宏命令定义好之后，就可以在源程序中将宏命令名作为指令来调用这个宏了。格式如下：

```
宏命令名  <实际参数>
```

3. 宏展开

当源程序中调用宏命令时，汇编时就将宏命令展开。在宏展开时，汇编器将实际参数传递给形式参数，再用宏定义替代宏调用语句，并对其进行汇编。

3.3　TMS320C54x汇编语言程序设计的基本方法

C54x DSP程序设计的方法通常有三种。第1种，用汇编语言开发。此种方式代码效率高，程序执行速度快，可以充分合理地利用芯片提供的硬件资源。用汇编语言编写程序比较烦琐，可读性较差，开发产品周期长，软件的修改和升级困难。第2种，用C语言开发。TI公司提供了用于C语言开发的CCS（Code Composer Studio）平台。该平台包括了优化ANSI C编译器，从而可以在C源程序级进行开发调试。第3种，C和汇编语言混合编程开发（既有C代码，又含汇编代码）。

3.3.1　TMS320C54x汇编语言源程序的结构

汇编语言源程序中，以.asm为程序的扩展名，程序员用“段”伪指令来组织程序的结构。程序一般由数据段、堆栈段和代码段组成。利用前面介绍的五个段定义伪指令，.data用于存放有初值的数据块；.usect用于为堆栈保留一块存储空间；.text用于设置代码段。另外，.bss用于为变量保留一块存储空间；.sect常用于定义中断向量表。

程序的基本结构有四种：顺序结构、分支结构、循环结构和子程序结构

1. 顺序结构程序

顺序结构是最基本、最简单的程序结构形式，程序中的语句或结构按照顺序被连续执行。

例67　试编制程序，求出下列公式中的z值。

$z=(x+y)\times 8-w$

源程序编制如下：

```
*************************************************
* ex41.asm        z = (x + y) * 8 - w           *
*************************************************
.title   "ex41.asm"
          .mmregs
STACK   .usect     "STACK",10H       ; 开辟堆栈空间
          .bss       x,1             ; 为变量分配4个字的空间
          .bss       y,1
          .bss       w,1
          .bss       z,1
          .def       start
          .data
table:  .word      6,7,9
        .text
start:   STM     #0,SWWSR            ; 零等待状态
         STM     #STACK + 10H,SP     ; 设置堆栈指针
         STM     #x,AR1              ;AR1 指向 x
         RPT     #2                  ; 从程序存储器传送3个值至数据存储器
         MVPD    table, * AR1 +
```

```
        LD        @ x,A
ADD       @ y,A                 ;A = x + y
        LD       A,3            ;A = (x + y) * 8
        SUB    @ w,A            ;A = (x + y) * 8 - w
        STL     A,@ z
end:    B       end
          .end
```

2. 分支结构程序

程序的分支主要是靠条件转移指令来实现的。TMS320C54x 具有丰富的程序控制与转移指令（见 3.2.2 节），利用这些指令可以执行分支转移、循环控制以及子程序操作。分支转移指令（如 B、BACC、BC 等）通过改写 PC，以改变程序的流向。分支结构也称条件结构。

例 68 试编制程序，求一个数的绝对值，并送回原处。

源程序编制如下：

```
**********************************************
* ex42.asm     ABS  of  positive or negative *
**********************************************
        .title    "ex42.asm"
        .mmregs
STACK   .usect  "STACK",10H          ; 开辟堆栈空间
          .bss      x,1               ; 为变量分配一个字的空间
          .def          start
          .data
table:  .word     -7
          .text
start:  STM      #0,SWWSR            ; 零等待状态
          STM      #STACK + 10H,SP    ; 设置堆栈指针
          STM      #x,AR1
        MVPD  table, * AR1
          LD       * AR1,A
          BC       end,AGT
                                      ; 若 A > 0,则转至 end,否则往下执行
          ABS      A
          STL      A,@ x
end:    B        end
          .end
```

3. 循环结构程序

循环结构程序设计主要用于某些需要重复进行的操作，它简化程序，节约内存。

循环结构程序的设计可分为设置循环初始状态、循环体和循环控制条件三部分。

循环初始状态主要是指设置循环次数的计数初值，以及其他为能使循环体正常工作而设置的初始状态等（比如缓冲区首地址）。

循环体是循环操作（重复执行）部分，包括循环的工作部分及修改部分。循环的工作部分是实现程序功能的主要程序段；循环的修改部分是指当程序循环执行时，对一些参数（如地址、变量）的有规律的修正。

循环控制部分是循环程序设计的关键。每个循环程序必须选择一个控制循环程序运行和结束的条件。

使用循环指令 BANZ（当辅助寄存器不为 0 时转移）执行循环计数和操作是十分方便的。

例 69　试编制程序，在 4 项乘积 aixi（i = 1，2，3，4）中找出最大值，并存放在累加器 A 中。

源程序编制如下：

```
        .title      "ex43.asm"
        .mmregs
    STACK   .usect      "STACK",10H
            .bss     a,4
            .bss     x,4
            .def     start
            .data
table:  .word    1,2,3,4
        .word    8,6,9,7
        .text
start:  STM         #0,SWWSR
        STM      #STACK+10H,SP
        STM      #a,AR1
        RPT      #7
        MVPD     table,*AR1+
        STM      #a,AR1
        STM         #x,AR2
        STM         #2,AR3
        LD          *AR1+,T
        MPY         *AR2+,A      ;第一个乘积在累加器 A 中
loop1:  LD       *AR1+,T
        MPY      *AR2+,B         ;其他乘积在累加器 B 中
        MAX      A                ;累加器 A 和 B 比较,选大的存在 A 中
        BANZ     loop1,*AR3-      ;此循环中共进行 3 次乘法和比较
end:    B        end
        .end
```

4. 子程序结构

子程序是一个独立的程序段，具有确定的功能，可被其他程序调用，调用它的程序一般为主程序。子程序调用指令（如：CALL、CALA、CC 等）将一个返回地址压入堆栈，执行返回指令（如 RET、RC 等）时复原。子程序的定义和调用的格式为

```
    子程序名:
              }子程序名
      RET
```

例 70　试编制程序，求 $y = \sum_{i=1}^{4} a_i x_i$。这是一个典型的乘法累加运算，在数字信号处理中用得很多。

源程序编制如下：

```
********************************************************
* ex44.asm      y=a1*x1+a2*x2+a3*x3+a4*x4             *
```

```
*************************************************
        .title   "EX44.asm"
           .mmregs
STACK   .usect "STACK",10H                   ; 开辟堆栈空间
           .bss      x,4                     ; 为变量分配 9 个字的空间
           .bss      a,4
           .bss      y,1
           .def      start
           .data
table: .word    1*32768/10
           .word    2*32768/10
           .word    -3*32768/10
           .word    4*32768/10
           .word    8*32768/10
           .word    6*32768/10
           .word    -4*32768/10
           .word    -2*32768/10
           .text
start: STM     #0,SWWSR                      ; 零等待状态
           SSBX   FRCT
           STM    #STACK+10H,SP              ; 设置堆栈指针
           STM    #x,AR1                     ;AR1 指向 a
           RPT    #7                         ; 从程序存储器传送 8 个值主数据存储器
           MVPD  table,*AR1+
           CALL   SUM                  ; 调用 SUM 子程序
end:    B       end
SUM:    STM     #x,AR2                 ; 子程序实现乘累加
           STM    #a,AR3
           RPTZ   A,#3
           MAC    *AR2+,*AR3+,A
           STH    A,@y
           RET
        .end
```

3.3.2 TMS320C54x 汇编语言程序的编辑汇编和链接

编辑、汇编与链接过程汇编语言源程序编好以后，必须经过汇编和链接才能运行。图 3-10 给出了对汇编语言源程序的编辑、汇编和链接过程。简述过程如下。

编辑完成程序代码的编写，可以在任何一种文本编辑器中进行，如 EDIT、记事本、WORD 等，生成 .asm 文件。

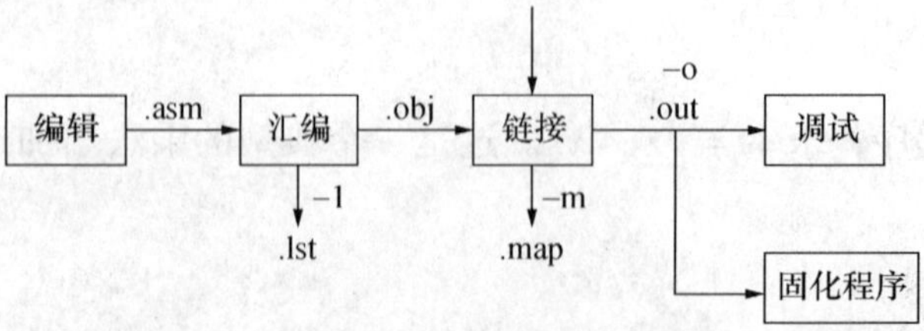

图 3-10 汇编语言源程序的编辑、汇编和链接过程

汇编过程主要利用 TMS320C54x 的汇编器 ASM500 对已经编好的一个或者多个源文件分别进行汇编，并生成 .lst（列表）文件和 .obj（目标）文件。常用的汇编命令有：asm500　%1　-s　-l　-x。

其中：%1：用源文件名代入。

-s：将所有定义的符号放在目标文件的符号表中。

-l：产生一个列表文件。

-x：产生一个交叉汇编表，并把它附加到列表文件的最后。

此外，asm500 还可以加入一些选项，以下将逐一说明。

-a：生成绝对列表文件。汇编器不产生目标文件（.obj）。

-c：使汇编语言文件中大小写没有区别。

-d：为名字符号设置初值，这和 .set 等效。如：asm500 -d name =111 将使程序中的 name 设置值为 111，默认赋值为 1。

-hc：将选定的文件复制到汇编模块。格式为 -hc file name 所选定的文件被插入到源文件语句的前面，复制的文件将出现在汇编列表文件中。

-hi：将选定的文件包含到汇编模块。格式为 -hi file name 所选定的文件包含到源文件语句的前面，所包含的文件不出现在汇编列表文件中。

-i：规定一个目录，汇编器可以在这个目录下找到 .copy、.include 和 .mlib 命令所命名的文件。格式为 -i path name 时最多可规定 10 个目录，每条路径名的前面必须加上 -i 选项。

-mg：源文件，包含有代数指令。

-q：quiet 静处理，汇编器不产生任何程序的信息。

链接过程由 TMS320C54x 的链接器 LNK500 完成。根据链接器命令文件（.cmd）对已经汇编过的一个或是多个目标文件（.obj）进行链接，生成 .map 文件和 .out 文件。

常用的链接器命令为 lnk500 1%.cmd。其中，1% 为程序名。命令文件（.cmd）是对存储器进行配置的文件，该文件如何生成将在后面详细介绍。常用的键入命令格式有：lnk500 file1.obj　file2.obj　-o　link.out。

上述链接器命令是链接 file1 和 file2 的两个目标文件，生成一个名为 link.out 的执行输出文件。选项 -o link.out 缺省时，将生成一个名为 a.out 的输出文件。

键入命令 lnk500，链接器将给予如下提示：

Command files（命令文件）：

Object files [.obj]（目标文件）：

Output file [a.out]（输出文件）：

Options（选项）：

其中：

Command files：要求键入一个或多个命令文件。

Object files：要求键入一个或多个需要链接的目标文件名。缺省扩展名为 .obj，文件名之间要用空格或逗号分开。

Output file：要求键入一个输出文件名，也就是链接器生成的输出模块名。如果此项缺省，链接器将生成一个名为 a.out 的输出文件。

Options：提示附加的选项，选项前应加一短横线，也可以在命令文件中安排链接选项。

-m filename：生成一个 filename. map 映像文件。. map 文件中列出了输入/输出段布局，以及外部符号重定位之后的地址等。

-o filename：指定可执行输出模块的文件名。如果缺省，则此文件名为 a. out。

-a：生成一个绝对地址的可执行输出模块。所建立的绝对地址输出文件中不包含重新定位信息。如果未指定 -a 或 -r，默认为 -a。

-ar：生成地址可重新定位的可执行目标模块。

-e global_symbol：定义一个全局符号，表明程序从这个标号开始运行。

-f fill_value：对输出模块各段之间的空单元设置一个 16 位常数值（fill_value）。

-r：生成一个可重新定位的输出模块。

-stack：设置堆栈大小，默认值为 1K。

-I path name：链接器在此路径下搜索需要的文件。

-l file name：必须出现在 -I 之后，file name 一般为存档文件。

-vn：指定输出文件的 COFF 格式，默认格式是 COFF2。

1. 汇编器

汇编器（Assembler）将汇编语言源文件汇编成机器语言 COFF 的目标文件。源文件中包括指令、汇编指令以及宏指令。汇编器的功能如下：

① 将汇编语言源程序汇编成一个可重新定位的目标文件（. obj 文件）。

② 根据需要，可以生成一个列表文件（. lst 文件）。

③ 根据需要，可以在列表文件后面附加一张交叉引用表。

④ 将程序代码分成若干段，为每个目标代码段设置一个 SPC（段程序计数器）。

⑤ 定义和引用全局符号。

⑥ 汇编条件程序块。

⑦ 支持宏功能，允许定义宏命令。

汇编器建立的目标文件格式称为公共目标文件格式 COFF（Common Object File Format）。

由于 COFF 在编写一个汇编语言程序时采用代码段和数据段的形式，因此 COFF 会使模块化编程和管理变得更加方便。汇编器和链接器都有建立并管理段的一些伪指令。

COFF 文件有 3 种形式：COFF0、COFF1 和 COFF2。每种形式的 COFF 文件都有不同的头文件，而其数据部分是相同的。TMS320C54x 汇编器和 C 编译器建立的是 COFF2 文件。链接器能够读/写所有形式的 COFF 文件，默认生成的是 COFF2 文件。用链接器 -vn 选项可以选择不同形式的 COFF 文件。目标文件中的段与目标存储器之间的关系如图 3-11 所示。

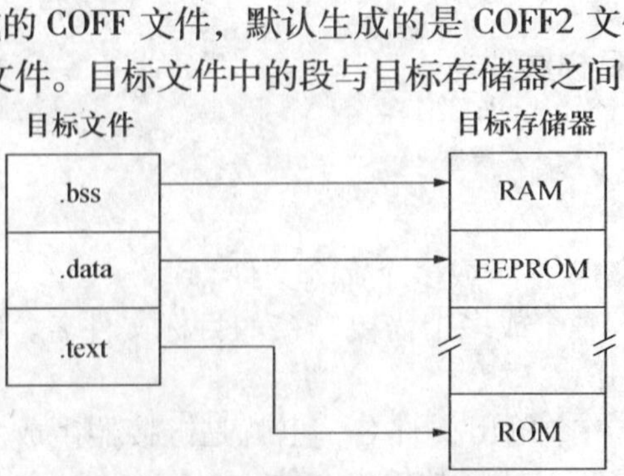

图 3-11 目标文件中的段与目标存储器之间的关系

所谓段（Section），是指连续地占有存储空间的一个代码块或数据块，是 COFF 文件中最重要的概念。一个目标文件中的每一个段都是分开的和各不相同的。所有的 COFF 目标文件都包含以下三种形式的段：

. text　文本段

. data　数据段

. bss　保留空间段

汇编器对段的处理。汇编器靠 5 条命令（. bss、. usect、. text、. data 和 . sect）识别汇编语言程序的各个部分。如果汇编语言程序中一个段命令都没用，那么汇编器把程序中的内容都汇编到 . text 段。

汇编器第一次遇到新段时，将该段的段程序计数器（SPC）置为 0，并将随后的程序代码或数据顺序编译进该段中。汇编器遇到同名段时，将它们合并，然后将随后的程序代码或数据顺序编译进该段中。

当汇编器遇到 . text、. data 和 . sect 伪指令时，汇编器停止将随后的程序代码或数据顺序编译进当前段中，而是顺序编译进入遇到的段中。

当汇编器遇到 . bss 和 . usect 伪指令时，汇编器并不结束当前段，而只是简单地暂时脱离当前段，随后的程序代码或数据仍将顺序编译进当前段中。. bss 和 . usect 伪指令可以出现在 . text、. data 和 . sect 段中的任何位置，它们不会影响这些段的内容。

汇编器为每个段都安排了一个单独的段程序计数器（SPC）。SPC 表示一个程序代码或数据段内的当前地址。最初，汇编器将每个 SPC 置为 0。当代码或数据被加到一个段内时，相应的 SPC 的值就增加。如果继续汇编进一个段，则汇编器记住前面的 SPC 值，并在该点继续增加 SPC 的值。链接器在链接时要对每个段进行重新定位。

汇编程序对源程序汇编时，如果采用 -l（小写的 L）选项，则汇编后将生成一个列表文件。下面给出了一个列表文件的例子，用来说明在汇编过程中段伪指令在不同的段之间来回交换，逐步建立 COFF 段的过程和 SPC 的修改过程。

列表文件中每行由 4 个区域组成，即

Field1：源程序的行号。

Field2：段程序计数器 SPC。

Field3：目标代码。

Field4：源程序。

例 71　段定义伪指令应用举例。

```
2   *************************************
3   **  Assemble an initialized table into .data. **
4   *****************************************
5   0000 .data
6   0000 0011   coeff.word      011H,022H,033H
    0001 0022
    0002 0033
7   **********************************
8           **  Reserve space in .bss for a variable.   **
9           ****************************************
10          0000        .bss        buffer,10
11          *****************************************
```

```
12          **          Still in  .data.              **
13          ****************************************
14         0003 0123     ptr        .word       0123H
15          ****************************************
16          **    Assemble code into the .text section.   **
17          ****************************************
18  0000   .text
19  0000 100F     add:         LD          0FH,A
20  0001 F010     aloop:     SUB       #1,A
   0002 0001
21  0003 F842     BC           aloop,AGEQ
    0004 0001'
22    ****************************************
23     **      Another initialized table into .data.     **
24    ****************************************
25  0004   .data
26  0004 00aa   ivals .word      0AAH,0BBB,0CCH
   0005 00bb
   0006 00cc
27    ****************************************
28     **  Define another section for more variables. **
29    ****************************************
30  0000        var2       .usect        "newvars",1
31  0001        inbuf        .usect        "newvars",7
32    ****************************************
33      **          Assemble more code into .text.   **
34      ****************************************
35  0005 .text
36  0005 110a    mpy:        LD  0AH,B
37  0006 f166   mloop:     MPY          #0AH,B  0007 000a
38  0008 f868      BC          mloop,BNOV    0009 0006´
39           ****************************************
40           **  Define a named section for int.vectors. **
41      ****************************************
42  0000  .sect         "vectors"
43  0000 0011            .word          011H,033H
44  0001 0033
```

此例共生成 5 个段：

① . text：包含 10 个字的目标代码。

② . data：包含 7 个字的数据。

③ vectors：由 . sect 伪指令产生的自定义段，包含 2 个字的初始化数据。

④ . bss：为变量保留 10 个字的存储空间。

⑤ newvars：由 . usect 伪指令产生的自定义段，为变量保留 8 个字的存储空间。

本例的目标代码如图 3-12 所示。

Line Numbers	Object Code	Section
19	100F	.text
20	F010	
20	0001	
21	F842	
21	0001'	
36	110A	
37	F166	
37	000A	
38	F868	
38	0006'	
6	0011	.data
6	0022	
6	0033	
14	0123	
26	00AA	
26	00BB	
26	00CC	
43	0011	vectors
44	0033	
10	Nodata 10words reserved	.bss
30 31	Nodata 8twords reserved	newvars

图 3-12　目标代码

2. 链接器

链接器的功能如下：将各个段配置到目标系统的存储器中；对各个符号和段进行重新定位，并给它们指定一个最终的地址；解决输入文件之间未定义的外部引用问题。

链接器的主要功能就是对程序定位，它采用的是一种相对的程序定位方式。程序的定位方式有三种：编译时定位、链接时定位和加载时定位。

另外，链接器对段的处理具有两个功能。其一，将输入段组合生成输出段，即将多个 . obj 文件中的同名段合并成一个输出段；也可将不同名的段合并产生一个输出段。其二，将输出段定位到实际的存储空间中。链接器提供 MEMORY 和 SECTIONS 两个命令来完成上述功能。MEMORY 命令用于描述系统实际的硬件资源；SECTIONS 命令用于描述段如何定位到恰当的硬件资源上。

程序重定位：汇编器处理每个段都是从地址 0 开始，每段中所有需要重新定位的符号（标号）都是相对于 0 地址而言的。事实上，所有段都不可能从存储器中的 0 地址开始，因此链接器必须通过下列方法对各个段进行重新定位：

① 将各个段定位到存储器图中，使每个段有合适的起始地址。

② 调整符号值，使之对应于新的段地址。

③ 调整对重新定位后符号的引用。

汇编器对源程序汇编时，汇编后将生成一个列表文件。列表文件中目标代码后面在需要引用重新定位的符号处留了一个重新定位入口，链接器就在符号重定位时，利用这些入口修正对符号的引用值。表示在链接时需要重新定位的符号如下：

!：定义的外部引用。

'：.text 段重新定位。

"：.data 段重新定位。

+：.sect 段重新定位。

-：.bss 和 .usect 段重新定位。

3. 软件仿真器的使用

软件仿真器（Simulator）是一种很方便的软件调试工具，利用它调试程序的方法最为简单。它不需要目标硬件，只要在装有 TMS320C54x 开发环境的 PC 机上运行即可。它可以仿真 TMS320C54x DSP 芯片包括的中断以及输入/输出在内的各种功能，从而实现在非实时条件下完成对用户程序的调试。

TMS320C54x 软件仿真程序有两种：

① SIM54X. EXE（在 DOS 下运行）。

② SIM54XW. EXE（在 Windows 下运行）。

在利用 Simulator 调试以前，必须先对源程序进行汇编和链接，产生 .out 文件。

例 72　Als. bat 批处理文件如下：

```
E:\c54x\asmlink\asm500 %1 -s -l -x
E:\c54x\asmlink\lnk500 %1.cmd
E:\c54x\sim\sim54x %1
```

ALS. bat 中 1% 为程序名，当运行 ALS EX421 后，屏幕上将出现 4 个窗口和 1 个命令菜单。

Simulator 屏幕上的 4 个区是：DISASSEMBLY 窗、CPU 窗、COMMAND 窗和 MEMORY 窗。

① DISASSEMBLY 窗：显示源程序的窗口，即将加载的文件反汇编成源程序。此区域包含 3 部分内容：程序存储器地址、程序代码和源程序指令。

② CPU 窗：显示累加器 A、B 以及程序计数器 PC 等 CPU 寄存器中的内容。程序员在调试过程中不但可以观察，而且还可以修改 CPU 寄存器的内容。

③ COMMAND 窗：用来键入仿真命令。在命令窗口下部有一命令行（>>>......），在命令行中所键入的命令（包括运行信息和出错信息）均记录在该命令窗口中。用鼠标点击此窗右侧的↑或↓箭头，或按 Tab 键，可以查看先前发出的仿真命令。一些常用的仿真命令将在后面详细介绍。

④ MEMORY 窗：可以检查或修改程序存储器和数据存储器中的内容。在命令窗的命令行键入相应的命令，可以同时在 MEMORY 窗开出 4 个分窗口，即 MEMORY、MEMORY1、MEMORY2 和 MEMORY3，以便同时检查或修改 4 个不同的程序或数据存储器空间。

3.4 本章小结

本章详细介绍了 TMS320C54x 的数据寻址方式、指令的表示方法、数据寻址方式、TMS320C54x 的指令系统、指令系统规定的符号与缩写、指令系统分类及指令功能。

是学习后续内容的基础，本章内容抽象繁杂，要求熟悉基本寻址方式和指令功能。

3.5 习　题

1. 基本寻址方式有哪些?
2. 写出下列指令的功能。

FIRS、MACD、MACP、MVDK、MVDM、MVDP、MVKD

3. 说明下列指令的寻址方式。

(1) MAC　*AR2+, A
(2) LD　*AR1+, T
(3) MAC　*AR2+, A
(4) ST A, *AR3-
(5) MPY　*AR2, *AR3, A
(6) FIRS　*AR2, *AR3, coef
(7) ADD　*AR2+, *AR2-, A
(8) LD　#8, DP

4. 写出下列指令执行后的结果。

MAC　#345H, A, B

指令执行前:

(A) =00 0000 1000H,
(B) =00 0000 0000H,
(T) =0400H,
(FRCT) =0

指令执行后:

(A) =00 0000 1000H,
(B) =00 000D 2400H,
(T) =0400H,
(FRCT) =0

第 4 章　DSP 开发工具 CCS 安装及应用

4.1　CCS 简介

4.1.1　CCS5000 的特性

CCS（Code Composer Studio）代码调试器是一种合成开发环境。它是一种针对标准 TMS320 调试器接口的交互式方法。CCS 目前有 CCS1.1，CCS1.2 和 CCS2.0 等三个不同时期的版本，又有 CC2000（针对 C2XX），CCS5000（针对 C54XX）和 CCS6000（针对 C6X）三个不同的型号。我们所使用的是 CCS50002.0 的版本。

CCS5000 具有以下特性：

① TI 编译器的完全集成的环境：CCS5000 目标管理系统，内建编辑器，所有的调试和分析能力集成在一个 Windows 环境中。

② 对 C 和 DSP 汇编文件的目标管理：目标编辑器保持对所有文件及相关内容的跟踪。它只对最近一次编译中改变过的文件重新编译，以节省编译时间。

③ 高集成的编辑器调整 C 和 DSP 汇编代码：CCS5000 的内建编辑器支持 C 和汇编文件的动态语法加亮显示。使用户能很容易地阅读代码和当场发现语法错误。

④ 编辑和调试时的后台编辑：用户在使用编译器和汇编器时没有必要退出系统到 DOS 环境中，因为 CCS5000 会自动将这些工具装载在它的环境中。在其窗口中，错误会加亮显示只要双击错误就可以直接到达出错处。

⑤ 在含有浮点并行调试管理器（PDM）的原有的 MS 窗口下支持多处理器 CCS5000 在 Windows95 和 Windows-me 中支持多处理。PDM 允许将命令传播给所有的或所选择的处理器。

⑥ 在任何算法点观察信号的图形窗口探针：图形显示窗口使用户能够观察时域或频域内的信号。对于频域图，FFT 在主机内执行，这样就可以观察所感兴趣的部分而无须改变它的 DSP 代码。图显示也可以同探针连接，当前显示窗口被更新时，探针被指定，这样当代码执行到达该点时，就可以迅速地观察到信号。

⑦ 文件探针在算法处通过文件提取或加入信号或数据：CCS5000 允许用户从 PC 机读或写信号流。而不是实时的读信号，这就可以用已知的例子来仿真算法。

⑧ 图形分析：CCS5000 的图形分析能力在其环境中是集成的。

⑨ 在后台（系统命令）执行用户的 DOS 程序：用户可以执行 CCS5000 中的 DOS 程序，并将其输出以流水方式送到 CCS5000 的输出窗口。且允许用户将应用程序集成到 CCS5000。

⑩ 技术状态观察窗口：CCS5000 的可视窗口允许用户进入 C 表达式及相关变量。结

构、数组、指针都能很简单地递归扩展和减少，以便进入复杂结构。

⑪ 代数分解窗口：允许用户选择查看写成代数表达式的 C 格式，提高可读性。

⑫ 目标 DSP 上的帮助：DSP 结构和寄存器上的在线帮助可以使用户不必查看技术手册。

⑬ 用户扩展：扩展语言（GEL）使得用户可以将自己的菜单项加到 CCS5000 的菜单栏中。

CCS 的构成及其在主机和目标系统中的接口如图 4-1 所示。

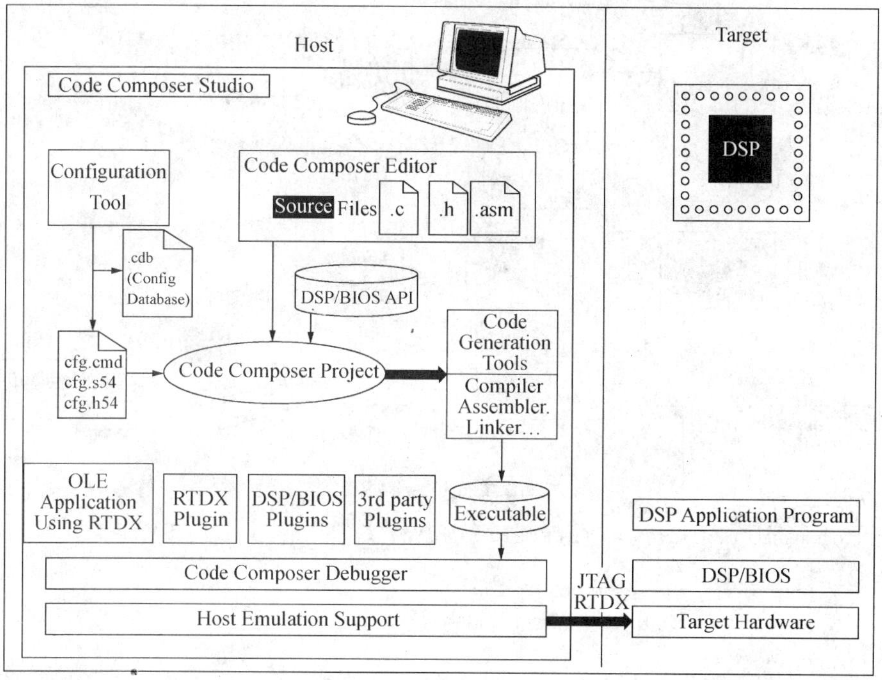

图 4-1　CCS 构成及其接口

4.1.2　代码生成工具

代码生成工具是 CCS 开发环境的基础部分。图 4-2 是一个典型的软件开发流程图。大多数 DSP 软件开发流程都和 C 程序的开发流程相似，只是 DSP 开发的一些外围器件的功能得到了一定的增强和提高。

图 4-2 中的部分工具描述如下：

- C 编译器（C Compiler）　将 C 语言源代码编译成为汇编语言代码。
- 汇编器（Assembler）　将汇编语言源文件翻译成机器语言目标文件，机器语言使用的是通用目标文件格式（COFF）。
- 连接器（Linker）　把多个目标文件连接成一个可执行的目标文件。连接器的输入是可重定位的目标文件和目标库文件。
- 归档器（Archiver）　允许将一组文件保存到一个存档文件里，称为库。存档器也

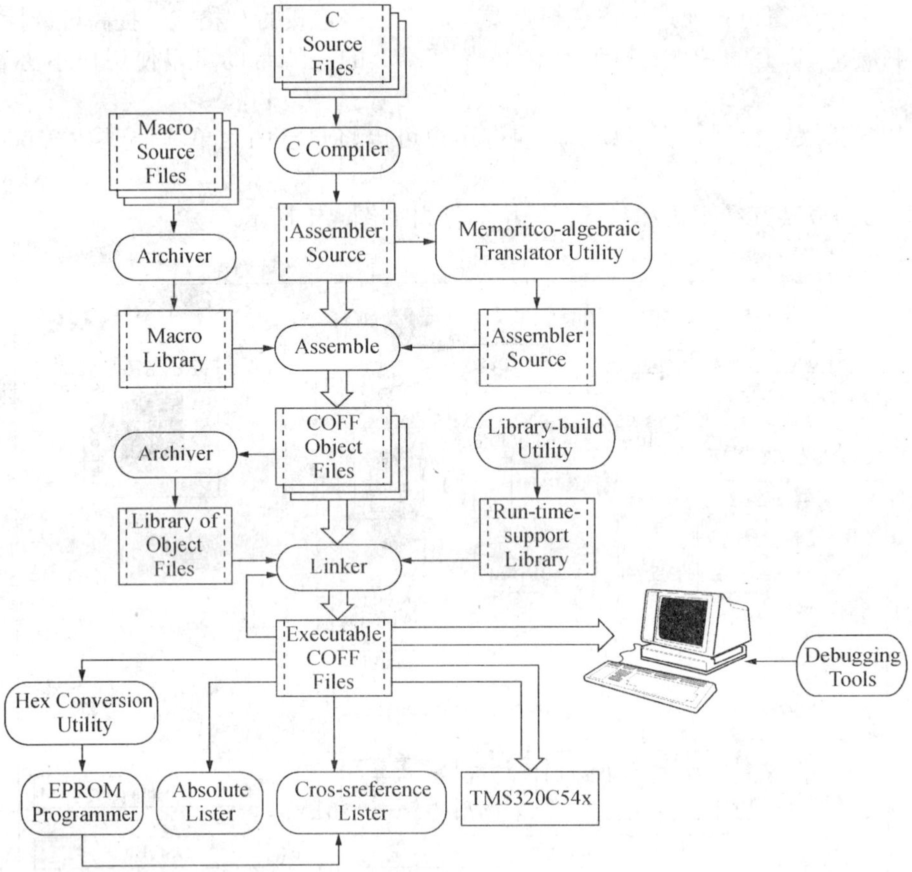

图 4-2 软件开发流程

允许开发人员通过删除、替换、提取和添加文件来修改一个库。

- 助记符到代数汇编语言转换程序（Memoric-to-algebraic Translator Utility） 将含有助记符的汇编语言文件转换成含有代数指令的汇编语言源文件。
- 建库程序（Library-build Utility） 创建满足开发者需要的运行支持库。
- 运行支持库（Run-time-support Library） 包括 C 编译器所支持的 ANSI 标准运行支持函数、编译器公用程序函数、浮点运算函数和 C 编译器支持的 I/O 函数。
- 十六进制转换程序（Hex Conversion Utility） 能够将一个 COFF 目标文件转化成 TI-Tagged、十六进制 ASCII 码、Intel、Motorola-S 或者 Tektronix 等目标格式，也可以把转换好的文件下载到 EPROM 编程器中。
- 交叉引用列表器（Cross-Reference Lister） 用目标文件参考列表文件，可显示符号及其定义，以及符号所在的源文件。
- 绝对列表器（Absolute Lister） 输入为目标文件，输出为 . abs 文件。通过汇编 . abs 文件，产生含有绝对地址的列表文件。

4.1.3　CCS 集成开发环境

CCS 集成开发环境允许创建、编辑、编译和调试 DSP 目标程序。

1. 编辑源程序

CCS 允许编辑 C 语言源程序和汇编语言源程序，开发人员还可以通过在 C 语句后面显示汇编命令的方式来查看 C 语言源程序，如图 4-3 所示。

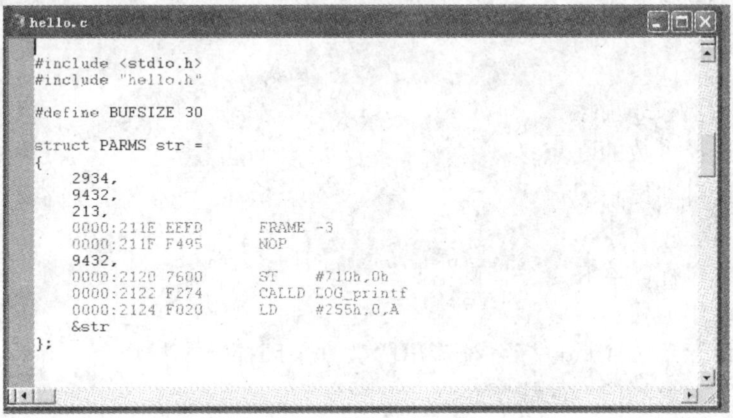

图 4-3　“hello. c”源程序

集成编辑环境支持下述功能：

- 用彩色加亮关键字、注释和字符串。
- 以圆括号和花括号标记 C 语言块，并可以查找匹配块或下一个圆括号和花括号；可以在一个或者多个文件中进行查找和替换；可以向前或者向后查找和快速查找 C 语言块。
- 可以对多个操作进行撤销操作或者重新操作。
- 获得上下文相关的帮助。
- 定制个性化的键盘命令。

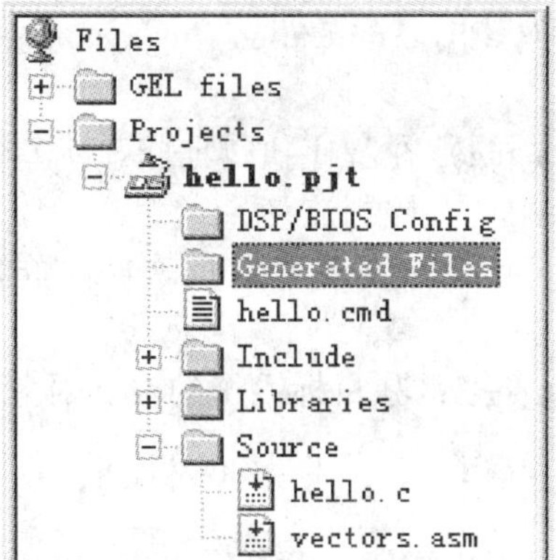

图 4-4　“hello. pjt”工程文件目录

2. 创建应用程序

在 CCS 中，应用程序通过向一个工程中添加文件来创建。工程文件中包括 C 语言源程序、汇编语言源程序、目标文件、库文件、连接命令文件和包含文件，如图 4-4 所示。编译、汇编和连接文件时，可以分别指定它们要使用的选项。在 CCS 中，可以通过一个窗口来详细为一个工程指定相应的编译、汇编和连接选项。CCS 可以选择完全编译或增量编译，可以编译单个文件，也可以扫描出工程文件的全部包含文件从属树，还可以利用传统的 makefiles 文件进行编译。

3. 调试应用程序

CCS 提供下列调试功能：

- 设置可选择步数的断点；
- 在断点处自动更新窗口；
- 查看变量；
- 观察和编辑存储器和寄存器的值；
- 观察和调用堆栈；
- 对流入目标系统或从目标系统流出的数据采用探针工具观察，并收集存储器映像；
- 绘制选定对象的信号曲线图；
- 估算执行程序性能的统计数据；
- 观察目标程序的反汇编指令和 C 指令。

CCS 还提供 GEL 语言，这种语言允许开发者向 CCS 通常的运行菜单中添加功能。

4.1.4 DSP/BIOS 插件

在软件开发周期的分析阶段，当调试依赖于时间的程序时，传统的调试方法效率低下。

DSP/BIOS 插件支持用于可视化的探测、跟踪和监视一个 DSP 应用程序的实时分析，而这种探测对程序的实时性能影响很小。

DSP/BIOS 应用编程接口（API，Application Programming Interface）具有下列实时分析功能：

- 程序跟踪（Program Tracing）在程序执行期间显示写入目标系统日志（Target Log）的事件并反映程序执行过程中的动态控制流。
- 性能监视（Performance Monitoring）跟踪反映目标资源利用情况的统计表，诸如处理器负荷和线程时序等。
- 文件流（File Streaming）把常驻目标系统的 I/O 对象捆绑成主机文档。

1. DSP/BIOS 配置

在 CCS 环境中，可以利用 DSP/BIOS API 定义的对象创建配置文件，这类文件简化了存储器映像和硬件中断服务程序矢量映像，因此，即使没有使用 DSP/BIOS 应用编程接口，也可以使用配置文件。

配置文件有两个作用：

- 设置全局运行参数；
- 可视化创建和设置运行对象的属性。这些运行对象由目标系统应用程序的 DSP/BIOS API 函数调用，它们包括软中断、I/O 通道和事件日志。

在 CCS 中打开一个配置文件时，会出现如图 4-5 所示的窗口。

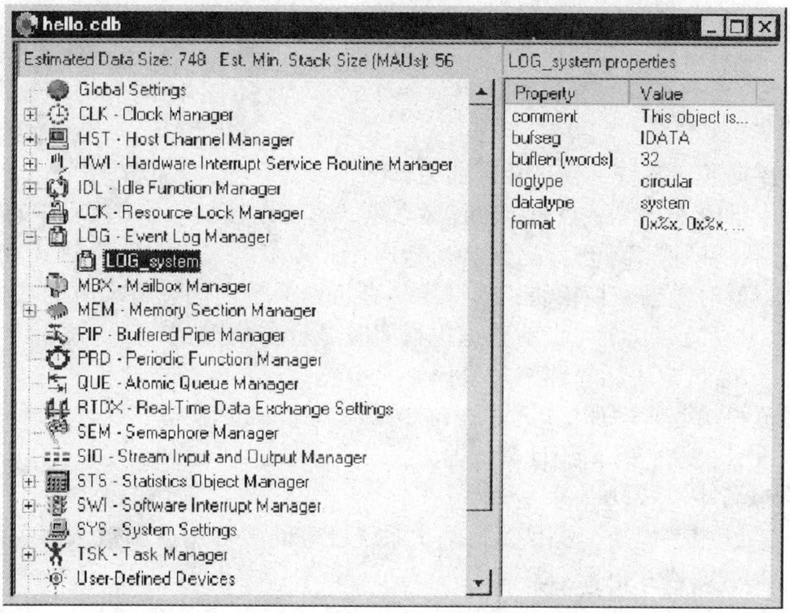

图 4-5　“hello. cdb” 窗口

2. DSP/BIOS 应用编程接口模块

传统的调试（Debugging）手段相对于正在执行的程序而言是外部的，而 DSP/BIOS API 要求将目标系统程序与特定的 DSP/BIOS 应用编程接口模块连接在一起。通过在配置文件中定义 DSP/BIOS 对象，一个应用程序可以使用一个或者多个 DSP/BIOS 模块。在源程序代码中，这些对象被声明为外部的，并调用 DSP/BIOS 应用编程接口。

DSP/BIOS API 被分成下列模块，模块内的任何 API 的调用均以下面列出来的代码开头。

- ATM：提供用来处理共享数据的函数。
- C54：提供特殊函数来处理 DSP 中断。
- CLK：片内定时器模块，控制片内定时器并且提供一个高精度的 32 bit 的实时逻辑时钟信号。
- DEV：用于创建和使用用户定义的设备驱动程序。
- HST：主机输入/输出模块，管理主机通道对象，允许应用程序在主机和目标系统之间传送数据。主机通道通过静态配置为输入或输出。
- HWI：硬件中断模块，提供对硬件中断服务程序的支持，可以在配置文件中指定当硬件中断发生时需要运行的函数。
- IDL：空闲函数模块，管理空闲函数。空闲函数在目标系统程序中没有更高优先权的函数运行时启动。

- LCK：锁定模块，管理全局共享资源。当不同的任务请求使用同一资源时，对资源的分配做出裁决。
- LOG：日志模块，管理 LOG 对象。LOG 对象在目标系统程序执行的时候实时捕捉所发生的事件，并加以记录。开发者可以使用系统日志或者定义自己的日志，并可以在 CCS 中利用它实时查看这些日志文件。
- MBX：邮箱模块，管理任务之间传递的消息。
- MEM：存储器模块，允许指定存放一个目标程序的不同的代码和数据段所使用的存储器段。
- PIP：数据通道模块，管理数据通道。
- PRD：周期函数模块，管理周期函数对象，它可以控制一个应用程序的周期性执行。
- QUE：队列模块，管理数据的队列结构。
- RTDX：实时数据交换模块，允许主机和目标系统之间进行实时的数据交换，在主机上使用自动 OLE 的客户都可以对数据进行实时显示和分析。
- SEM：信号量模块，管理用来使任务同步或者互斥的信号量。
- SIO：流模块，管理那些能够提供有效、实时的独立设备 I/O 对象。
- STS：统计模块，管理统计累加器。
- SWI：软件中断模块，管理软件中断。
- SYS：系统服务模块，提供执行基本系统服务的多种用途函数，这些系统服务包括执行挂起程序和打印格式化文本等。
- TRC：跟踪模块，管理一套跟踪控制位，这些控制位通过事件日志和统计累加器来控制程序信息的实时捕获。
- TSK：任务管理模块，管理任务线程，用来对优先级低于软件中断的线程进行调度。

4.1.5 硬件仿真和实时数据交换

美国德州仪器公司（TI）的 DSP 设备提供在片仿真支持，它使得 CCS 能够控制程序的执行和实时监视程序的运行。增强型的 JTAG 连接提供了对在片仿真的支持，这种连接是一种可与任意 DSP 系统相连的低干扰式的连接方法。仿真接口提供主机一侧的 JTAG 连接，如 TI XDS510。为方便起见，评估板上提供了一个在板的 JTAG 仿真器接口。

在片仿真硬件提供了如下功能：

- DSP 的启动、停止或复位功能；
- 向 DSP 中下载代码或者数据；
- 检测 DSP 的寄存器或者存储器；
- 设置数据断点；
- 包括周期的精确计算在内的多种计数能力；
- 主机和 DSP 之间的实时数据交换（RTDX）。

CCS 提供在片能力的嵌入式支持，另外，RTDX 通过主机和 DSP 的 APIs 提供主机和 DSP 之间的双向实时数据交换，它能够使开发者实时连续地观察到 DSP 应用的实际工作方式。在目标系统应用程序运行的情况下，RTDX 也允许系统开发者在主机和 DSP 设备之间传送数据，而且这些数据可以在使用自动 OLE 的客户机上实时分析和显示，从而可以缩短开发时间。

如图 4-6 所示，RTDX 由目标系统和主机两部分共同组成，一个小的 RTDX 软件库需要依靠目标 DSP 才能运行。开发者通过调用 RTDX 软件库里面的应用程序接口将数据输入或者输出目标系统的 DSP，库函数通过在片仿真硬件和一个增强型的 JTAG 接口将数据输入或者输出主操作平台，在 DSP 应用程序运行时数据可实时传送给主机。RTDX 实例如图 4-7 所示。

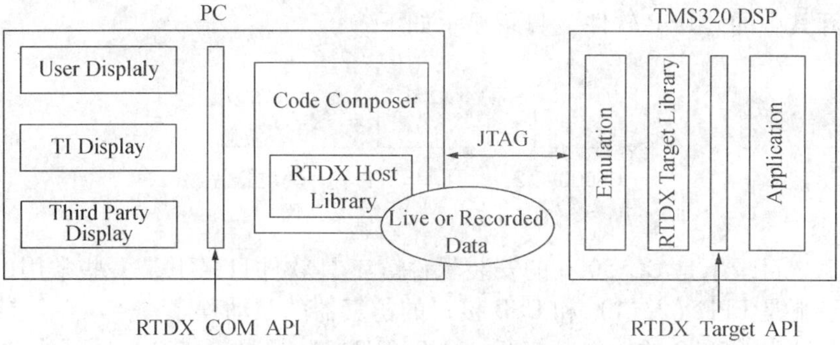

图 4-6　RTDX 系统组成

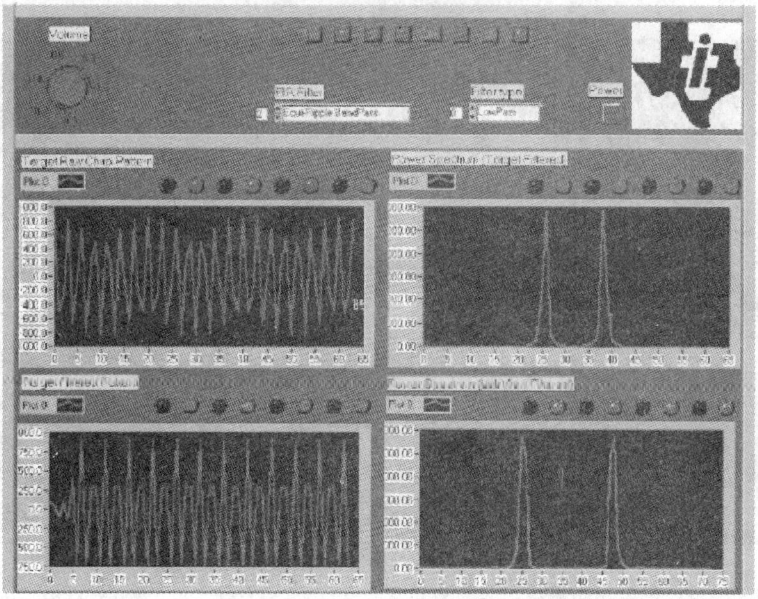

图 4-7　RTDX 实例

CCS 是继“一体化的 DSP 解决方案”后，TI 公司为巩固自己在 DSP 业界的地位而在开发工具方面的一次重拳出击。CCS 的集成开发环境使得代码开发过程从编辑、编译到调试及代码性能测试都集成在一个环境下进行，而且各项功能都有了一定程度的提升，简化了开发过程，并降低了代码开发的难度。

4.2 CCS 的安装与配置

4.2.1 CCS 软件的安装

（1）打开光驱，将带有 DSP 软件的光盘放入其中。

（2）打开其中的“DSP 软件”目录显示如下：

C5000V2.2 目录下是 CCS5000 的安装软件。工具软件目录下是一些常用的工具软件；驱动程序目录下是 EPP（并口）和 USB 接口的仿真器的驱动程序。

（3）先安装 CCS5000 的软件，打开“C2000V2.2”目录，点其目录下的“SETUP”应用程序。安装开始。如图 4-8 所示。

图 4-8 C5000 安装界面

在 INSTALL 下面有两个可选的安装项目，第一个是“CODE COMPOSER STUDIO”这是 CCS5000 软件的安装目录。第二个是“ADOBE ACROBAT READER”是其帮助文件的应用软件。选第一项进行 CCS5000 软件的安装。

（4）按照其安装提示进行安装，出现如图 4-9 所示提示。

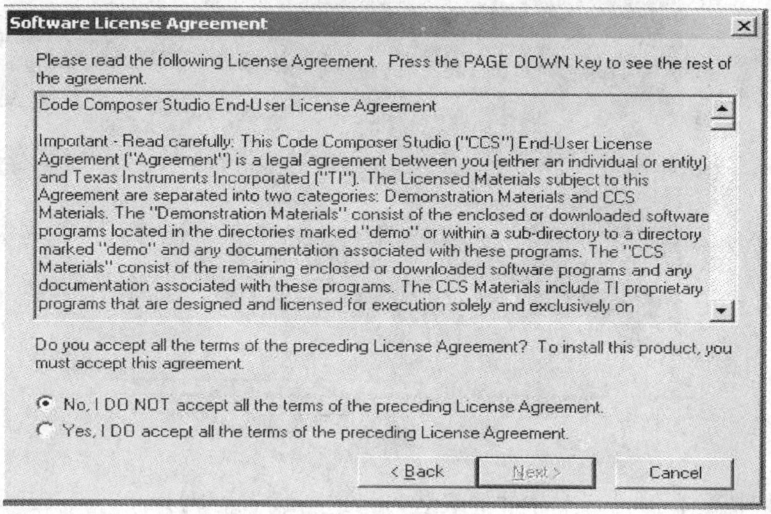

图 4-9　安装提示

在下方选择“YES，I DO accept all the terms of the preceding License Agreement”单击 Next 按钮继续进行安装，直至出现如图 4-10 所示画面。

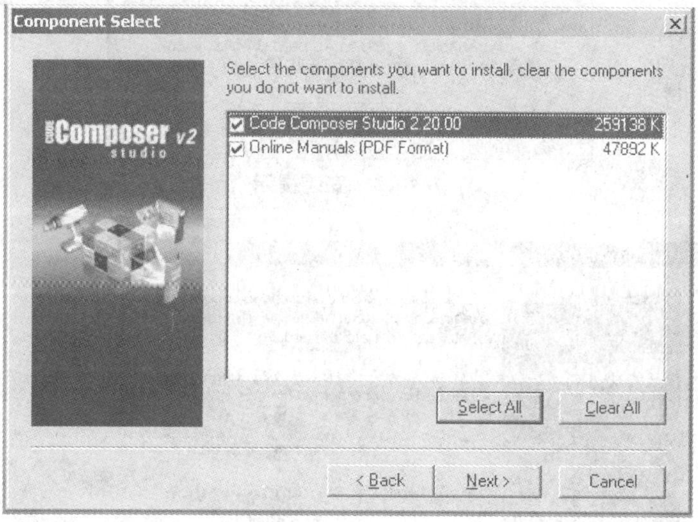

图 4-10　安装画面

在图 4-10 中有两个可选项，上面一个是 CCS5000 的安装软件（CODE COMPOSER STUDIO），下面一个是其软件的帮助文件的安装（Online Manuals）。将两个项目都选择，即在两个项目前的方框内打上“√”；或者单击 Select All/Next 继续进行安装。出现如图 4-11 所示画面。

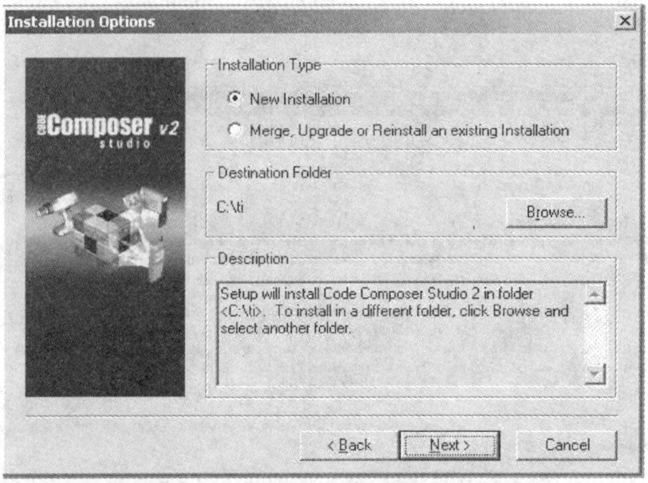

图 4-11　安装提示画面

在图 4-11 中选择 Browse 对软件的安装目录进行设置。因为还有 CCS5000 的软件要进行安装，所以最好对其安装目录进行设置如 D：\ TI5000，以示对 CCS5000 的区别。单击 Next 按扭继续进行安装，按照安装提示直至安装完成。安装完成后会出现如下所示：

单击“确定”按钮，出现如下图 4-12、图 4-13 所示的窗口。

图 4-12　安装提示

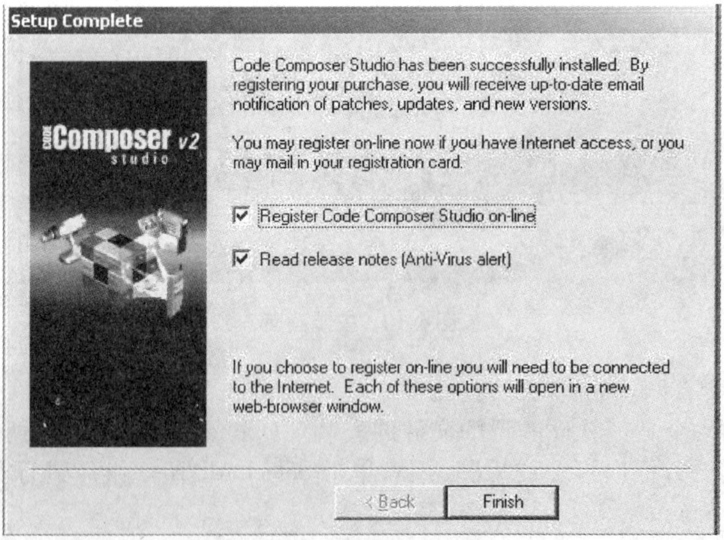

图 4-13　安装完成提示

这两项是安装完成后，其软件的网上资料和安装生成的一些介绍。可以选择的来进行设置。最后单击 Finish 按钮完成软件的安装。如果选择了前面的两项，则会出现其网页资料，关闭这些网页后，出现如图 4-14 所示窗口。

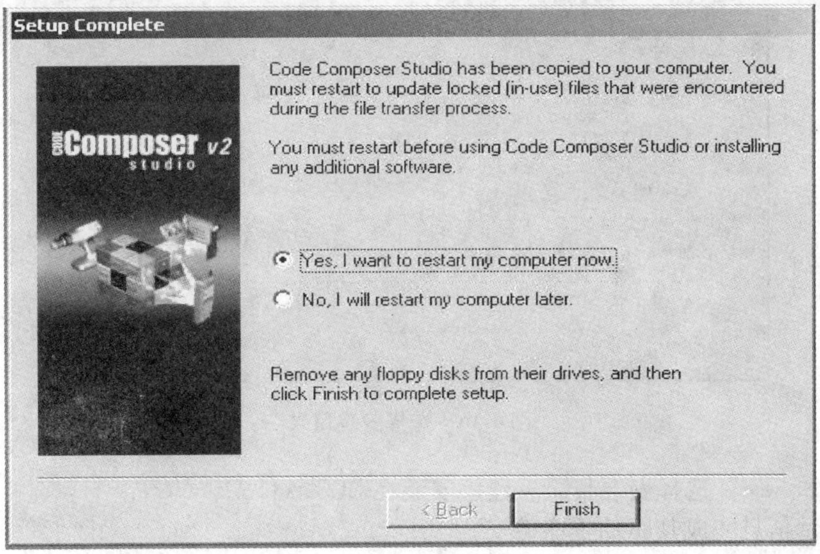

图 4-14　完成后重新启动提示

选择“重新启动计算机”（Yes，I want to restart my computer now）来重启计算机，以便使设置生效（默认选项）。选择下面一项则不重新启动计算机。选择这两项中的其中一项，单击 Finish 按钮完成整个软件的安装。

（5）USB 仿真器驱动程序的安装。

USB 仿真器驱动程序的安装与 EPP 仿真器的安装基本是一致的，首先打开光盘中的驱动程序目录下的 USB_Driver（即 USB 仿真器的驱动程序），运行其目录下的 SETUP. EXE 程序，按照其提示进行驱动的安装，如图 4-15 所示窗口。

图 4-15　USB_Driver 安装提示

图 4-15 的提示窗口是进行选择其驱动程序的安装目录对话框。如果选择“是”则安装在 C:/TI 目录下，一般情况下不安装在这个目录下，而是要安装在 CCS 安装的目录下。选择“否”则是对安装目录进行设置，如图 4-16 所示。

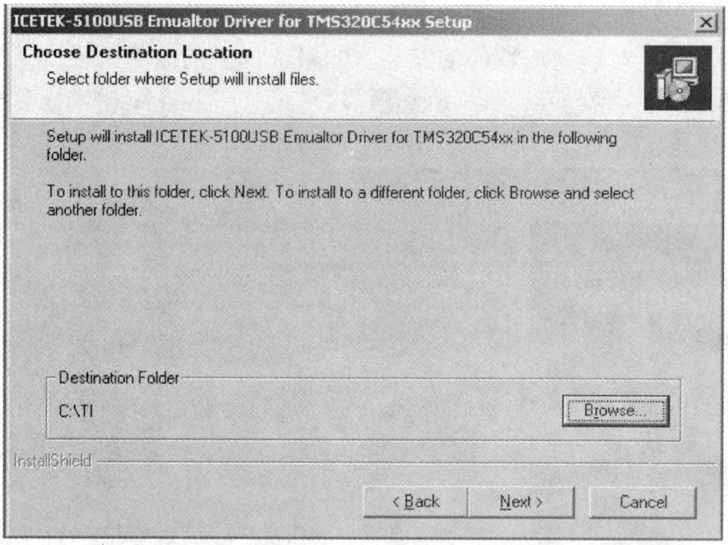

图 4-16　选择安装目录

选择“Browse”选择安装目录，建议安装在 CCS 软件安装的目录下。选择好安装目录后，依照提示信息完成其驱动程序的安装。

(6) USB 仿真器在 CCS 环境下的设置。

运行 SETUP CODE COMPOSER STUDIO 软件（以 CCS5000 为例），即桌面上的 CCS 的配置程序图标 Setup CCS2（‘C5000）。出现如图 4-17 所示窗口。

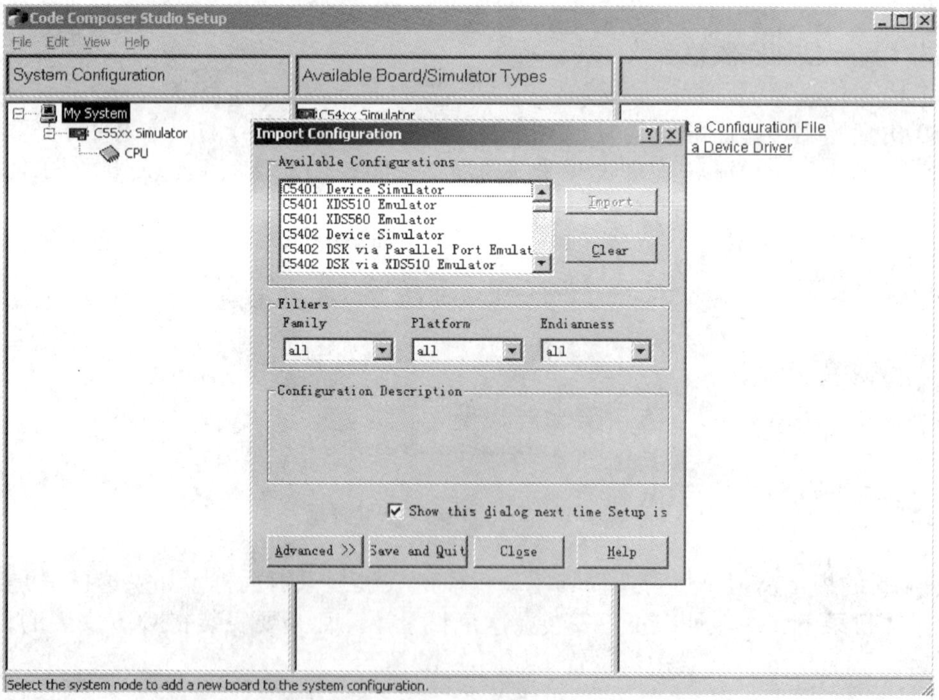

图 4-17　CCS 的配置程序图标 Setup CCS2（‘C5000）

在图 4-17 中将中间当前活动的对话窗口关闭，单击“Install a Device Driver”进行设置。出现如图 4-18 所示窗口。

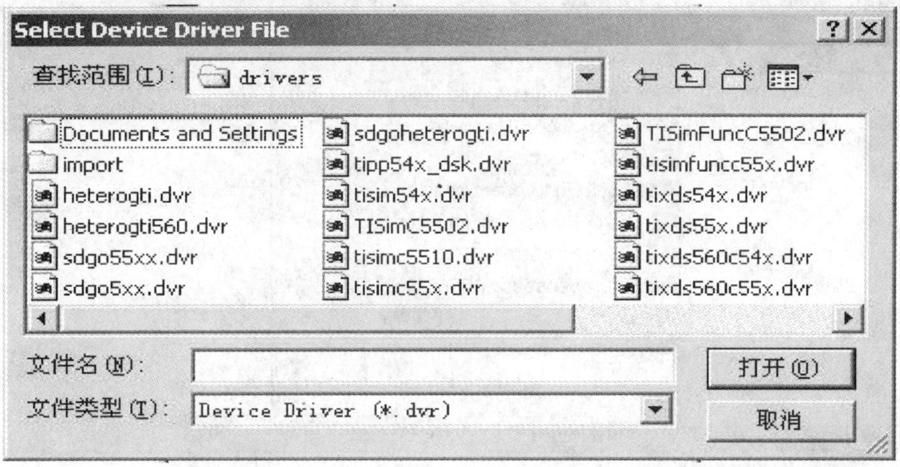

图 4-18 “Install a Device Driver”设置

图 4-18 是对仿真器的驱动进行选择，其文件在安装驱动时所选择的目录下的 Drivers 子目录下。如（D:\TI\5000\Drivers\...）选择 tixds54x.dvr，单击图中的“打开”出现如图 4-19 窗口。

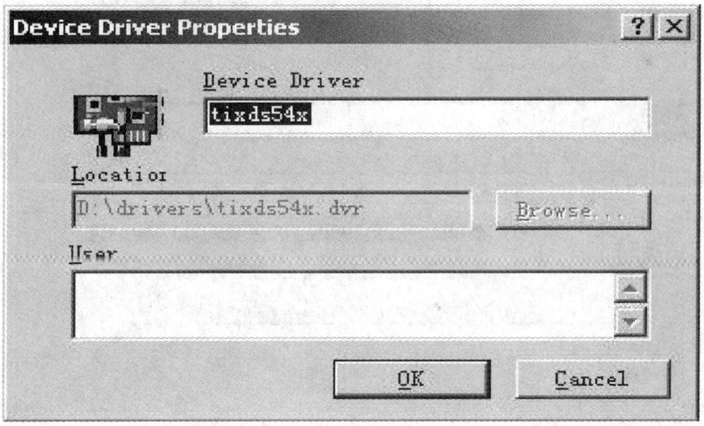

图 4-19 仿真器的驱动选择

单击图 4-19 中的 OK 按钮。此时，中间一栏（Available Board/Simulator Type）会出现相应的驱动图标，如图 4-20 所示。

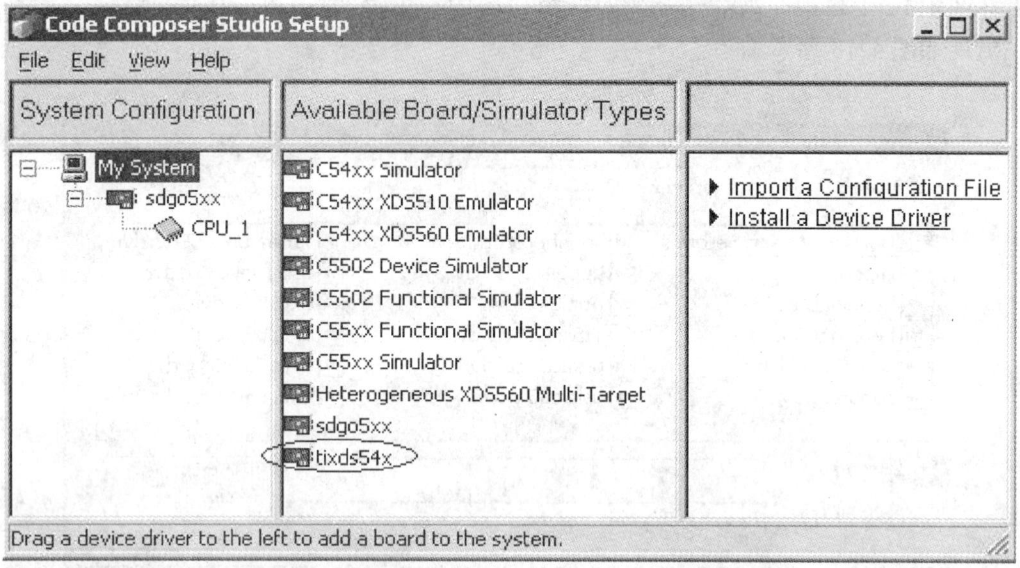

图 4-20　驱动选择图标

把该图标拖动到最左边的 System Configuration 一栏是，则会出现 Board Properties 对话框。如图 4-21 所示。

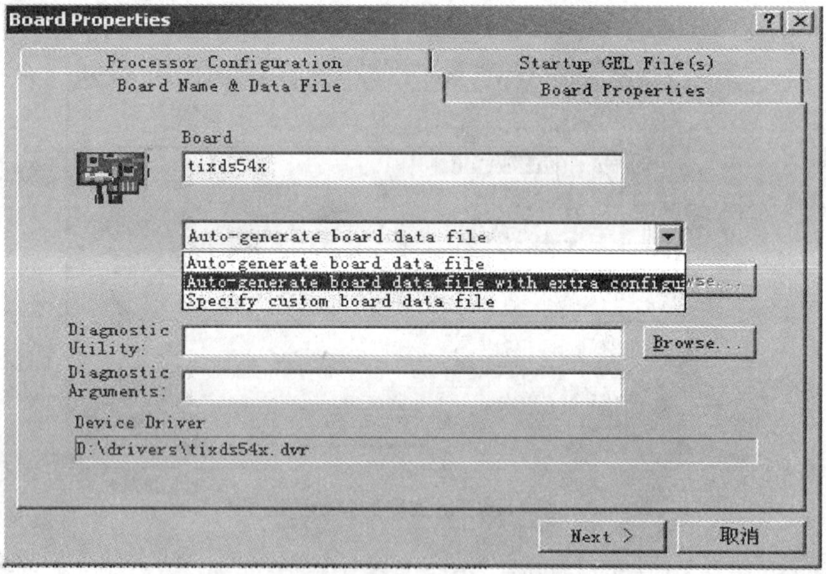

图 4-21　Board Properties 对话框

如图 4-21 所示在第一项下拉菜单中选择中间的一条“Auto-generate board data file with extra configuration”。在第二项中 Configuration File 选项中选择 Browse 按钮，出现如图 4-22 所示对话框。

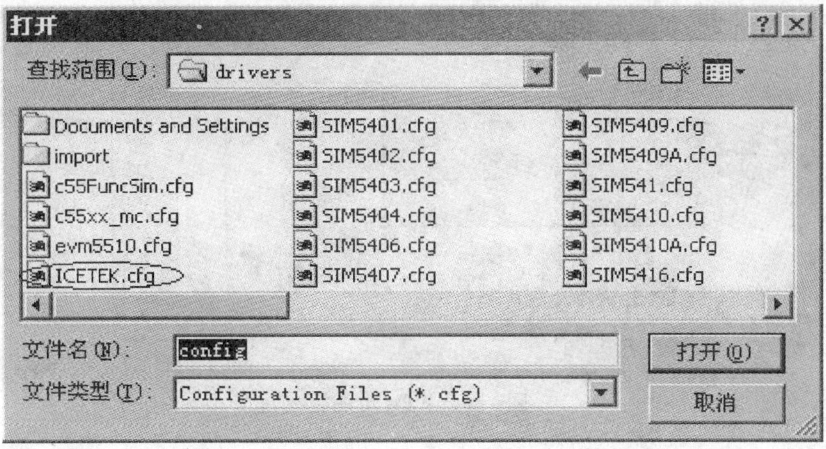

图 4-22　Configuration File 对话框

选择图 4-22 中的 ICETEK. cfg 文件，其文件也在 CCS 软件目录下的 Drivers 子目录下（D：\ TI5000 \ Drivers \ . . . ）。单击 Next 出现如图 4-23 所示的窗口。

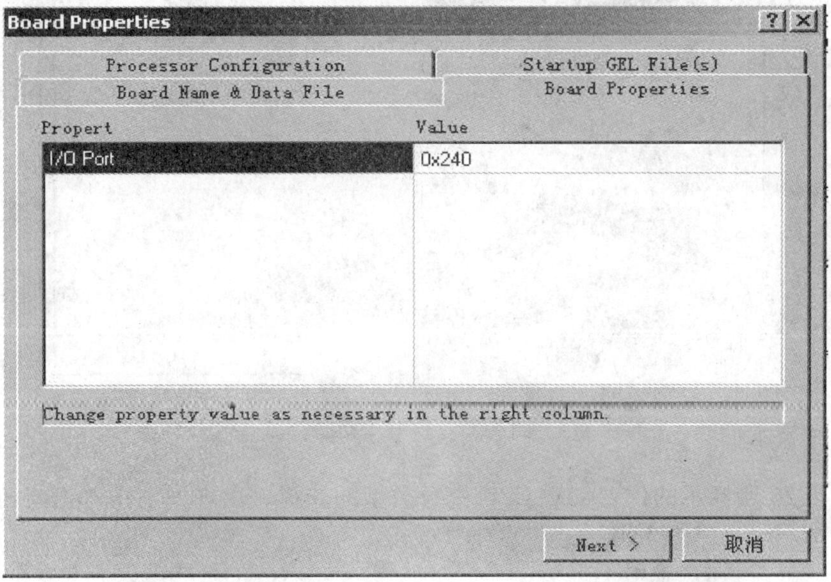

图 4-23　驱动器选择

将图中的硬件仿真器的 I/O 口值由 0X240 改为 0X000，再单击 Next，继续进行设置则会出现“Processor Configuration”页面。在 Processor Configuration 页面下，在 Available Processor 选项中选择 TMS320C5400（在 CCS2000 开发环境下为 TMS320C2400），然后，单击其中间的 Add Single 按钮，其右边出现 CPU-1 图标，如图 4-24 所示。

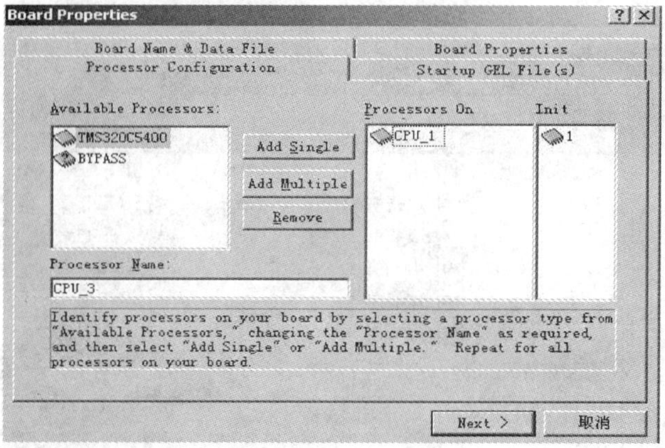

图 4-24 CPU-1 图标

单击 Next 按钮，出现图 4-25 所示的对话框。

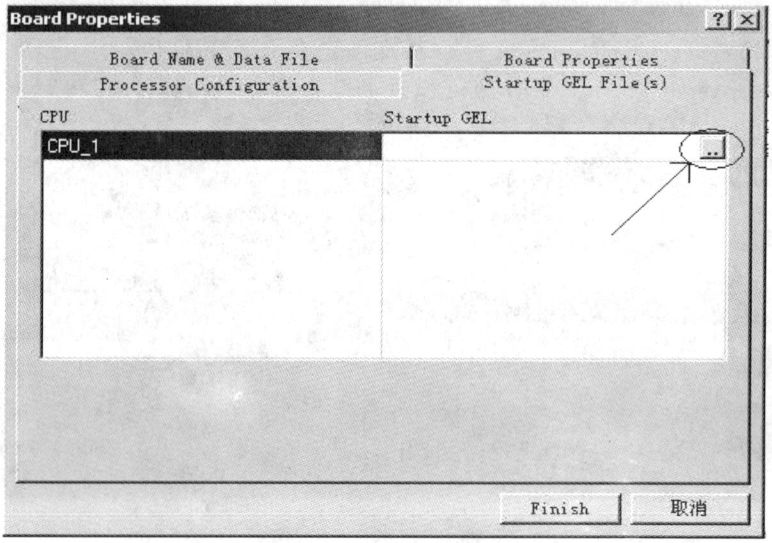

图 4-25 CPU-1 选择

单击图 4-26 所标示的位置，对 CPU 进行类型的选择，出现如图 4-26 所示的窗口。

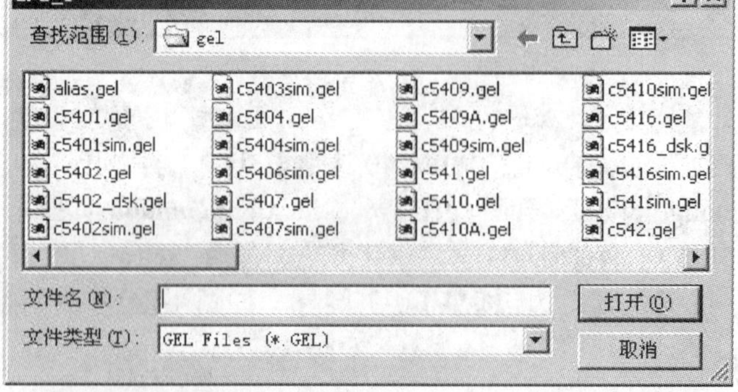

图 4-26 CPU 选择

基于实验箱中的 CPU 选择 C5410. gel 或 C5410A. gel 文件，这个文件也在前面安装驱动程序所选择的目录下的 Drivers 子目录下。单击“打开”按钮。单击 Finish 完成其设置。对设置进行保存后，退出配置程序。

设置完成后，将仿真器与计算机通过 USB 电缆接起来，此时电脑硬件会显示找到新的硬件，如果提示要安装驱动，则按电脑的安装向导安装 USB 驱动目录下 USBDevice 文件夹里的 mdpjtag. inf 驱动文件。如图 4-27 所示。

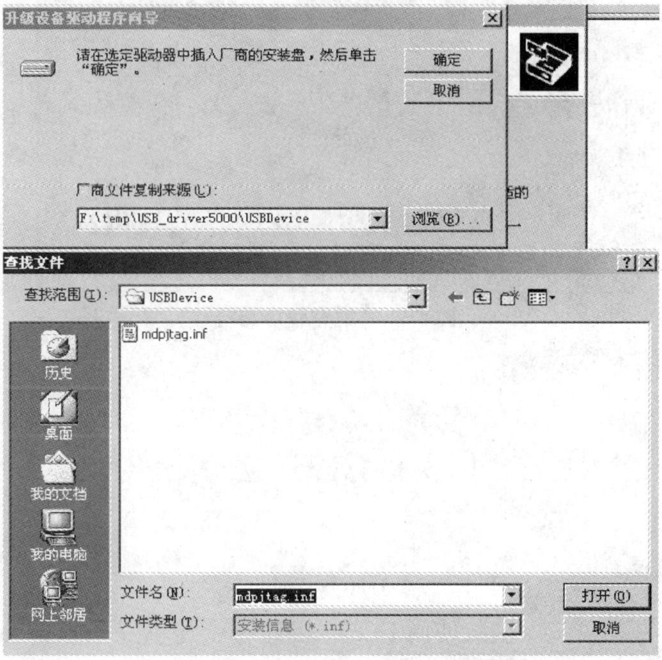

图 4-27　mdpjtag. inf 驱动文件

电脑如果找到了驱动程序则在硬件列表里会出现一个红色的仿真器的图标。

4. 2. 2　CCS 环境的配置

运行 SETUP CODE COMPOSER STUDIO 软件，即桌面上的 CCS 的配置程序图标（Setup CCS2（‘C5000））。出现如图 4-28 所示窗口。

单击 C54xx Device Simulator，再选择 Import 就完成了仿真设置，如果尚有不明的地方可参见电子版的“DSP 简易安装指导书”，其有详细安装过程。

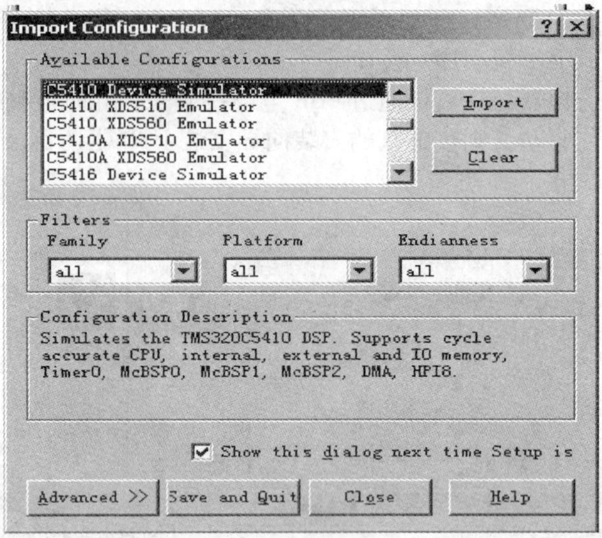

图 4-28 配置程序路径

4.3 CCS 应用

1. 新工程的创建

如何采用标准的 C 语言库函数使用 CCS 来创建一个显示一条“hello world”消息的工程，并向这个工程里添加源程序文件和库文件。操作步骤如下：

（1）如果用户的 CCS 是安装在 c：\ ti 目录下，在 c：\ ti \ myprojects 目录里新建立一个名字为“hello1”的文件夹。（如果将 CCS 安装在其他的目录下，那么就在相应的安装目录中的“myprojects”文件夹里新建一个文件夹“hello1”即可）

（2）将 c：\ ti \ c5400 \ tutorial \ hello1 文件夹里的所有的文件复制到这个新的文件夹里。

（3）从 Windows 的开始菜单里选择 Programs→Code Composer Studio TMS320C5400 → CCStudio（或者直接在桌面上双击 Code Composer Studio 图标），进入如图 4-29 所示的画面。

（4）选择 Project→New，弹出如图 4-30 所示的对话框。

（5）在 Project Name 中输入 myhello 作为工程名，在 Location（位置）中选择所建的工作文件夹，然后在 Project Type 中选择 Executable（. out）。输入完成后单击 Finish 按钮，CCS 将会建立一个叫做 myhello. prj 的工程文件，这个文件保存了工程的设置和涉及的变量文件。

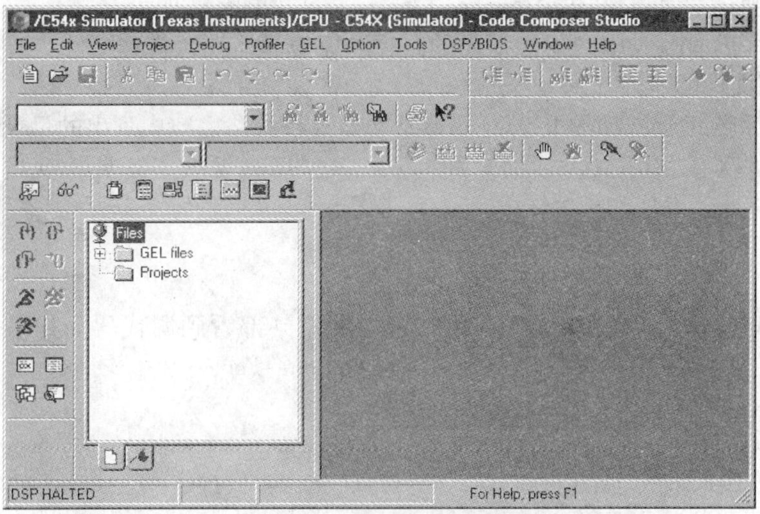

图 4-29　CCS 的进入画面

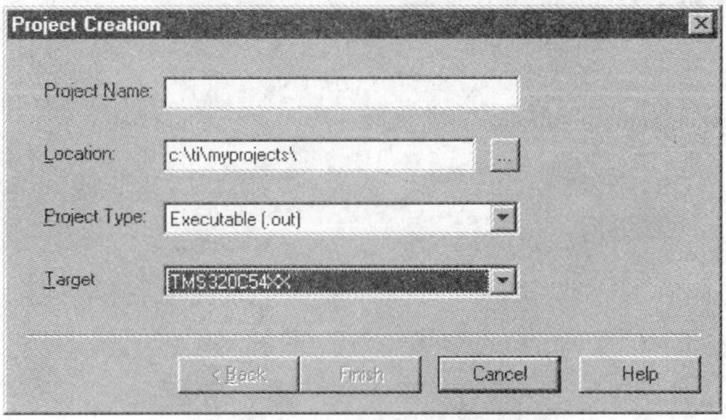

图 4-30　【新建工程】对话框

2. 向一个工程里添加文件

向一个工程里添加文件的操作步骤如下：

（1）选择 Project→Add Files to Project，然后选择 hello. c 文件，再双击打开（Open）。

（2）选择 Project→Add Files to Project，然后在文件类型中选择 Asm Source Files（ *. a *，*. s *）。

（3）选择 Project→Add Files to Project，在文件类型框中选择连接命令文件（ *. cmd），然后选择 hello. cmd 并打开。这个文件包含程序段到存储器的映射。

（4）选择 Project→Add Files to Project，进入编译库文件夹（c：\ ti \ c5400 \ cgtools \ lib），再在文件类型框中选择目标文件和库文件（ *. o *， *. lib），然后选择 rts. lib 并打开。这个库对目标系统 DSP 提供了运行实时支持。

（5）单击紧挨着 Projects、hello. pjt、Libraries 和 Source 旁边的“ + ”标记来扩充工程（Projects）列表，这个列表叫做工程窗口（Project View）。

（6）此时，包含文件还没有出现在工程窗口里。

（7）如果需要从工程中删除某一个文件，则只需要在工程窗口中的相应文件上单击鼠标右键，并从弹出的菜单里选择 Remove from project（删除）即可。

在创建程序的时候，CCS 通过下面的路径顺序搜寻，就会找到文件：

- 包含源文件的目录。
- 编译器和汇编器选项的 Include Search Path（搜寻路径）中列出的目录（从左到右）。
- 列在 C54X_C_DIR（编译器）和 C54X_A_DIR（汇编器）环境变量中定义的目录列表（从左到右）。

3. 查看源代码

在工程窗口里双击 hello. c 文件，可在窗口的右半部看到源代码。如果想使窗口更大一些，以便能够看到更多的源代码，则可以在 Option→Font 中选择较小一点的字体。

源代码如下：

```
        /*  ====hello.c====*/
        #include <stdio.h>
        #include "hello.h"
#define BUFSIZE 30
struct PARMS str =
{
   2934,
   9432,
   213,
   9432,
   &str
};
/*
*  ====main====
*/
void main()
{
#ifdef FILEIO
    int       i;
    char       scanStr[BUFSIZE];
    char       fileStr[BUFSIZE];
    size_t     readSize;
    FILE       *fptr;
#endif
/* write a string to stdout */
   puts("hello world!\n");

#ifdef FILEIO
    /* clear char arrays */
    for (i=0; i < BUFSIZE; i++) {
        scanStr[i]=0          /* deliberate syntax error */
        fileStr[i]=0;
    }
/* read a string from stdin */
    scanf("%s", scanStr);

    /* open a file on the host and write char array */
```

```
    fptr = fopen("file.txt", "w");
    fprintf(fptr, "% s", scanStr);
    fclose(fptr);
/* open a file on the host and read char array */
    fptr = fopen("file.txt", "r");
    fseek(fptr, 0L, SEEK_SET);
    readSize = fread(fileStr, sizeof(char), BUFSIZE, fptr);
    printf("Read a % d byte char array: % s \n", readSize, fileStr);
    fclose(fptr);
#endif
}
```

4. 编译和运行程序

CCS 自动将用户所做的改变保存到工程设置中。在查看完源代码之后，如果退出了 CCS，则通过重新启动 CCS，并单击 Project→Open，即可从用户停止工作的地方开始继续以前的工作。

编译和运行程序的操作步骤如下：

（1）选择 Project→Rebuild All，或者单击工具栏中的按钮，可以重新编译、汇编、连接工程中的所有文件，有关这个工程的信息将显示在窗口底部的信息框中。

（2）选择 File→Load Program，再选择刚才重新编译过的程序 hello. out（该程序在C：\ ti \ myprojects \ hello \ folder），并单击 Open 按钮，CCS 就会把程序加载到目标系统 DSP 上。

（3）选择 View→Mixed Source/ASM，将同时显示该工程的 C 源代码和相应的反汇编指令。

（4）单击混合模式窗口中任意一条汇编指令（单击指令，而不是单击指令的地址或者空白的区域），按 F1 键，CCS 将会搜寻有关那条命令的帮助信息。

（5）选择 Debug→Go Main，使程序从 main 函数开始执行，程序将会在 main 停止。

（6）选择 Debug→Run，或者单击工具栏中的运行按钮。

（7）选择 Debug→Halt 放弃运行程序。

图 4-31　hello 程序运行结果

5. 修改程序设置和纠正语法错误

前面，由于没有定义 FILEIO，因此预处理命令（#ifdef 和#endif）之间的程序没有运行。下面，使用 CCS 设置一个预处理器选项，并找出和纠正语法错误。具体操作步骤如下：

（1）选择 Project→Options。

（2）从 Build Option 窗口的 Compiler 栏的 Category 列表中选择 Preprocessor。在 Define Symbols 框中键入 FILEIO 并按 Tab 键，如图 4-32 所示。

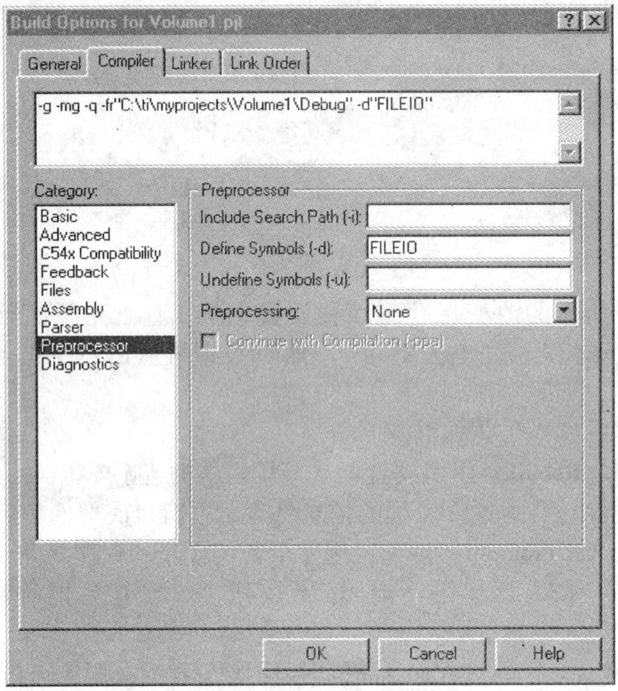

图 4-32 编译选项设置

（3）单击 OK 按钮，保存新的选项设置。

（4）选择 Project→Rebuild All，或者单击工具栏中的（Rebuild All）按钮。无论什么时候，只要工程选项改变，就必须重新编译所有文件。

（5）如果出现一条说明程序含有编译错误的消息，单击 Cancel 按钮，在 Build 窗口向上移动滚动条，就可以看到一条语法错误信息，如图 4-33 所示。

（6）双击描述语法错误位置的红色文字。注意到 hello. c 的源文件被打开，同时用户的光标会出现在下面这一行上：

fileStr [i] =0;

（7）修改语法错误（缺少分号）。注意，紧挨着编辑窗口题目栏的文件名旁边出现一个星号（*），表明源文件被修改过了。当文件被保存后，星号随之消失。

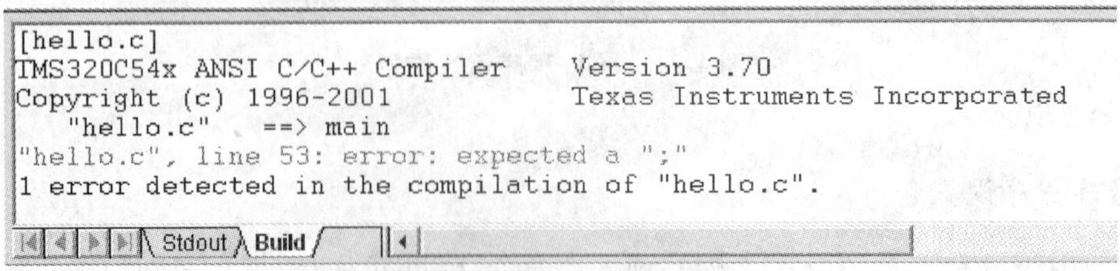

图 4-33 语法错误信息

（8）选择 File→Save，或者按 Ctrl + S 键可将所做的修改保存至 hello. c。

（9）选择 Project→Rebuild All，或者单击工具栏中的（Rebuild All）按钮，CCS 会重新编译已被更新的文件。

6. 使用断点和观察窗口

当开发或测试程序时，经常需要在程序执行过程中检查变量的值。在这一节里面，将使用断点和观察窗口（如图 4-34 所示）观察这些变量的值。程序执行到断点后，还可以使用单步执行命令。

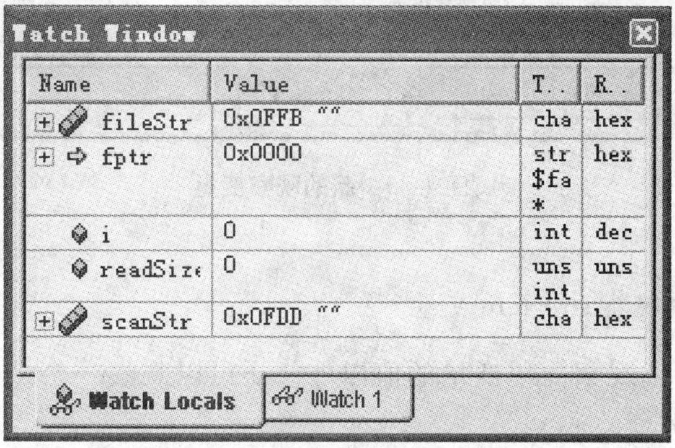

图 4-34　局部变量的观察窗口

具体操作步骤如下：

（1）选择 File→Reload Program。

（2）双击 Project View 中的 hello. c 文件，可以加大窗口，以便看到更多的源代码。

（3）把光标放到这一行上：

fprintf（fptr，"%s"，scanStr）；

（4）单击工具栏按钮或者按 F9 键，这一行将显示为高亮的深红色。

（5）选择 View→Watch Window，在 CCS 窗口的右下角会出现一个独立的区域（在程序运行时，这个区域将会显示被观察变量的值）。

（6）选择 Watch1 标签，单击 Name 列的表达式图标，再输入 * scanStr 作为跟踪变量，然后单击窗口白色区域中的任意位置，如图 4-35 所示。

（7）选择 Debug→Run，或者按 F5 键。

（8）在相应的提示框中，输入 goodbye，并单击 OK 按钮。注意，在 Stdout 框中以蓝色显示输入的文字，同时还应注意，Watch Window 窗口中显示出 * scanStr 的值。在输入一个字符串之后，程序开始运行并在断点处停止，程序中将要执行的下一行以黄色高亮显示出来。

（9）单击工具栏中的（Step Over）按钮或者按 F10 键，以便执行到所调用的函数 fprintf（ ）之后。

（10）用 CCS 提供的单步命令进行如下操作：STEP INTO（跳入）/F8；STEP OVER（跳过）/F10；STEP OUT/SHIFT + F7；RUN TO CURSOR（执行到光标处）/Ctrl + F1。

（11）单击工具栏运行按钮或 F5，运行到程序结束。

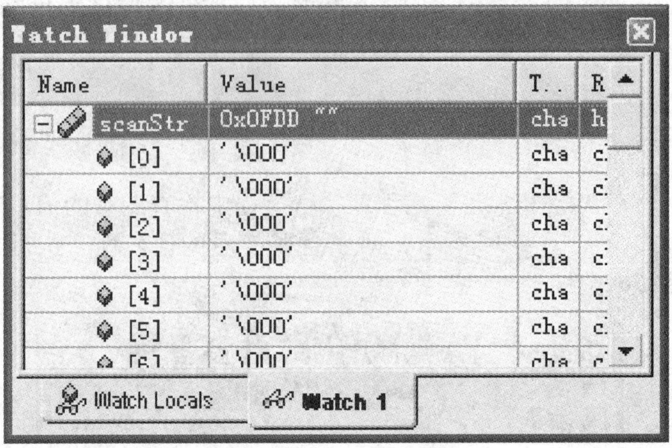

图 4-35　新的观察变量

7. 使用观察窗口观察 structure 变量

观察窗口除了可以观察简单变量的值以外，还可以观察一个结构体中的不同成员的值。具体操作步骤如下：

（1）在 Watch Window 窗口中选择 Watch1 标签，单击 Name 列的表达式图标。

（2）输入 str 作为表达式并单击窗口白色区域中的任意位置，则显示着“ + str = {...}”的一行会出现在 Watch Window 窗口中。符号“ + ”说明这是一个结构体。由前面 hello world 的源代码可知，类型为 PARMS 的结构体被声明为全局变量，并在 hello. 中初始化，而这种结构体类型在 hello. h 中进行了定义。

（3）单击符号“ + ”，CCS 将展开这一行，并列出该结构的所有元素以及它们的值，如图 4-36 所示。

（4）双击结构体中的任何一个成员，可以打开该成员的变量编辑（Edit Variable）窗口。

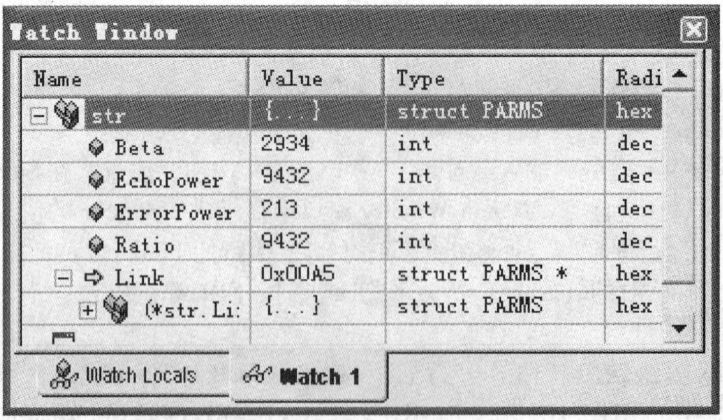

图 4-36　观察一个结构体

(5) 改变变量的值并单击 OK 按钮，可以看到 Watch Window 窗口中的值改变了，而且值的颜色也发生了相应的变化，说明该值已经进行了改动。

(6) 在 Watch Window 窗口中选择 str 的变量并单击右键，从弹出的菜单中选择 Remove Current Expression，并在 Watch Window 中对所有表达式重复上述操作。

(7) 在 Watch Window 窗口中单击鼠标右键，从弹出的菜单中选择 Hide 可以隐藏观察窗口。

(8) 选择 Debug→Breakpoints，在 Breakpoints tab 中单击 Delete All，然后单击 OK 按钮，全部断点都被清除。

8. 测算源代码执行时间

可以使用 CCS 的 profiling 功能来统计标准输出函数 puts ( ) 的执行情况。具体操作步骤如下：

(1) 选择 File→Reload Program。

(2) 选择 Profiler→Enable Clock，标记“√”将出现在 Profiler 菜单的Enable Clock 项的旁边，该选项能计算指令周期。

(3) 在 Project View 窗口中双击 hello. c 文件。

(4) 在 Profiler 菜单中选择 Start New Session，然后在 Profiler Session 名称对话框中输入 hello_profile。

(5) 选择 View→Mixed Source/ASM，汇编指令将显示成灰色并列在每一行 C 代码的下面。

(6) 在 Profiler 窗口中选择 Setup 标签，把光标置于下面所述语句的一行：

```
puts ("hello  world! \n");
```

将这一行拖进 Profiler 窗口中的 Start Points，如图 4-37 所示。

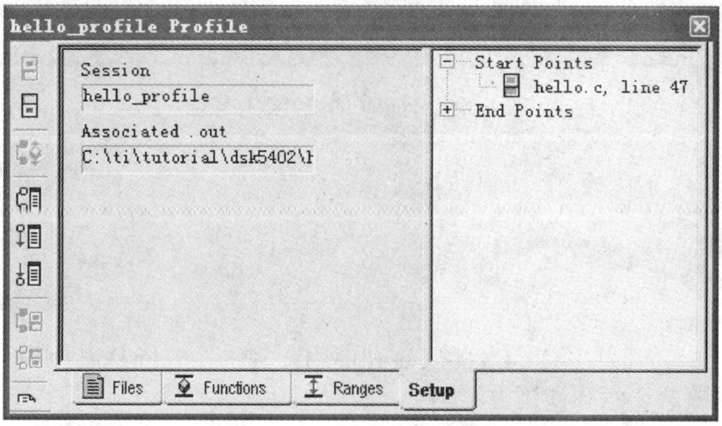

图 4-37　Profiler 的起始点

(7) 向下移动滚动条，并把光标置于下面所述语句：

```
for (i =0; i < BUFSIZE; i + +)
```

将这一行拖进 Profiler 窗口的 End Points 中，如图 4-38 所示。

(8) 从 Debug 菜单中选择 Restart，然后选择 Run，运行到程序结束。

(9) 选择 Profiler 窗口中的 Ranges 标签，可以看到有关统计数据的结果，如图4-39 所示。

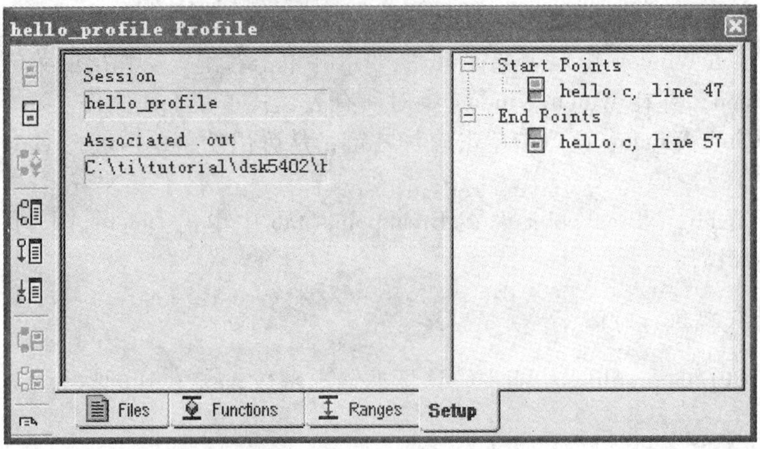

图 4-38　Profiler 的结束点

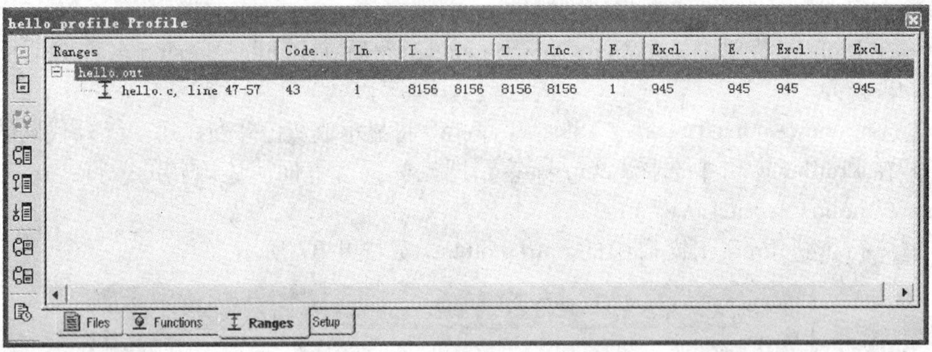

图 4-39　Profiler 的统计数据报告

4.4　本章小结

本章介绍了 DSP 开发工具 CCS 的安装和使用方法，是进行 DSP 应用开发的基本知识，要求掌握基本的安装要领和使用方法。

4.5　习　　题

1. 简述 CCS5000 的安装步骤。
2. 简述 DSP 程序 hello world 开发的方法。

第 2 篇

DSP 基本模块设计与实训

第 5 章　键盘与显示模块

5.1　键盘模块

5.1.1　实训目的

（1）掌握键盘信号的输入，DSP I/O 口的使用；

（2）掌握键盘信号之间时序的正确识别和引入。

5.1.2　实训设备

（1）一台装有 CCS5000 软件的计算机；

（2）插上 5410 主控板的 DSP 实训箱；

（3）DSP 硬件仿真器。

5.1.3　实训原理

实训箱上提供一个 4×4 的行列式键盘。5410 的 8 个 I/O 口与之相连，这里按键的识别方法是扫描法，硬件结构框图如图 5-1 所示。

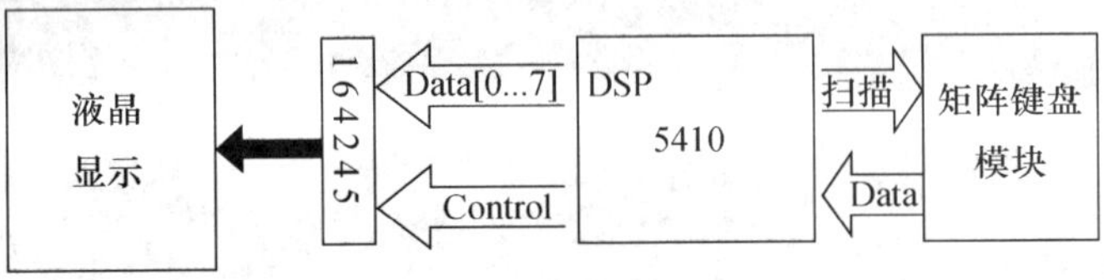

图 5-1　硬件结构框图

键被按下时，与此键相连的行线电平将由与此键相连的列线电平决定，而行线的电平在无按键按下时处于高电平状态。如果让所有的列线也处于高电平，那么键按下与否不会引起行线电平的状态变化，始终为高电平。所以，让所有的列线处于高电平是无法识别出按键的。现在反过来，让所有的列线处于低电平，很明显，按键所在的行电平将被拉成低电平。根据此行电平的变化，便能判断此行一定有按键被按下，但还不能确定是哪个键被按下。假如是 5 键按下，为了进一步判定是哪一列的键被按下，可在某一时刻只让一条列线处于低电平，而其余列线处于高电平。那么，按下键的那列电平就会拉成低电平，判断出哪列为低电平就可以判断出按键号码。四个按键时的编码表见表 5-1。

表 5-1　四键编码表

键　号	按键数据输入代码				扫描输出信号				所检查的按键
	PC. 7	PC. 6	PC. 5	PC. 4	PC. 3	PC. 2	PC. 1	PC. 0	
0	1	1	1	0	1	1	1	0	K0 键
1	1	1	0	1	1	1	1	0	K1 键
2	1	0	1	1	1	1	1	0	K2 键
3	0	1	1	1	1	1	1	0	K3 键
4	1	1	1	0	1	1	0	1	K4 键
5	1	1	0	1	1	1	0	1	K5 键
6	1	0	1	1	1	1	0	1	K6 键
7	0	1	1	1	1	1	0	1	K7 键
8	1	1	1	0	1	0	1	1	K8 键
9	1	1	0	1	1	0	1	1	K9 键
10	1	0	1	1	1	0	1	1	K10 键
11	0	1	1	1	1	0	1	1	K11 键
12	1	1	1	0	0	1	1	1	K12 键
13	1	1	0	1	0	1	1	1	K13 键
14	1	0	1	1	0	1	1	1	K14 键
15	0	1	1	1	0	1	1	1	K15 键

读者可以通过下面的键位去加深理解其含义：

编号	K0	K1	K2	K3	K4	K5	K6	K7	K8	K9	K10	K11	K12	K13	K14	K15
名称	A	B	C	D	3	6	9	#	2	5	8	0	1	4	7	*

键盘的按键位置分配如下：

1	2	3	A
4	5	6	B
7	8	9	C
*	0	#	D

5.1.4　实训步骤

（1）把 5410 模块小板插到大板上，打开液晶模块的电源开关；

（2）在 CCS5000 环境中打开本实训的工程编译（. \ key \ zkey. pjt），生成输出文件，通过仿真器把执行代码（. out 的文件）下载到 DSP 芯片上，如图 5-2 所示。

（3）运行；按下键盘按键，液晶会显示所按键的号码。

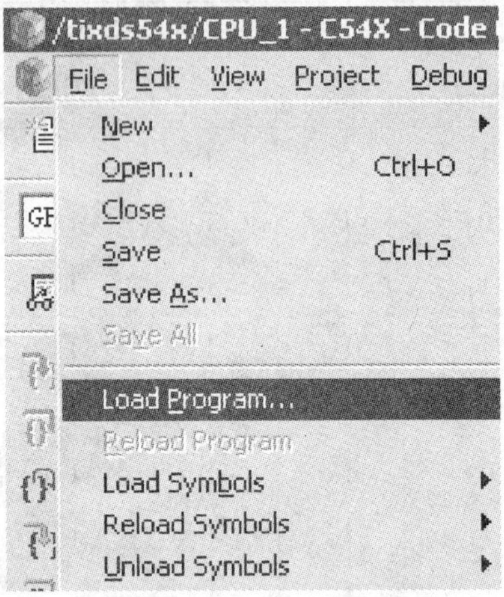

图5-2 程序加载

5.1.5 本实训源程序

```
#include "KEYTEST.h"
#define NULL-1;

char NumTab[] = {
//--文字：0--
000,0x00,0x00,0x01,0x03,0x06,0x04,0x04,0x04,0x06,0x03,0x01,0x00,0x00,0x00,0x00,
000,0x1F,0xFF,0xC0,0x00,0x00,0x00,0x00,0x00,0x00,0x00,0xE0,0xFF,0x1F,0x00,0x00,
000,0xF0,0xFE,0x07,0x01,0x00,0x00,0x00,0x00,0x01,0x0F,0xFE,0xF0,0x00,0x00,
000,0x00,0x00,0x00,0x80,0xC0,0x40,0x40,0x40,0xC0,0x80,0x00,0x00,0x00,0x00,0x00,
//--文字：1--
000,0x00,0x00,0x00,0x00,0x00,0x00,0x07,0x03,0x01,0x01,0x01,0x01,0x00,0x00,0x00,
000,0x00,0x00,0x00,0x00,0x00,0x00,0xFF,0xFF,0x00,0x00,0x00,0x00,0x00,0x00,0x00,
000,0x00,0x00,0x00,0x00,0x00,0x00,0xFF,0xFF,0x00,0x00,0x00,0x00,0x00,0x00,0x00,
000,0x00,0x00,0x40,0x40,0x40,0xC0,0xC0,0xC0,0xC0,0x40,0x40,0x40,0x00,0x00,0x00,
//--文字：2--
000,0x00,0x00,0x03,0x03,0x06,0x04,0x04,0x04,0x04,0x04,0x02,0x01,0x00,0x00,0x00,
000,0x00,0xF8,0xFC,0x06,0x01,0x00,0x00,0x00,0x00,0x00,0x00,0x30,0xF0,0x00,0x00,
000,0x00,0x0F,0x01,0x00,0x00,0x80,0x40,0x20,0x10,0x08,0x04,0x02,0x01,0x00,0x00,
000,0x00,0x00,0xC0,0xC0,0xC0,0xC0,0xC0,0xC0,0xC0,0xC0,0xC0,0xC0,0xC0,0x00,0x00,
//--文字：3--
000,0x00,0x00,0x00,0x03,0x03,0x06,0x04,0x04,0x04,0x04,0x02,0x03,0x01,0x00,0x00,
000,0x00,0x00,0xF0,0xF9,0x0D,0x07,0x02,0x02,0x02,0x00,0x00,0xE0,0xE0,0x00,0x00,
000,0x00,0x3C,0xFF,0x81,0x00,0x00,0x00,0x00,0x00,0x00,0x00,0x0F,0x0F,0x00,0x00,
000,0x00,0x00,0x00,0x80,0x80,0x40,0x40,0x40,0x40,0x40,0x80,0x80,0x00,0x00,0x00,
//--文字：4--
000,0x00,0x00,0x00,0x07,0x07,0x03,0x00,0x00,0x00,0x00,0x00,0x00,0x00,0x00,0x00,
000,0x00,0x00,0x00,0xFF,0xFF,0xFF,0x80,0x60,0x18,0x0C,0x03,0x00,0x00,0x00,0x00,
000,0x10,0x10,0x10,0xFF,0xFF,0xFF,0x10,0x10,0x10,0x10,0x10,0x90,0x70,0x10,0x00,
000,0x20,0x20,0x20,0xE0,0xE0,0xE0,0x20,0x20,0x20,0x00,0x00,0x00,0x00,0x00,0x00,
```

```
//--文字: 5--
000,0x00,0x06,0x06,0x06,0x06,0x06,0x06,0x06,0x06,0x06,0x07,0x00,0x00,0x00,0x00,
000,0x00,0x00,0x03,0x06,0x0C,0x08,0x08,0x08,0x08,0x04,0xC2,0x3F,0x00,0x00,0x00,
000,0x00,0xFC,0xFF,0x03,0x00,0x00,0x00,0x00,0x00,0x00,0x00,0x0C,0x0F,0x00,0x00,
000,0x00,0x00,0x00,0x80,0x80,0x40,0x40,0x40,0x40,0x40,0x40,0x80,0x00,0x00,0x00,
//--文字: 6--
000,0x00,0x01,0x03,0x04,0x04,0x04,0x04,0x06,0x02,0x01,0x00,0x00,0x00,0x00,0x00,
000,0x00,0x81,0x83,0x06,0x04,0x04,0x04,0x04,0x02,0x03,0xE1,0x7F,0x0F,0x00,0x00,
000,0xFC,0xFF,0x01,0x00,0x00,0x00,0x00,0x00,0x00,0x01,0x87,0xFE,0xF8,0x00,0x00,
000,0x00,0x00,0x80,0x80,0x40,0x40,0x40,0x40,0xC0,0x80,0x00,0x00,0x00,0x00,0x00,
//--文字: 7--
000,0x00,0x06,0x07,0x06,0x06,0x06,0x06,0x06,0x06,0x06,0x07,0x07,0x01,0x00,0x00,
000,0x00,0x00,0x00,0xC0,0x30,0x0C,0x03,0x00,0x00,0x00,0x00,0x80,0xE0,0x00,0x00,
000,0x00,0x00,0x00,0x00,0x00,0x00,0x80,0x7F,0x0F,0x00,0x00,0x00,0x00,0x00,0x00,
000,0x00,0x00,0x00,0x00,0x00,0x00,0x00,0xC0,0xC0,0x00,0x00,0x00,0x00,0x00,0x00,
//--文字: 8--
000,0x00,0x00,0x01,0x03,0x06,0x04,0x04,0x04,0x04,0x06,0x03,0x01,0x00,0x00,0x00,
000,0x00,0xF0,0xF8,0x0C,0x03,0x03,0x03,0x03,0x06,0x0F,0x1D,0xF8,0xF0,0x00,0x00,
000,0x00,0x3E,0x7F,0xE1,0xC0,0x80,0x00,0x00,0x00,0x00,0x80,0xC1,0x7F,0x3E,0x00,
000,0x00,0x00,0x00,0x80,0x80,0x40,0x40,0x40,0x40,0x40,0x80,0x80,0x00,0x00,0x00,
//--文字: 9--
000,0x00,0x00,0x00,0x01,0x02,0x04,0x04,0x04,0x04,0x04,0x02,0x03,0x01,0x00,0x00,
000,0x00,0x3F,0xFF,0x83,0x01,0x00,0x00,0x00,0x00,0x00,0x00,0x81,0xFF,0x7E,0x00,
000,0x00,0xE0,0xFC,0x1E,0x83,0x81,0x40,0x40,0x40,0x40,0xC0,0x83,0x03,0x00,0x00,
000,0x00,0x00,0x00,0x00,0x00,0x80,0xC0,0x40,0x40,0x40,0x40,0x80,0x80,0x00,0x00,
//--文字: A--
000,0x00,0x00,0x00,0x00,0x00,0x00,0x0F,0x07,0x07,0x00,0x00,0x00,0x00,0x00,0x00,
000,0x00,0x00,0x00,0x00,0x07,0x7F,0xF8,0x00,0xC0,0x7C,0x07,0x00,0x00,0x00,0x00,
000,0x00,0x00,0x03,0x7F,0xFC,0xC0,0x40,0x40,0x40,0x40,0xC0,0x7C,0x07,0x00,0x00,
000,0x40,0x40,0xC0,0xC0,0x40,0x00,0x00,0x00,0x00,0x00,0x40,0x40,0xC0,0xC0,0x40,
//--文字: B--
000,0x00,0x01,0x03,0x03,0x06,0x04,0x04,0x04,0x04,0x04,0x07,0x07,0x04,0x04,0x00,
000,0x00,0xF0,0xF9,0x0D,0x06,0x02,0x02,0x02,0x02,0x02,0xFF,0xFF,0x00,0x00,0x00,
000,0x3E,0xFF,0x81,0x00,0x00,0x00,0x00,0x00,0x00,0x00,0xFF,0xFF,0x00,0x00,0x00,
000,0x00,0x00,0x80,0xC0,0x40,0x40,0x40,0x40,0x40,0x40,0xC0,0xC0,0x40,0x40,0x00,
//--文字: C--
000,0x00,0x07,0x03,0x02,0x04,0x04,0x04,0x04,0x06,0x02,0x01,0x00,0x00,0x00,0x00,
000,0x60,0x80,0x00,0x00,0x00,0x00,0x00,0x00,0x00,0x00,0x80,0xE0,0x7F,0x0F,0x00,
000,0x0C,0x03,0x01,0x00,0x00,0x00,0x00,0x00,0x00,0x00,0x01,0x0F,0xFE,0xF0,0x00,
000,0x00,0x00,0x80,0x80,0x40,0x40,0x40,0x40,0x40,0x80,0x80,0x00,0x00,0x00,0x00,
//--文字: D--
000,0x00,0x00,0x01,0x03,0x02,0x06,0x04,0x04,0x04,0x04,0x07,0x07,0x04,0x04,0x00,
000,0x1F,0xFF,0xE0,0x00,0x00,0x00,0x00,0x00,0x00,0x00,0xFF,0xFF,0x00,0x00,0x00,
000,0xF0,0xFC,0x0F,0x01,0x00,0x00,0x00,0x00,0x00,0x00,0xFF,0xFF,0x00,0x00,0x00,
000,0x00,0x00,0x00,0x80,0x80,0xC0,0x40,0x40,0x40,0x40,0xC0,0xC0,0x40,0x40,0x00,
//--文字: E--
000,0x00,0x07,0x06,0x04,0x04,0x04,0x04,0x04,0x04,0x04,0x07,0x07,0x04,0x04,0x00,
000,0xC0,0x80,0x00,0x1F,0x07,0x02,0x02,0x02,0x02,0x02,0xFF,0xFF,0x00,0x00,0x00,
000,0x06,0x01,0x00,0xC0,0x00,0x00,0x00,0x00,0x00,0x00,0xFF,0xFF,0x00,0x00,0x00,
000,0x00,0xC0,0xC0,0x40,0x40,0x40,0x40,0x40,0x40,0x40,0xC0,0xC0,0x40,0x40,0x00,
//--文字: F--
000,0x07,0x06,0x06,0x04,0x04,0x04,0x04,0x04,0x04,0x04,0x07,0x07,0x04,0x04,0x00,
```

```
  0xC0,0x80,0x00,0x1F,0x07,0x02,0x02,0x02,0x02,0x02,0x02,0xFF,0xFF,0x00,0x00,0x00,
  000,0x00,0x00,0xC0,0x00,0x00,0x00,0x00,0x00,0x00,0x00,0xFF,0xFF,0x00,0x00,0x00,
  000,0x00,0x00,0x00,0x00,0x00,0x00,0x00,0x00,0x40,0x40,0xC0,0xC0,0x40,0x40,0x00
};

void InitDSP()
{
  int i;
  *CLKMD=0x0;
  while(*CLKMD & 0x0001){};
  *CLKMD=0xf7e7;
  for(i=0;i<1000;i++);
  *PMST=0x00E3;
  *SWWSR=0x7000;
  *SWCR=0x1;
}

void delay(void)
{
  int i;
  for(i=0;i<10000;i++);
}

void OTUI1(char data)
{
  noporti1=data;
  asm("nop");
  asm("nop");
  asm("nop");
  asm("rpt #50");
  asm("nop");
  inport1=data;
  asm("nop");
  asm("nop");
  asm("nop");
  asm("rpt #50");
  asm("nop");
  noporti1=data;
}

void OTUI2(char data)
{
  noporti2=data;
  asm("nop");
  asm("nop");
  asm("nop");
  asm("rpt #50");
  asm("nop");
  inport2=data;
  asm("nop");
  asm("nop");
  asm("nop");
  asm("rpt #50");
```

```
  asm("nop");
  noporti2 =data;
}

void OUTD1(char data)
{
  noportd1 =data;
  asm("nop");
  asm("nop");
  asm("nop");
  asm("rpt #50");
  asm("nop");
  dataport1 =data;
  asm("nop");
  asm("nop");
  asm("nop");
  asm("rpt #50");
  asm("nop");
  noportd1 =data;
}

void OUTD2(char data)
{
  noportd2 =data;
  asm("nop");
  asm("nop");
  asm("nop");
  asm("rpt #50");
  asm("nop");
  dataport2 =data;
  asm("nop");
  asm("nop");
  asm("nop");
  asm("rpt #50");
  asm("nop");
  noportd2 =data;
}

int ScanKey(void)
{
  int i;
  i =0xffff;
  keyscanport =0x00f0;
  delay();
  keyscanport =0x0070;
  delay();
  i =keyscanport;
  asm("nop");
  asm("nop");
  if((i&0x000f)!=0x0f)
  {
    i =i&0x0f;
    switch(i)
```

```
    {
      case 0x7:
        return 0x3D;
      case 0xb:
        return  0x3F;
      case 0xd:
        return  0x30;
      case 0xE:
        return  0x3E;
      default:
        return  -1;
    }
  }
  keyscanport = 0x00B0;
  delay();
  i = keyscanport;
  asm("nop");
  asm("nop");
  if((i&0x000f)! = 0x0f)
  {
    i = i&0x0f;
    switch(i)
    {
      case 0x7:
        return 0x3C;
      case 0xb:
        return  0x39;
      case 0xd:
        return  0x38;
      case 0xE:
        return  0x37;
      default:
        return  -1;
    }
  }
  keyscanport = 0x00D0;
  delay();
  i = keyscanport;
  asm("nop");
  asm("nop");
  if((i&0x000f)! = 0x0f)
  {
    i = i&0x0f;
    switch(i)
    {
      case 0x7:
        return 0x3B;
      case 0xb:
        return  0x36;
      case 0xd:
        return  0x35;
      case 0xE:
        return  0x34;
```

```
      default:
        return  -1;
    }
  }
  keyscanport =0x00E0;
  delay();
  i =keyscanport;
  asm("nop");
  asm("nop");
  if((i&0x000f)! =0x0f)
  {
    i =i&0x0f;
    switch(i)
    {
      case 0x7:
        return  0x3A;
      case 0xb:
        return  0x33;
      case 0xd:
        return  0x32;
      case 0xE:
        return  0x31;
      default:
        return  -1;
    }
  }
  return -1;
}

void display_cs0(void)
{
  int i,j;
  OTUI1(0xc0);                          //起始行对应行
  for(j =0;j <8;j + +)
  {
    OTUI1(0xbf -j);                     //确定初始页
    OTUI1(0x10);                        //确定初始列
    for(i =0;i <65;i + +)
      OUTD1(0x00);
  }
}

void display_cs1(void)
{
  int i,j;
  OTUI2(0xc0);                          //起始行对应行
  for(j =0;j <8;j + +)
  {
    OTUI2(0xbf -j);                     //确定初始页
    OTUI2(0x40);                        //确定初始列
    for(i =0;i <65;i + +)
      OUTD2(0x00);
  }
}
```

```
void LCDinit(void)
{
//for(;;)
  OTUI1(0x3e);
  OTUI2(0x3e);

  OTUI1(0x3F);
  OTUI2(0x3F);
  display_cs0();
  display_cs1();
}

void Display(char data)
{
  int i,j,PageNum;
  int *TabDatap;
  data *=64;
  TabDatap=(int *)&NumTab[0];
  TabDatap +=data;
  PageNum=0xBD;
  for(j=0;j<4;j++)
  {
    OTUI2(0x40);
    OTUI2(PageNum);
    OTUI2(0xC0);
    for(i=0;i<16;i++)
    {
      OUTD2(*(TabDatap+j*16+i));
    }
    PageNum--;
  }
}
/************************************************************/
/* main                                                     */
/************************************************************/
void main(void)
{
    int temp;
    asm("SSBX INTM");  ///Disable all interrupt */
    InitDSP();
    commandport=0x0;
    asm("nop");
    asm("nop");
    LCDinit();
    for(;;)
    {
      display_cs0();
      display_cs1();
      temp=ScanKey();
      asm("nop");
      asm("nop");
      if(temp==-1)
        temp=temp;
      else
      {
```

```
        temp=temp&0x000f;
        Display(temp);
        for(temp=0;temp<100;temp++)
          delay();
      }
    }

  }
```

5.2　液晶显示屏（LCD）模块

5.2.1　S1 实训目的

（1）掌握液晶的使用方法；

（2）掌握液晶信号之间时序的正确识别和引入。

5.2.2　实训设备

（1）一台装有 CCS5000 软件的计算机；

（2）插上 5410 主控板的 DSP 实训箱；

（3）DSP 硬件仿真器。

5.2.3　实训原理

（1）液晶简介，如下表所示：

1	/CS1	H/L	L：选择芯片（左半屏）信号
2	/CS2	H/L	L：选择芯片（右半屏）信号
3	GND	0	电源地
4	VDD	5V	+5V
5	VO	——	液晶驱动电压
6	D/I	H/L	D/I＝‘H’，表示 DB7——DB0 为显示数据； D/I＝‘L’，表示 DB7——DB0 为显示指令数据
7	R/W	H/L	R/W＝‘H’，E＝‘H’数据被读到 DB7—DB0 R/W＝‘L’，E＝‘H’—>‘L’，数据被写到 IR 或 DR
8	E	H/L	R/W＝‘L’，E 信号的下降沿锁存 DB7—DB0 R/W＝‘H’，E＝‘H’，DDRAM 数据独到 DB7—DB0
9～16	DB0—DB7	H/L	数据线

液晶的使用注意事项：

① 液晶分左右半屏，通过 CS0、CS1 控制，CS1 或 CS0 一个置 1 的同时另一个置 0，其中置 1 的将被选中；

② RS 和 RW 配合使用，如下表所示

RS	R/W	Function
0	0	Instruction
	1	Status read（busy check）
1	0	Data write（from input register to display data RAM
	1	Data read（from display data RAM to output register）

③ 向 LCD 里写指令或数据前应先写指令相应的位置，对行、列、页的选择写命令时，由于命令字的位都有标志，所以写时 LCD 会自动识别；

④ E，每次写数据或指令前都是变高，写入数据或指令后使 E 变低锁存；

⑤ 液晶的扭曲度可以通过调节 VDD 和 VO 之间的可调电阻得到。

（2）对于 5410 芯片 I/O 口有二类寄存器：

① 控制寄存器和数据方向寄存器，使用方法如下：首先确定引脚的功能，即 IO 控制器寄存器，为 0 表示 IO 功能，为 1 表示基本功能。本试验使用 IO 功能。

② 引脚被配置为 IO 功能，就需要确定它的方向：输入还是输出。为 1 表示是输出引脚，否则是输入引脚。对于 IO 功能的输入或输出是通过读写相应的数据方向寄存器来实现。输入引脚对应读操作；输出引脚对应写操作。本次只用写操作。硬件框图如图 5-3 所示。

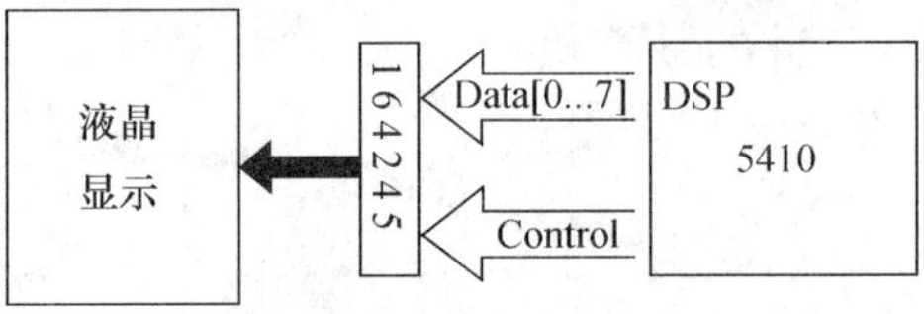

图 5-3 硬件框图

5.2.4 实训步骤

（1）把 5410 模块小板插到大板上，打开液晶模块的电源开关；

（2）在 CCS5000 环境中打开本实训的工程编译（. \ LCDtest \ LCD. pjt），生成输出文件，通过仿真器把执行代码（. out 的文件）下载到 DSP 芯片，如图 5-4 所示；

图 5-4 程序加载

（3）运行程序；液晶上会循环显示预定内容。

5.2.5　本实训源程序

```
#include "LCDTEST.h"
#define NULL -1;

char NumTab[] = {
//--文字：百--
//--宋体 24；  此字体下对应的点阵为：宽×高=32×32--
 0x00,0x00,0x00,0x04,0x04,0x0C,0x0C,0x0C,0x0C,0x0C,0x04,0x04,0x04,0x06,0x06,0x06,
 0x07,0x03,0x02,0x02,0x02,0x03,0x03,0x03,0x03,0x03,0x01,0x01,0x01,0x00,0x00,0x00,
 0x00,0x00,0x00,0x00,0x00,0x00,0x00,0x00,0x00,0x07,0x0F,0x0F,0x0C,0x0C,0x04,0x04,
 0xC4,0xE4,0x7C,0x0C,0x02,0x03,0x03,0x04,0x00,0x00,0x00,0x00,0x00,0x00,0x00,0x00,
 0x00,0x00,0x00,0x00,0x00,0x00,0x00,0x00,0x00,0x00,0xFF,0xFF,0x01,0x01,0x21,0x21,
 0x21,0x21,0x21,0x21,0x31,0xFF,0xFF,0x00,0x00,0x00,0x00,0x00,0x00,0x00,0x00,0x00,
 0x00,0x00,0x00,0x00,0x00,0x00,0x00,0x00,0x00,0x00,0xC0,0xF0,0x80,0x00,0x00,0x00,
 0x00,0x00,0x00,0x00,0x00,0xE0,0xC0,0x00,0x00,0x00,0x00,0x00,0x00,0x00,0x00,0x00,

//--文字：科--
//--楷体_GB231224；  此字体下对应的点阵为：宽×高=32×32--
 0x00,0x00,0x00,0x00,0x00,0x00,0x00,0x3F,0x7F,0x60,0x00,0x01,0x01,0x01,0x01,0x00,
 0x00,0x18,0x1C,0x0C,0x05,0x07,0x02,0x02,0x01,0x01,0x00,0x00,0x00,0x00,0x00,0x00,
 0x00,0x01,0x01,0x01,0x01,0x01,0x01,0xFF,0xFF,0x00,0x00,0x8C,0x8C,0x08,0x08,0x00,
 0x20,0x31,0x33,0x13,0xFF,0xFF,0x1F,0x09,0x0C,0x0C,0x0C,0x04,0x06,0x04,0x00,0x00,
 0x00,0x00,0x00,0x80,0x80,0x80,0x80,0xFF,0xFF,0x80,0x80,0xC0,0x40,0x40,0x40,0x40,
 0x40,0x00,0x00,0x00,0xE0,0xFF,0x00,0x80,0xC0,0x70,0x10,0x08,0x04,0x02,0x02,0x00,
 0x00,0x00,0x00,0x00,0x00,0x00,0x00,0xC0,0xFE,0x00,0x00,0x00,0x00,0x00,0x00,0x00,
 0x00,0x00,0x00,0x00,0x00,0xF0,0xE0,0x00,0x00,0x00,0x00,0x00,0x00,0x00,0x00,0x00,

//--文字：融--
//--楷体_GB231224；  此字体下对应的点阵为：宽×高=32×32--
 0x00,0x00,0x00,0x00,0x00,0x00,0x00,0x00,0x18,0x1F,0x30,0x00,0x00,0x00,0x00,0x00,
 0x00,0x08,0x08,0x08,0x08,0x0C,0x0C,0x0C,0x04,0x04,0x04,0x00,0x00,0x00,0x00,0x00,
 0x00,0x00,0x00,0x18,0x3F,0x31,0x31,0x11,0x10,0xFF,0x10,0x08,0x08,0x0F,0x0C,0x00,
 0x01,0x03,0xC3,0xF1,0x99,0x89,0x89,0x49,0x7D,0x60,0x00,0x00,0x01,0x00,0x00,0x00,
 0x00,0x00,0x02,0x0F,0x1E,0x34,0x04,0x84,0x86,0xFE,0x82,0x83,0x83,0xC3,0x03,0x02,
 0xFE,0xFF,0x00,0x08,0x48,0xE8,0x1F,0x08,0x78,0xC4,0x84,0xFE,0xFF,0x00,0x00,0x00,
 0x00,0x00,0x00,0x80,0x00,0x00,0x00,0x00,0x00,0x00,0x00,0x00,0x00,0x00,0x00,0x00,
 0x00,0xE0,0x70,0x40,0x40,0x00,0x00,0x00,0x00,0x00,0x00,0x00,0xE0,0x00,0x00,0x00,

//--文字：创--
//--楷体_GB231224；  此字体下对应的点阵为：宽×高=32×32--
 0x00,0x00,0x00,0x00,0x00,0x1F,0x3F,0x20,0x00,0x00,0x00,0x00,0x00,0x00,0x00,0x00,
 0x00,0x01,0x01,0x1F,0x1E,0x07,0x01,0x00,0x00,0x00,0x00,0x00,0x00,0x00,0x00,0x00,
 0x00,0x00,0x00,0x00,0x00,0xFF,0xE0,0x00,0x00,0x00,0x7F,0xFF,0x80,0x00,0x20,0xE0,
 0xC0,0xC3,0x87,0x06,0x02,0x82,0xC2,0x72,0x3B,0x0E,0x06,0x03,0x01,0x00,0x00,0x00,
 0x00,0x00,0x00,0x00,0x00,0xFF,0x00,0x00,0x00,0x00,0xF0,0xF0,0x00,0x00,0x01,0x07,
 0x00,0x80,0xF8,0x1C,0x10,0x00,0x00,0x07,0xFF,0x00,0x00,0x00,0x00,0x80,0x40,0x00,
 0x00,0x00,0x00,0x00,0x00,0xF8,0xFC,0x38,0x30,0x20,0x40,0x00,0x00,0x00,0xC0,0xC0,
 0xC0,0x40,0x60,0x60,0x40,0xC0,0xC0,0x80,0x00,0x00,0x00,0x00,0x00,0x00,0x00,0x00
```

```
};

void InitDSP()
{
  int i;
  *CLKMD=0x0;
  while(*CLKMD & 0x0001){};
  *CLKMD=0xf7e0;
  for(i=0;i<1000;i++);
  *PMST=0x00E3;
  *SWWSR=0x7000;
  *SWCR=0x1;
}

void delay(void)
{
  int i;
  for(i=0;i<10000;i++);
}

void OTUI1(char data)
{
//for(;;)
  noporti1=data;
  asm("nop");
  asm("nop");
  asm("nop");
  asm("nop");
  inport1=data;
  asm("nop");
  asm("nop");
  asm("nop");
  asm("nop");
  noporti1=data;
}

void OTUI2(char data)
{
  noporti2=data;
  asm("nop");
  asm("nop");
  asm("nop");
  asm("nop");
  inport2=data;
  asm("nop");
  asm("nop");
  asm("nop");
  asm("nop");
  noporti2=data;
}

void OUTD1(char data)
```

```
{
  noportd1 = data;
  asm("nop");
  asm("nop");
  asm("nop");
  asm("nop");
  dataport1 = data;
  asm("nop");
  asm("nop");
  asm("nop");
  asm("nop");
  noportd1 = data;
}

void OUTD2(char data)
{
  noportd2 = data;
  asm("nop");
  asm("nop");
  asm("nop");
  asm("nop");
  dataport2 = data;
  asm("nop");
  asm("nop");
  asm("nop");
  asm("nop");
  noportd2 = data;
}

void display_cs0(void)
{
  int i,j;
  OTUI1(0xc0);                              //起始行对应行
  for(j = 0;j < 8;j + +)
  {
    OTUI1(0xbf  j);                         //确定初始页
    OTUI1(0x40);                            //确定初始列
    for(i = 0;i < 65;i + +)
      OUTD1(0x00);
  }
}

void display_cs1(void)
{
  int i,j;
  OTUI2(0xc0);                              //起始行对应行
  for(j = 0;j < 8;j + +)
  {
    OTUI2(0xbf - j);                        //确定初始页
    OTUI2(0x40);                            //确定初始列
    for(i = 0;i < 65;i + +)
      OUTD2(0x00);
  }
```

```
}

void LCDinit(void)
{
  OTUI1(0x3e);
  OTUI2(0x3e);
  OTUI1(0x3F);
  OTUI2(0x3F);
  display_cs0();
  display_cs1();
}

void Display4(char data,int Row)
{
  int i,j,PageNum;
  int *TabDatap;
  data *=128;
  TabDatap=(int *)&NumTab[0];
  TabDatap +=data;
  PageNum=0xBD;
  for(j=0;j<4;j++)
  {
    OTUI1(Row);
    OTUI1(PageNum);
    OTUI1(0xC0);
    for(i=0;i<32;i++)
    {
      OUTD1(*(TabDatap+j*32+i));
    }
    PageNum--;
  }
}

void Display5(char data,int Row)
{
  int i,j,PageNum;
  int *TabDatap;
  data *=128;
  TabDatap=(int *)&NumTab[0];
  TabDatap +=data;
  PageNum=0xBD;
  for(j=0;j<4;j++)
  {
    OTUI2(Row);
    OTUI2(PageNum);
    OTUI2(0xC0);
    for(i=0;i<32;i++)
    {
      OUTD2(*(TabDatap+j*32+i));
    }
    PageNum--;
  }
}

void Display(void)
{
```

```
  int i;
  Display5(0,0x60);
  for(i=0;i<10;i++)
    delay();
  Display5(1,0x40);
  for(i=0;i<10;i++)
    delay();
  Display4(2,0x60);
  for(i=0;i<10;i++)
    delay();
  Display4(3,0x40);
  for(i=0;i<10;i++)
    delay();
  display_cs0();
  display_cs1();
  Display5(1,0x60);
  for(i=0;i<10;i++)
    delay();
  Display5(2,0x40);
  for(i=0;i<10;i++)
    delay();
  Display4(3,0x60);
  for(i=0;i<10;i++)
    delay();
  display_cs0();
  display_cs1();
  Display5(2,0x60);
  for(i=0;i<10;i++)
    delay();
  Display5(3,0x40);
  for(i=0;i<10;i++)
    delay();
  display_cs0();
  display_cs1();
  Display5(3,0x60);
  for(i=0;i<10;i++)
    delay();
  display_cs0();
  display_cs1();
  for(i=0;i<10;i++)
    delay();
}
/**********************************************************/
/* main                                                   */
/**********************************************************/
void main(void)
{
    asm("SSBX INTM");  ///Disable all interrupt */
    InitDSP();
    commandport=0x0;
    asm("nop");
    asm("nop");
//    for(;;)
//       inport1=0x3f;
    LCDinit();
    for(;;)
```

```
        {
            Display();
        }

    }
```

5.3 数码管显示模块

5.3.1 实训目的

（1）熟悉5410的指令系统；

（2）熟悉74HC573的使用方法。

5.3.2 实训设备

（1）一台装有CCS5000软件的计算机；

（2）插上5410主控板的DSP实训箱；

（3）DSP硬件仿真器。

5.3.3 实训原理

此模块由数码管和八个锁存器组成。数码管为共阴极型的。数据由5410模块的低八位输入，锁存器的控制信号由5410模块输出，但经由CPLD模块译码后再控制对应的八个锁存器。其中七片数据均由5410传输过去，硬件结构框图如图5-5所示。

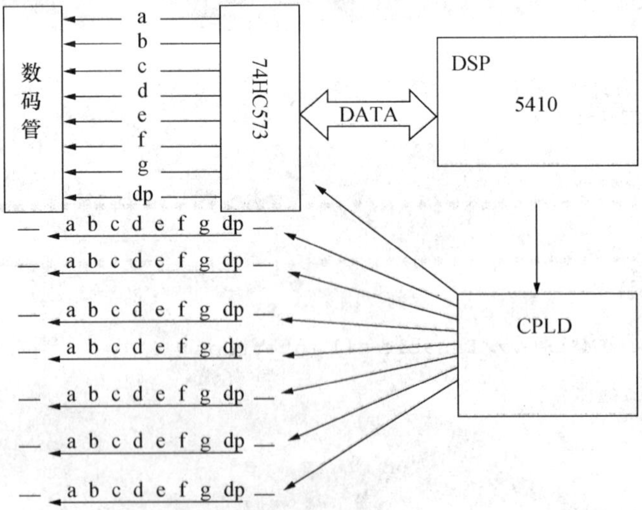

图5-5 硬件结构框图

图 5-6　程序加载

5.3.4　实训步骤

（1）把 5410 模块小板插到大板上；打开数码管模块的电源开关；

（2）在 CCS5000 环境中打开本实训的工程编译（.\shuzi\shuzi.pjt），生成输出文件，通过仿真器把执行代码（.out 的文件）下载到 DSP 芯片；程序加载如图 5-6 所示。

（3）运行程序；数码管会显示 1～8 的数字。

（4）参考源代码自行修改程序改变显示样式，如：八个数码管显示出相同的数字。

特别提示找到主程序中下图位置改变所标位置数据值既可修改成需显示的符号（程序中数码管顺序为 g f a b dp c d e），源代码如图 5-7 所示。

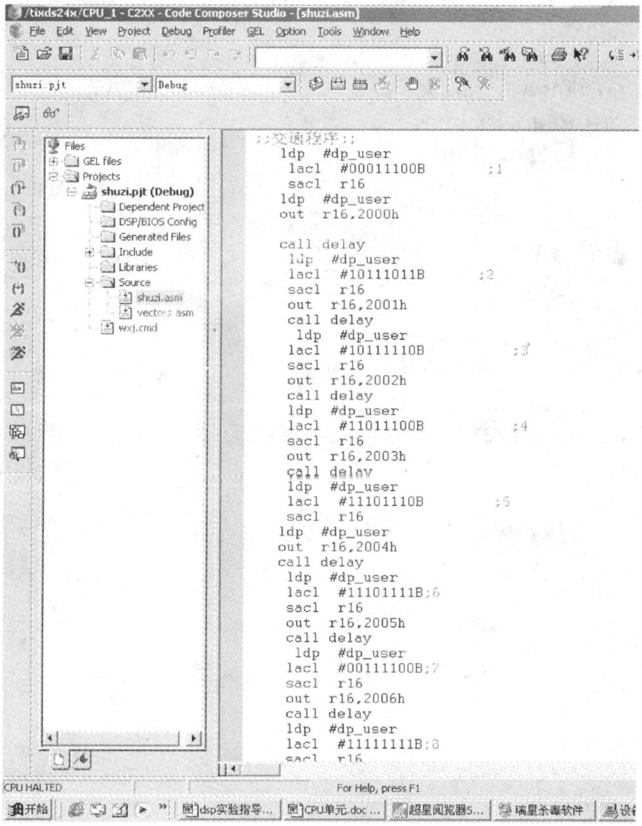

图 5-7　源代码

(5) 本实训源程序。

```
*****************************************************************
LEDTEST.asm    v1.00      数码管实验主程序
****************************************************************/
              .title "LEDTEST.asm"
              .mmregs
LEDAddr0      .set  3000h
LEDAddr1      .set  3001h
LEDAddr2      .set  3002h
LEDAddr3      .set  3003h
LEDAddr4      .set  3004h
LEDAddr5      .set  3005h
LEDAddr6      .set  3006h
LEDAddr7      .set  3007h
cpldport1     .set  2000h
swcr          .set  2bh
              .def  _c_int00
STACK         .usect "stack",100
              .text
_c_int00:
              RSBX CPL
              RSBX SXM
              LD  #00h,  DP
              STM #000e3H,PMST
              STM #STACK+100h,SP
              stm #0f000h,swwsr                ;等待 0 个时钟
              stm #1,  swcr
              ssbx intm
              STM #0b, CLKMD;switch to DIV mode
TstStatu:
              LDM CLKMD, A
              AND #01b, A;poll STATUS bit
              BC TstStatu, ANEQ
              STM #1111001111101111b, CLKMD;switch to PLL
              RPT #1000
              NOP
              LD  #0000H,  A
              NOP
              NOP
              PORTW  *(8H),  cpldport1
              NOP
              NOP
              PORTW  *(8H),  LEDAddr0
              NOP
              NOP
              PORTW  *(8H),  LEDAddr1
              NOP
              NOP
              PORTW  *(8H),  LEDAddr2
              NOP
              NOP
```

```
            PORTW   *(8H),  LEDAddr3
            NOP
            NOP
            PORTW   *(8H),  LEDAddr4
            NOP
            NOP
            PORTW   *(8H),  LEDAddr5
            NOP
            NOP
            PORTW   *(8H),  LEDAddr6
            NOP
            NOP
            PORTW   *(8H),  LEDAddr7
            NOP
            NOP

LOOP_1

            LD  #00011100B,  A      ;1
            PORTW   *(8H),  LEDAddr0
            NOP
            NOP
            CALL  delay1s
            LD  #10111011B,  A      ;2
            NOP
            NOP
            PORTW   *(8H),  LEDAddr1
            NOP
            NOP
            CALL  delay1s
            LD  #10111110B,  A      ;3
            NOP
            NOP
            PORTW   *(8H),  LEDAddr2
            NOP
            NOP
            CALL  delay1s
            LD  #11011100B,  A      ;4
            PORTW   *(8H),  LEDAddr3
            NOP
            NOP
            CALL  delay1s
            LD  #11101110B,  A      ;5
            PORTW   *(8H),  LEDAddr4
            NOP
            NOP
            CALL  delay1s
            LD  #11101111B,  A      ;6
            PORTW   *(8H),  LEDAddr5
            NOP
            NOP
            CALL  delay1s
            LD  #00111100B,  A      ;7
            PORTW   *(8H),  LEDAddr6
            NOP
```

```
        NOP
        CALL  delay1s
        LD  #11111111B,  A      ;8
        PORTW  *(8H),  LEDAddr7
        NOP
        NOP
        CALL  delay1s
        LD  #00000000B,  A
        PORTW  *(8H),  LEDAddr0
        NOP
        NOP
        CALL  delay1s
        PORTW  *(8H),  LEDAddr1
        NOP
        NOP
        CALL  delay1s
        PORTW  *(8H),  LEDAddr2
        NOP
        NOP
        CALL  delay1s
        PORTW  *(8H),  LEDAddr3
        NOP
        NOP
        CALL  delay1s
        PORTW  *(8H),  LEDAddr4
        NOP
        NOP
        CALL  delay1s
        PORTW  *(8H),  LEDAddr5
        NOP
        NOP
        CALL  delay1s
        PORTW  *(8H),  LEDAddr6
        NOP
        NOP
        CALL  delay1s
        PORTW  *(8H),  LEDAddr7
        NOP
        NOP
        CALL  delay1s
        NOP
        NOP
        B    LOOP_1
delay1s:
        STM  #3000,  AR3
delay_1
        RPT  #6FFH
        NOP
        NOP
        NOP
        BANZ  delay_1,  *AR3 -
        NOP
        NOP
        RET
        .end
```

第 6 章　正弦信号发生器与滤波器模块设计及应用

6.1　正弦信号发生器模块

在通信、仪器、控制等领域的信号处理系统中，要经常使用信号发生器，尤其是正弦波发生器。正弦波发生器通常产生正弦波或余弦波的方法有两种：查表法和泰勒级数展开法。查表法适用于精度要求不高的场合，如果要求精度高，并且需要的存储单元要少，这就要用泰勒级数展开法。

用泰勒级数展开法计算一个角度的正弦或余弦值，泰勒级数展开的前 5 项表达式为：

$$\sin\theta = x - \frac{x^3}{3!} + \frac{x^5}{5!} - \frac{x^7}{7!} + \frac{x^9}{9!} = x\left(1 - \frac{x^2}{2\times3}\left(1 - \frac{x^2}{4\times5}\left(1 - \frac{x^2}{6\times7}\left(1 - \frac{x^2}{8\times9}\right)\right)\right)\right) \tag{6-1}$$

$$\cos\theta = x - \frac{x^2}{2!} + \frac{x^4}{4!} - \frac{x^6}{6!} + \frac{x^8}{8!} = 1 - \frac{x^2}{2}\left(1 - \frac{x^2}{3\times4}\left(1 - \frac{x^2}{5\times6}\left(1 - \frac{x^2}{7\times8}\right)\right)\right) \tag{6-2}$$

例 1　试编程，用泰勒级数展开式计算一个角度的正弦值，即求式（6-1）。

分析：程序中开辟了 9 个存储单元，如下所示：

d x	x（θ 弧度值）
d squr x	x^2
d temp	
d sin x	sin x（结果）
c 1	（7FFFH）
d coeff	c1 = 1/（8 * 9）
	c2 = 1/（6 * 7）
	c3 = 1/（4 * 5）
	c4 = 1/（2 * 3）

程序中给出 θ 值为

$$\frac{\pi}{4} \times 32\,768 = 6487\text{H}$$

执行结果为

$$\sin(\theta) = 5\text{A}81\text{H} = 0.707\,06$$

只要改变 θ 值，便可计算其他角度的正弦值。

6.2 滤波器模块

常见的信号中，如语音信号的频率范围在300 Hz至3 400 Hz之间，约占3 kHz带宽。使用如图6-1所示通带为300 Hz到3 400 Hz的滤波器模拟滤波器来滤除噪声。这样的滤波器存在着许多缺点，如：电阻、电容按标称值设计，无法刚好适合设计的要求；电路中的元器件（比如电阻）由于环境因素（比如温度）的影响。缺乏灵活性，电路一旦制作完成，就无法再修改。因此，可以考虑数字滤波器代替模拟滤波器。

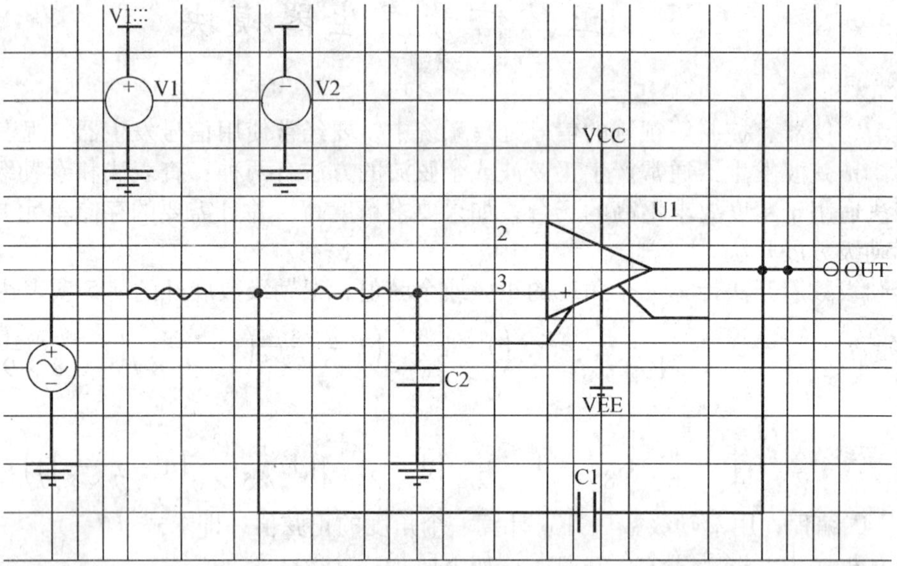

图6-1 音频处理模拟电路

6.2.1 有限冲激响应滤波器FIR

在数字信号处理中，滤波占有极其重要的地位。数字滤波是数字信号处理的一个基本处理方法。一个DSP芯片执行数字滤波算法的能力，反映了这种芯片的功能大小。数字滤波器分为两种：有限冲激响应滤波器FIR和无限冲激响应滤波器IIR。FIR滤波器具有严格的线性相位特性，用于图像处理、数据传输等以波形携带的信息系统。IIR滤波器是非线性的，并且对相位要求不敏感，用于语言通信。IIR滤波器结构复杂、非线性相位。FIR滤波器结构简单、线性相位、所需阶数比IIR滤波器要高。下面将分别介绍这两种滤波器。

1. FIR滤波器的基本原理

在FIR滤波器中，$y(n)$ 可用以下函数表示：

$$y(n)=\sum_{k=0}^{N}h(k)x(n-k) \tag{6-3}$$

因此其系统函数如下：

$$H(z)=\sum_{m=0}^{N}h(m)z^{-m}=h(0)+h(1)z^{-1}+\cdots+h(N)z^{-N} \tag{6-4}$$

由式（6-4）我们得到

$$y(z)=H(z)x(z)=h(0)x(z)+h(1)z^{-1}x(z)+\cdots+h(N)z^{-N}x(z) \tag{6-5}$$

同样，传输函数 $H(z)$ 也可以表示为

$$H(z)=\frac{h(0)z^{N}+h(1)z^{N-1}+\cdots+h(N)x(z)}{z^{N}} \tag{6-6}$$

由式（6-6）可知，系统只在原点处存在极点，这使得 FIR 滤波器具有稳定性。FIR 滤波器不存在反馈，不需要知道过去的输出结果。FIR 滤波器的另一个重要特性是具有线性相位，可以保证系统的相移和频率成比例，达到无失真的传输。FIR 滤波器的结构如图 6-2 所示。

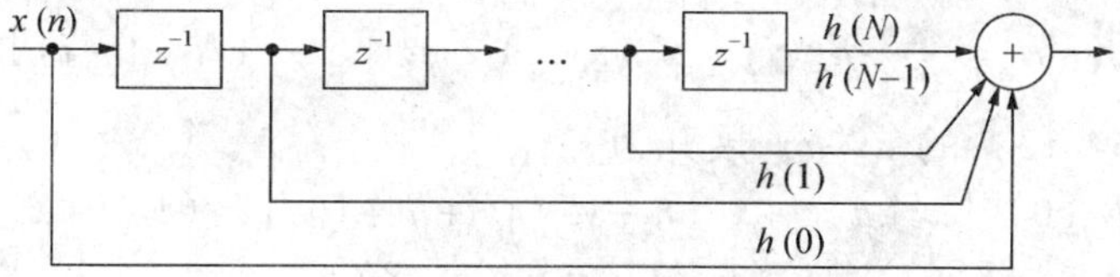

图 6-2　FIR 滤波器的结构

2. FIR 滤波器的设计方法

设计 FIR 滤波器的基本方法是用一个有限级数的傅里叶变换去逼近所要求的滤波器响应。首先，将要求设计的响应用傅里叶级数表示为

$$H_d(\gamma)=\sum_{n=-\infty}^{+\infty}C_n e^{jn\pi\gamma} \qquad |n|<\infty \tag{6-7}$$

其中，γ 是归一化频率变量，$\gamma=f/fN$。$fN=fS/2$ 为奈奎斯特频率；fS 为采样频率；$\omega t=2\pi f/fS=\pi\gamma$；$H_d(\gamma)$ 是所要求的传输函数；系数 C_n 的选择原则是在均方误差最小条件下使 $H(z)$ 尽量逼近 $H_d(\gamma)$。系数 C_n 由式（6-8）求得。

$$C_n=\frac{1}{2}\int_{-1}^{1}H_d(\gamma)e^{-jn\pi\gamma}d\gamma \tag{6-8}$$

若 $H_d(\gamma)$ 为偶函数，则有

$$C_n=\int_{0}^{1}H_d(\gamma)\cos(n\pi\gamma)d\gamma \qquad n\geqslant 0,\ C-n=C_n \tag{6-9}$$

传输函数 $H_d(\gamma)$ 有无限多个系数 C_n，而实际的滤波器系数个数有限，因此，我们对其表达式进行截短，得到近似的传输函数

$$H_d(\gamma)=\sum_{n=-Q}^{Q}C_n e^{jn\pi\gamma} \tag{6-10}$$

在 $|\gamma|<1$，Q 为有限正数时，令 $z=ej\pi\gamma$，则

$$H_d(z) = \sum_{n=-Q}^{Q} C_n z^n \tag{6-11}$$

$$H(z) = \sum_{i=0}^{N} h_i z^{-i} \tag{6-12}$$

3. FIR 滤波器的 TMS320C54x 实现方法

(1) 对于 $n=N$ 的 FIR 滤波器，在数据存储器中开辟两个称之为滑窗的循环缓冲区：New 循环区（存放新数据）和 Old 循环区（存放老数据），循环区长度为 $N/2$。

(2) 每次输入新的样本时，如图 6-2 所示，先将 New 缓冲区中最早的数据（AR4 所指之处）代替 Old 缓冲区中最早的数据（AR5 所指之处），而滑窗中的其他数据不需要移动，并且 AR5 自动减 1。

(3) 将新来的数据输入到 New 缓冲区中的 AR4 所指之处，然后进行乘加运算，AR4 和 AR5 指针递减 1，再次进行乘加运算，直至完成 n 时刻的滤波器输出 $y(n)$（式 (6-14)）。

(4) 重复前述过程，完成各时刻滤波输出。

系数对称的 FIR 滤波器的输出表达式如下：

$$y(n) = \sum_{i=0}^{N/2-1} h(i)\{x(n-i) + x[n-(N-1-i)]\} \tag{6-13}$$

当 $N=16$ 时，式 (4-13) 的 $y(n)$ 展开为

$$y(n) = h(0)[x(n) + x(n-15)] + h(1)[x(1) + x(n-14)] + \cdots + h(7)[x(n-7) + x(n-8)] \tag{6-14}$$

例 2 就是实现图 6-3 所示的 FIR 滤波器存储方式的程序。滤波器的系数可根据数字信号处理的知识，由高级语言（Fortran、C、Matlab 等）设计。

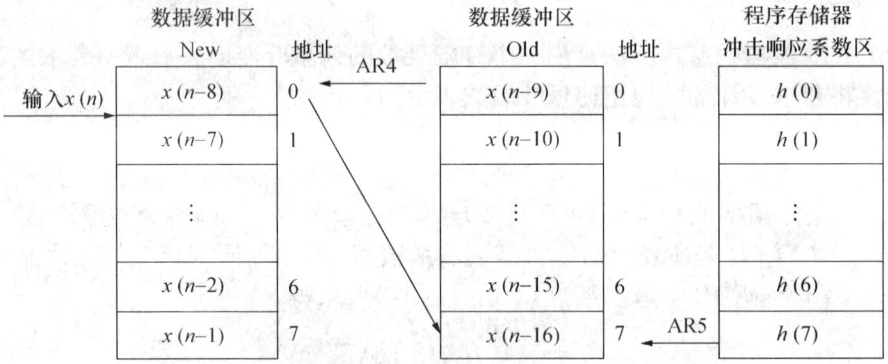

图 6-3 系数对称的 FIR 滤波器的输入序列存储方式

例 2 利用 TMS320C54x DSP 的循环寻址和特殊的 DSP 指令 FIRS，实现系数对称的 FIR 滤波器算法程序如下：

```
          .mmregs
          .include "main.inc"
FIR_COFF  .sect "sym_fir"          ; 滤波器系数
          .word   6FH
                    .word 0F3H
```

```
        .word   269H
                    .word 50DH
        .word   8A9H
.word   0C99H
       .word   0FF8H
       .word   11EBH
d_datax_buffer.usect   "cir_bfr",20
                                        ;滤波器的缓冲区大小
d_datay_buffer.usect   "cir_bfr1",20
       .def   sym_fir_init       ；初始化对称 FIR
       .def   sym_fir_task
************************初始化数据和系数循环缓冲区******************
.asg   AR0,SYMFIR_INDEX_P
  .asg   AR4,SYMFIR_DATX_P
  .asg   AR5,SYMFIR_DATY_P
  .sect "sym_fir"
sym_fir_init:
  STM  #d_datax_buffer,SYMFIR_DATX_P
  STM  #K_neg1,SYMFIR_INDEX_P
  RPTZ  A,#K_FIR_BFFR
STL   A,* SYMFIR_DATX_P+
  STM   #d_datax_buffer,SYMFIR_DATX_P
  RPTZ   A,#K_FIR_BFFR
  STL   A,* SYMFIR_DATY_P-
  RETD
  STM   #d_datay_buffer+K_FIR_BFFR/2-1,SYMFIR_DATY_P
************************利用 FIRS 指令实现对称 FIR 算法*****************
.asg     AR6,INBUF_P
  .asg     AR7,OUTBUF_P
  .asg     AR4,SYMFIR_DATX_P
  .asg     AR5,SYMFIR_DATY_P
  .sect   "sym_fir"
sym_fir_task:
  STM     #K_FRAME_SIZE-1,BRC
  RPTBD   sym_fir_filter_loop-1
  STM     #K_FIR_BFFR/2,BK          ;FIR 循环缓冲区的大小
  LD      *INBUF_P+,B
symmetric_fir:
MVDD   *SYMFIR_DATX_P,*SYMFIR_DATY_P+0%；最新的采样值替换最旧的采
；样值,即将 X(-N/2)移至 X(-N)
  STL B,*SYMFIR_DATX_P
  ADD*SYMFIR_DATX_P+0%,*SYMFIR_DATY_P+0%,A   ;X(0)+X(-N/2-1)
  RPTZ B,#(K_FIR_BFFR/2-1)
  FIRS *SYMFIR_DATX_P+0%,*SYMFIR_DATY_P+0%,FIR_COFF
MAR    *+SYMFIR_DATX_P(2)%          ；装载下一个最新采样值
  MAR *SYMFIR_DATY_P+%              ;X(-N/2) 采样值的位置
  STH B,*OUTBUF_P+
sym_fir_filter_loop
  RET
  .end
```

6.2.2 无限冲激响应滤波器 IIR 模块

1. IIR 滤波器的基本原理

IIR 滤波器中，传递函数为

$$H(z) = \frac{\sum_{i=0}^{M} b_i z^{-i}}{1 - \sum_{i=1}^{N} a_i z^{-i}} \tag{6-15}$$

差分方程为

$$y(n) = \sum_{i=0}^{M} b_i x(n-i) + \sum_{i=1}^{N} a_i y(n-i) \tag{6-16}$$

2. IIR 滤波器的设计方法

一个高阶 IIR 滤波器总可化成多个二阶基本节（或称二阶节）相级联或并联的形式。二阶 IIR 滤波器可由两个通道组成，其差分方程如下：

反馈通道：

$$x(0) = w(n) = x(n) + a_1 \cdot x(1) + a_2 \cdot x(2) \tag{6-17}$$

前向通道：

$$y(n) = b_0 \cdot x(0) + b_1 \cdot x(1) + b_2 \cdot x(2) \tag{6-18}$$

3. IIR 滤波器的 TMS320C54x 实现方法

二阶 IIR 滤波器可由单操作数指令、双操作数指令和直接形式来实现。编程实际上就是实现式（6-17）和式（6-18），这里不再赘述。

6.3 快速傅立叶变换（FFT）模块

快速傅立叶变换（FFT）是离散傅立叶变换（DFT）的一种高效运算方法，广泛应用于信号处理的各个领域，是衡量 DSP 运算能力的一个考核因素。

1. FFT 算法的原理与实现

算法原理。对于有限长度离散数字信号序列 $\{x(n)\}$，$0 \leqslant x \leqslant N-1$，其频谱离散数学值（离散谱）$\{X(k)\}$ 可由离散傅里叶变换（DFT）求得：

$$X(k) = \sum_{n=0}^{N-1} x(n) e^{-j(2\pi/N)nk} \quad k = 0, 1, \cdots, N-1 \tag{6-19}$$

$$X(k) = \sum_{n=0}^{N-1} x(n) W_N^{nk} \quad k = 0, 1, \cdots, N-1 \tag{6-20}$$

是周期性的，其周期为 N。

$$W_N^{(n+mN)(k+lN)} = W_N^{nk} \quad m,\ l \text{ 为整数} \tag{6-21}$$

用 FFT 计算时，将 N 个数据点分组有两种方法：一是按奇偶数分，分为偶数点组和奇数点组，这种 FFT 算法称为时间抽取 FFT 算法；另一种是分前 $N/2$ 组和后 $N/2$ 组，称为频率抽取 FFT 算法。分组后的数据点再细分时遵循同样的规律。

按照奇偶分组，定义两个分别为 N 点序列 $x[n]$ 的偶数项和奇数项的（$N/2$）点序列 $g[n]$ 和 $h[n]$。即

$$g[n] = x[2n] \quad n=0,1,\cdots,\frac{N}{2}-1 \tag{6-22}$$

$$h[n] = x[2n+1] \quad n=0,1,\cdots,\frac{N}{2}-1 \tag{6-23}$$

$\{x[n]\}$ 的 N 点 DFT 可写成：

$$X(k) = \sum_{n=0}^{N-1} x(n) W_N^{nk} + \sum_{n=0}^{N-1} x(n) W_N^{nk}$$

$$(n \text{ 为偶数}) \qquad (n \text{ 为奇数}) \tag{6-24}$$

$$= \sum_{n=0}^{\frac{N}{2}-1} x(2n) W_N^{2nk} + \sum_{n=0}^{\frac{N}{2}-1} x(2n+1) W_N^{(2n+1)k}$$

$$W_N^2 = \left[e^{-j\left(\frac{2\pi}{N}\right)}\right]^2 = \left[e^{-j\left(\frac{2\pi}{N/2}\right)}\right]^2 = W_{N/2}^2 \tag{6-25}$$

故式（6-24）可写成如下形式：

$$G(k) + W_N^k H(k)\ X(k) = \sum_{n=0}^{\frac{N}{2}-1} g[n] W_{N/2}^{nk} + \sum_{n=0}^{\frac{N}{2}-1} h[n] W_{N/2}^{nk} \tag{6-26}$$

$$g_{11}[n] = g[2n] \quad n=0,1,\cdots,\frac{N}{2}-1 \tag{6-27}$$

$$h_{11}[n] = g[2n+1] \quad n=0,1,\cdots,\frac{N}{2}-1 \tag{6-28}$$

$$g_{12}[n] = h[2n] \quad n=0,1,\cdots,\frac{N}{2}-1 \tag{6-29}$$

$$h_{12}[n] = h[2n+1] \quad n=0,1,\cdots,\frac{N}{2}-1 \tag{6-30}$$

$N/2$ 点 DFT 可表示成 $N/4$ 点 DFT 的组合。

下面以 8 点 FFT 为例，说明 FFT 的计算过程。

设有离散数据点 $x(0) \sim x(7)$，对其分组过程如表 6-1 所示。频率抽取 FFT 算法是将 N 点序列 $x[n]$ 分成前（$N/2$）和后（$N/2$）点组成的序列 $x_1[n]$ 和 $x_2[n]$。$x_1[n]$ 和 $x_2[n]$ 可写成如下形式：

$$x_1[n] = x[n] \quad n=0,1,\cdots,\quad N/2-1 \tag{6-31}$$

$$x_2[n] = x[n+] \quad n=0,1,\cdots,\quad N/2-1 \tag{6-32}$$

公式推导不再赘述。

表 6-1 离散数据点按奇偶分组过程

分组方法	原始数据序列	N/2 分组		N/4 分组（最终分组结果）		计算结果
按奇偶分组	$x(0)$	$g(0)$	$x(0)$	$g_{11}(0)$	$x(0)$	$X(0)$
	$x(1)$	$g(1)$	$x(2)$	$g_{11}(1)$	$x(4)$	$X(1)$
	$x(2)$	$g(2)$	$x(4)$	$h_{11}(0)$	$x(2)$	$X(2)$
	$x(3)$	$g(3)$	$x(6)$	$h_{11}(1)$	$x(6)$	$X(3)$
	$x(4)$	$h(0)$	$x(1)$	$g_{12}(0)$	$x(1)$	$X(4)$
	$x(5)$	$h(1)$	$x(3)$	$g_{12}(1)$	$x(5)$	$X(5)$
	$x(6)$	$h(2)$	$x(5)$	$h_{12}(0)$	$x(3)$	$X(6)$
	$x(7)$	$h(3)$	$x(7)$	$h_{12}(1)$	$x(7)$	$X(7)$

按奇偶分组和顺序分组方法的计算步骤分别如图 6-4、图 6-5 所示，两种方法的蝶式运算如图 6-6 所示。

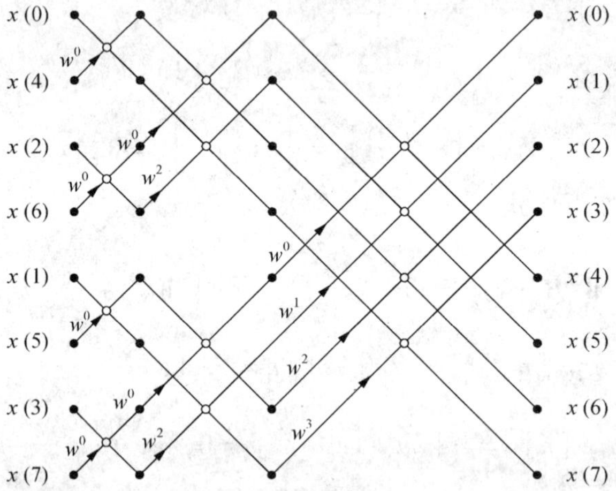

图 6-4 按奇偶分组经逐次一分为二后得到 8 点的 DFT

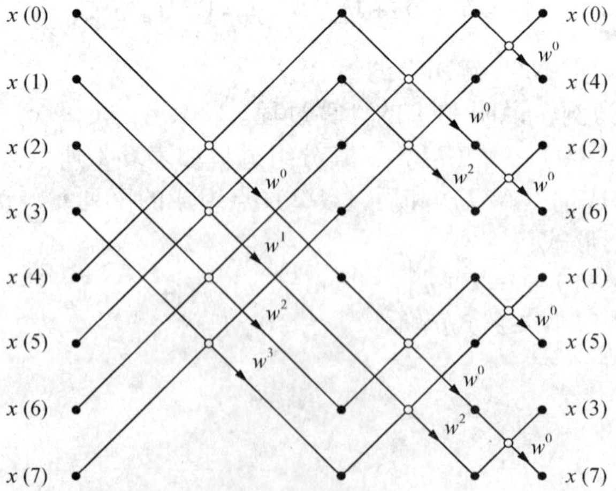

图 6-5 按顺序分组经逐次一分为二后得到 8 点的 DFT

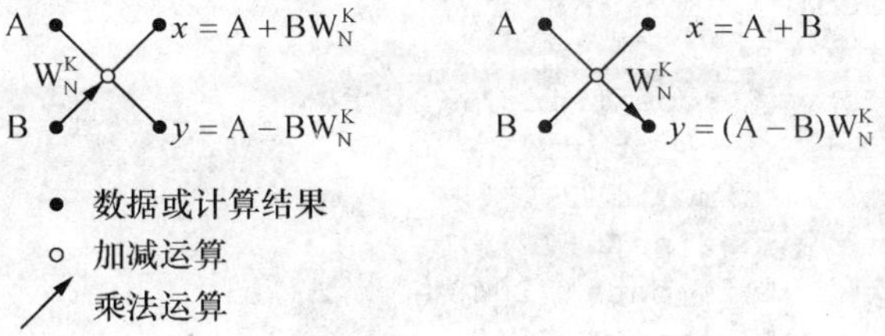

图 6-6　两种 FFT 算法的蝶式运算

2. 实数 FFT 算法的实现

根据上面的分析，实现 FFT 算法包括以下 4 个步骤：

（1）定义要进行 FFT 的输入数据序列（实数或复数）和 FFT 的结果数据序列（复数）。

（2）对输入数据序列按位倒序方式混序排列后复制到 FFT 结果数据序列，复制时实数序列要转换为复数序列。

（3）复数 FFT 计算。

（4）计算结果转换为实数序列。

3. 8～1024 复数点 FFT 的实用程序

8～1024 复数点 FFT 的实用程序由 5 部分组成：

（1）位码倒序程序；

（2）第 1 级蝶形运算；

（3）第 2 级蝶形运算；

（4）第 3 级至第 lbN 级蝶形运算；

（5）求功率谱程序及输出程序。

程序空间段的分配如下：

sin1：正弦余数表。

cos1：余弦余数表。

fft_prg：程序代码。

. vectors：复位向量和中断向量表。

数据空间段的分配如下：

sin：正弦余数表。

cos：余弦余数表。

d_input：输入数据。

fft_data：FFT 结果（实部、虚部）。

fft_out：FFT 结果（功率谱）。

I/O 空间配置如下：

PA0：输出口。

PA1：输入口。

```
*************************************************
***           N(8～1024)点 FFT 程序           ***
*************************************************
```

```
.title    "FFT.asm"
              .mmregs
              .copy    "coeff.inc"
              .def        start
sine:      .usect    "sine",512
cosine:    .usect    "cosine",512
fft_data: .usect    "fft_data",2048
d_input:   .usect    "d_input",2048
fft_out:   .usect    "fft_out",1024
STACK:     .usect    "STACK",10
K_DATA_IDX_1       .set    2
K_DATA_IDX_2       .set    4
K_DATA_IDX_3        .set    8
K_TWID_TBL_SIZE  .set    512
K_TWID_IDX_3        .set    128
K_FLY_COUNT_3      .set    4
K_FFT_SIZE          .set    1024      ;  N
K_LOGN              .set    10        ;  LOG(N)
PA0                 .set    0
PA1                 .set    1
.bss d_twid_idx,1
             .bss d_data_idx,1
             .bss d_grps_cnt,1
             .sect     "fft_prg"
*****   位码倒序   *****
          .asg AR2,REORDERED                  ;AR2 中装入第 1 个位倒序数据指针
          .asg AR3,ORIGINAL_INPUT             ;AR3 中放入输入地址
          .asg AR7,DATA_PROC_BUF              ;AR7 中放入处理后输出的地址
start:
          SSBX FRCT
          STM #STACK+10, SP
          STM #d_input, AR1                   ;输入 2N 个数据
          RPT #2*K_FFT_SIZE-1
          PORTR PA1, *AR1+
          STM #sine, AR1                      ;正弦系数表
          RPT #511
          MVPD sine1, *AR1+
          STM #cosine, AR1                    ;余弦系数表
RPT #511
          MVPD cosine1, *AR1+
          STM #d_input, ORIGINAL_INPUT
          STM #fft_data, DATA_PROC_BUF
          MVMM DATA_PROC_BUF, REORDERED
          STM #K_FFT_SIZE-1, BRC
          RPTBD bit_rev_end-1
          STM #K_FFT_SIZE, AR0
          MVDD *ORIGINAL_INPUT+, *REORDERED+
          MVDD *ORIGINAL_INPUT-, *REORDERED+
          MAR *ORIGINAL_INPUT+0B
bit_rev_end:
*****   FFT Code   *****
          .asg AR1, GROUP_COUNTER             ;定义 FFT 计算的组指针
```

```
        .asg AR2, PX                          ;AR2 指向蝶形运算的第 1 个数据指针
        .asg AR3, QX                          ;AR3 指向蝶形运算的第 2 个数据指针
        .asg AR4, WR                          ;AR4 指向余弦表的指针
.asg AR5, WI                                  ;AR5 指向正弦表的指针
 .asg AR6, BUTTERFLY_COUNTER                  ;AR6 指向蝶形结的指针
  .asg AR7, STAGE_COUNTER                     ;定义数据处理缓冲指针
***  第 1 级蝶形运算,计算 2 点的 FFT ***
        STM #0, BK                            ;让 BK = 0,使 * ARn + 0% = * ARn + 0
        LD # -1, ASM                          ;每步输出时右移 1 位避免溢出
        STM #fft_data, PX                     ;PX 指向蝶形运算的第 1 个数的实部
          LD * PX, 16, A                      ;AH = PR
        STM #fft_data + K_DATA_IDX_1, QX      ;QX 指向蝶形运算的第 2 个数的实部
        STM #K_FFT_SIZE/2 -1, BRC             ;设置循环块计数器
        RPTBD stage1end -1
STM #K_DATA_IDX_1 +1, AR0
        SUB * QX, 16, A, B                    ;BH = PR - QR
        ADD * QX, 16, A                       ;AH = PR + QR
        STH A, ASM, * PX +                    ;PRV = (PR + QR)/2
        ST B, * QX +                          ;QRV = (PR - QR)/2
        || LD * PX, A                         ;AH = PI
        SUB * QX, 16, A, B                    ;BH = PI - QI
        ADD * QX, 16, A                       ;AH = PI + QI
        STH A, ASM, * PX + 0                  ;PIV = (PI + QI)/2
          ST B, * QX + 0%                     ;QIV = (PI - QI)/2
        || LD * PX, A                         ;AH 为下一个 PR
stage1end:
* * *  第 2 级蝶形运算,计算 4 点的 FFT * * *
       STM #fft_data, PX
        STM #fft_data + K_DATA_IDX_2, QX
        STM #K_FFT_SIZE/4 -1, BRC
        LD * PX, 16, A
        RPTBD stage2end -1
        STM #K_DATA_IDX_2 +1, AR0
; 第 1 个蝶形
        SUB * QX, 16, A, B
        ADD * QX, 16, A
        STH A, ASM, * PX +
        ST B, * QX +
        || LD * PX, A
        SUB * QX, 16, A, B
        ADD * QX, 16, A
        STH A, ASM, * PX +                    ;PIV = (PI + QI)/2
        STH B, ASM, * QX +                    ;QIV = (PI - QI)/2
; 第 2 个蝶形
        MAR * QX +                            ;QX 中的地址加 1
        ADD * PX, * QX, A                     ;AH = PR + QI
        SUB * PX, * QX -, B                   ;BH = PR - QI
        STH A, ASM, * PX +                    ;PRV = (PR + QI)/2
        SUB * PX, * QX, A                     ;AH = PI - QR
        ST B, * QX                            ;QRV = (PR - QI)/2
        || LD * QX +, B                       ;BH = QR
        ST A, * PX                            ;PIV = (PI - QR)/2
```

```
        ‖ADD *PX+0% ,A                          ;AH = PI + QR
        ST A, *QX+0%                            ;QIV = (PI + QR)/2
        ‖LD *PX, A                              ;AH = PR
stage2end:
*** 从第 3 级至 lbN 级蝶形运算 ***
      STM #K_TWID_TBL_SIZE,BK                   ;为旋转因子表格的大小值
      ST #K_TWID_IDX_3,d_twid_idx               ;初始化旋转表格索引值
      STM #K_TWID_IDX_3,AR0                     ;AR0 = 旋转表格初始索引值
      STM #cosine,WR                            ;初始化 WR 指针
        STM #sine,WI                            ;初始化 WI 指针
STM #K_LOGN-2-1, STAGE_COUNTER                  ;初始化步骤指针
        ST #K_FFT_SIZE/8-1, d_grps_cnt          ;初始化组指针
        STM#K_FLY_COUNT_3-1, BUTTERFLY_COUNTER    ;初始化蝶形结指针
        ST #K_DATA_IDX_3, d_data_idx            ;初始化输入数据的索引
stage:
        STM #fft_data,PX                        ;PX 指向参加蝶形结运算第一个数据的实部 PR
        LD d_data_idx,A
        ADD *(PX), A
        STLM A, QX                              ;QX 指向参加蝶形结运算第二个数据的实部 QR
        MVDK d_grps_cnt,GROUP_COUNTER
group:
        MVMD BUTTERFLY_COUNTER,BRC              ;将每组蝶形结的个数装入 BRC
        RPTBD butterflyend-1
        LD *WR,T
        MPY QX+,A                               ;A = QR * WR ‖ QX * QI
        MACR *WI+0% ,*QX-, A                    ;A = QR * WR + QI * WI
        ADD *PX, 16, A, B                       ;B = (QR * WR + QI * WI) + PR; ‖ QX 指向 QR
ST B, *PX                                       ;PRV = ((QR * WR + QI * WI) + PR)/2
        ‖SUB *PX+,B                             ;B = PR - (QR * WR + QI * WI)
        ST B, *QX                               ;QRV = (PR - (QR * WR + QI * WI))/2
        ‖MPY *QX+, A                            ;A = QR * WR [T = WI]
                                                ;QX 指向 QI
        MASR *QX, *WR+0% , A                    ;A = QR * WI - QI * WR
        ADD *PX,16,A,B                          ;B = (QR * WI - QI * WR) + PI
        ST B, *QX+                              ;QIV = ((QR * WI - QI * WR) + PI)/2
                                                ;QX 指向 QR
‖SUB PX, B                                      ;B = PI - (QR * WI - QI * WR)
        LD *WR,T                                ;T = WR
        ST B, *PX+                              ;PIV = (PI - (QR * WI - QI * WR))/2,PX 指向 PR
        ‖MPY QX+,A                              ;A = QR * WR ‖ QX 指向 QI
butterflyend:
*** 更新指针准备下一组 ***
PSHM AR0                                        ;保存 AR0
      MVDK d_data_idx, AR0                      ;AR0 中装入该步运算中每组所用蝶形结数目
      MAR *PX+0
        MAR *QX+0
        BANZD group, *GROUP_COUNTER-
        POPM AR0                                ;恢复 AR0
        MAR *QX-
*** 更新计数器和其他索引数据以进入下一步骤 ***
        LD d_data_idx,A
        SUB #1, A, B
```

```
        STLM B, BUTTERFLY_COUNTER          ;修改蝶形结个数计数器
        STL A, 1, d_data_idx               ;下一步计算的数据索引翻倍
        LD d_grps_cnt,A
        STL A,ASM,d_grps_cnt               ;下一步计算的组数目减少一半
LD d_twid_idx,A
        STL A, ASM, d_twid_idx             ;下一步计算的旋转因子索引减少一半
        BANZD stage, *STAGE_COUNTER -
        MVDK d_twid_idx, AR0               ;AR0 为旋转因子索引
   fft_end:
***计算功率谱***
        STM      #fft_data, AR2
        STM      #fft_data, AR3
        STM      #fft_out, AR4
        STM      #K_FFT_SIZE*2 -1, BRC
        RPTB     power_end-1
        SQUR      *AR2+, A
        SQURA   *AR2+, A
        STH     A, *AR4+
power_end:
        STM       #fft_out, AR4
        RPT       #K_FFT_SIZE-1
        PORTW     *AR4+, PA0
here:   B   here
      .end
```

6.4　自适应滤波器（LMS）实现

6.4.1　实训目的

（1）掌握自适应滤波器的原理；

（2）掌握 LMS 算法的原理；

（3）掌握用 C 语言编写 DSP 程序的方法。

6.4.2　实训设备

（1）一台装有 CCS 软件的计算机；

（2）DSP 实训箱的 TMS320C5410 主控板；

（3）DSP 硬件仿真器。

6.4.3　实训原理

自适应滤波器结构的一般形式如图 6-7 所示。图中 $x(k)$ 为输入信号，通过参数可调的数字滤波器后产生输出信号 $y(k)$，将输出信号 $y(k)$ 与标准信号（或者为期望信号）$d(k)$ 进行比较，得到误差信号 $e(k)$。$e(k)$ 和 $x(k)$ 通过自适应算法对滤波器的参数

进行调整，调整的目的是使误差信号 $e(k)$ 最小。反复进行上面过程，使滤波器逐渐掌握了输入信号和噪声的统计规律，并以此为根据自动调整自己的参数，从而达到最佳的滤波效果。一旦输入信号的统计规律发生了变化，滤波器能够自动跟上输入信号的变化，自动调整滤波器的参数，这就是自适应滤波的原理。

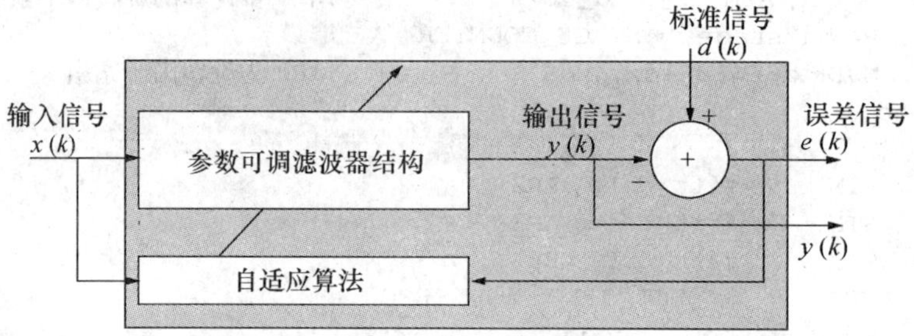

$e(k)=d(k)-y(k)$

$y(k)=\text{Filter}\{x(k),w(k)\}$

$w(k+1)=w(k)+e(k)f\{d((k),x(k))\}$

图 6-7 自适应滤波器

自适应滤波器的结构可以采用 FIR 型或 IIR 型，由于 IIR 滤波器存在稳定性问题，因此一般采用 FIR 滤波器作为自适应滤波器的结构。自适应 FIR 滤波器结构又可分为三种结构类型：横向型结构（Transversal Structure）、对称横向型结构（Symmetric Transversal Structure）、格型结构（Lattice Structure）。本实训所采用的是自适应滤波器设计中最常用的 FIR 横向型结构。设 $w(i)$ 为横向滤波器的一组系数，滤波器的输出与输入信号间的关系可以表示为：

$$y(n)=W^T(n)X(n)=\sum_{i=0}^{N-1}w_i(n)x(n-i) \tag{6-33}$$

自适应滤波器除了包括一个按照某种结构设计的滤波器，还有一套自适应的算法。滤波器的参数就是依照这种自适应算法来自动调整的，最常用的自适应算法是最小均方误差算法，即 LMS 算法（Least Mean Square）。LMS 算法的目标是通过调整系数，使输出误差序列 $e(n)=d(n)-y(n)$ 的均方值最小化，并且根据这个判据来修改权系数。当均方误差达到最小时，得到最佳系数 $w*$。为了较快地求得近似的最佳系数，可以采用最快下降法，也叫梯度算法，这是一种迭代运算。在采用种种近似和代替后，最后可以导出如下公式：

$$\overline{W}(n+1)=\overline{W}(n)+2ue(n)\overline{X}(n) \tag{6-34}$$

式中的 u 是由系统稳定性和迭代运算收敛速度决定的自适应步长，u 越小，则收敛越慢，但是 u 太大则会导致系统的不稳定性。本实训就是以这个公式为基础实现自适应滤波器的。关于算法的详细推导过程及参数的选择原则，请读者参考数字信号处理的有关资料。

第7章 通信模块

7.1 以太网卡与 TCP/IP 协议模块

7.1.1 实训目的

（1）熟悉以太网协议；
（2）掌握网络分析工具 Sniffer 的基本使用；
（3）掌握 RTL8019as 各寄存器的意义及其设置；
（4）掌握 RTL8019as 数据的发送和接收；
（5）了解 TCP/IP 协议的实现；
（6）了解嵌入式 WebServer 的实现。

7.1.2 实训设备

（1）一台装有 CCS 软件的计算机；
（2）DSP 实训箱；
（3）DSP 硬件仿真器；
（4）网络交叉线。

7.1.3 实训原理

相信大家对 PC 上的 TCP/IP 协议都有一定的认识，但是在很多嵌入式的系统中，都有必要实现 TCP/IP 协议。如现在很多智能家电，他们都有可以通过网络，实现远程监控的功能。但是由于指令的原因，以及资源上的原因，在嵌入式的系统中并不能像 PC 上那样实现整套的 TCP/IP 协议，其实也没有必要完全把它实现，很多嵌入式的系统往往都是只提供某一方面的功能。

利用微控制器通过 ISP（Internet 服务供应商），在不需要使用 PC 机或高档单片机的情况下接入互联网。随着嵌入式系统的迅猛发展和 IA（信息电器）的出现，该应用系统正逐步取代传统的以 PC 为中心的应用，成为未来 Internet 发展中的主力军；将会广泛应用于智能家居系统、工业智能化从站系统、LED 网络控制显示屏系统、网络安全加密系统等各个方面。

利用微控制器实现嵌入式 WebServer 方案的主要技术难点是：如何利用单片机本身有限的资源对信息进行 HTTP、SMTP、POP3、TCP、UDP、ICMP、IP 及 PPP 等协议的处理，使之变成可以在互联网上传输的 IP 数据包以及可以在内置 Web 页上浏览的数据。

1. RTL8019as 介绍

RTL8019as［2］是台湾 readlted 公司生产的以太网控制器，支持 IEEE802.3；支持 8 位或 16 位数据总线；内置 16KB 的 SRAM，用于收发缓冲；全双工，收发同时达到 10Mbps；支持 10Base5、10Base2、10BaseT，并能自动检测所连接的介质，在 ISA 总线网卡中占有相当比例。RTL8019AS 与主机有 3 种接口模式，第一种为跳线方式，网卡的 I/O 和中断由跳线决定；第二种为即插即用方式，由软件进行自动配置即插即用功能；第三种为免跳线方式，网卡的 I/O 和中断由外接的 93c46 里的内容决定。

此处所用的网卡一般只支持第 2 和第 3 种。在嵌入式应用的场合，如果可以不使用 93c46 的话，可以降低成本，同时又减少连线。那么我们如何使用第 1 种跳线方式呢？网卡使用哪种方式由 rtl8019as 的第 65 脚 JP 决定。第 65 脚 JP 是输入引脚，当 65 脚为低电平时，8019 工作在第 2 种或第 3 种方式，具体由 93c46 里的内容决定。现在我们把 65 脚接高电平，使用第一种方式。DSP 控制 8019as 的 I/O 地址为 0x300H --0x31FH。

硬件连接框图如图 7-1 所示：

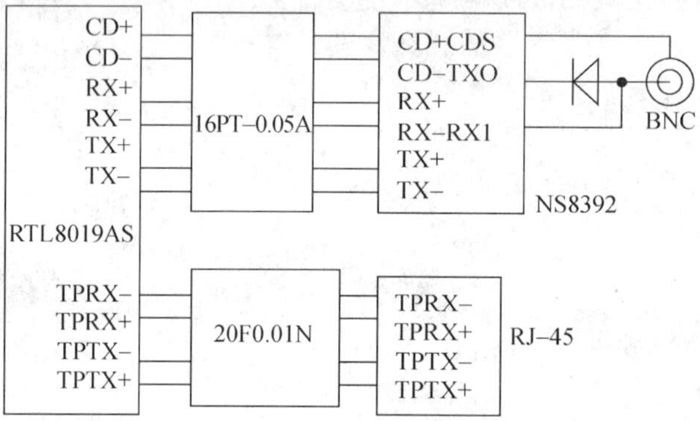

图 7-1 硬件连接框图

2. 寄存器介绍

RTL8019AS 片内寄存器分为 NE2000 寄存器组和 PnP 寄存器组（本实训不介绍 PnP 寄存器组）。NE2000 寄存器组地址如表 7-1 所示。NE2000 寄存器分为 4 页，都映射到 16 个 I/O 端口地址上。主机通过命令寄存器（CR）中的 PS0、PS1 位来寻址不同的页，通过 16 个 I/O 口地址来寻址页内寄存器。

表 7-1 RTL8019AS 寄存器地址表

	page0		page1	page2	page3	
	[R]	[W]	[R/W]	[R]	[R]	[W]
00	CR	CR	CR	CR	CR	CR
01	CLDA0	PSTART	PAR0	PSTART	9346CR	9346CR
02	CLDA1	PSTOP	PAR1	PSTOP	BPAGE	BPAGE
03	BNRY	BNRY	PAR2	—	CONFIG0	—

续表

	page0		page1	page2	page3	
	[R]	[W]	[R/W]	[R]	[R]	[W]
04	TSR	TPSR	PAR3	TPSR	CONFIG1	CONFIG1
05	NCR	TBCR0	PAR4	—	CONFIG2	CONFIG2
06	FIF0	TBCR1	PAR5	—	CONFIG3	CONFIG3
07	ISR	ISR	CURR	—	—	—
08	CRDA0	RSAR0	MAR0	—	CSNSAV	—
09	CRDA1	RSAR1	MAR1	—	—	HLTCLK
0A	8019ID0	RBCR0	MAR2	—	—	—
0B	8019ID1	RBCR1	MAR3	—	INTR	—
0C	RSR	RCR	MAR4	CRC	—	—
0D	CNTR0	TCR	MAR5	TCR	—	—
0E	CNTR1	DCR	MAR6	DCR	—	—
0F	CNTR2	IMR	MAR7	IMR	—	—
10～17	Remote DMA Port					
18～1F	Reset Port					

其中重要的寄存器介绍如下

CR，地址偏移量 00H，为一个字节。

位	7	6	5	4	3	2	1	0
名称	PS1	PS0	RD2	RD1	RD0	TXP	STA	STP

PS1 和 PS0 这两个位用来选择寄存器页，PS1 PS0 = 00 时选择寄存器页 0，为 01 时选择寄存器页 1，为 10 时选择寄存器页 2，为 11 时选择寄存器页 3. RD2，RD1，RD0 这 3 个位代表要执行的功能如下：

=001 读网卡内存。

=010 写网卡内存。

=011 发送网卡数据包。

=1 ** 完成或结束 DMA 的读写操作。

TXP 这个位写入 1 时发送数据包，发完自动清零。

STA，STP 这两个位用来启动命令或停止命令。

=10 启动命令。

=01 停止命令。

网卡含有 16 K 字节的 RAM，地址为 0x4000 – 0x7fff（指的是网卡上的存储地址，而不是 ISA 总线的地址，是网卡工作用的存储器），每 256 个字节称为一页，共有 64 页。页的地址就是地址的高 8 位，页地址为 0x40 – 0x7f。这 16K 的 ram 的一部分用来存放接收的数据包，一部分用来存储待发送的数据包。

PSTART 接收缓冲区的起始页的地址。PSTOP 接收缓冲区的结束页地址，（该页不用于接收）。BNRY 指向最后一个已经读取的页（读指针）。CURR 当前的接收结束页地址。写指针指向当前正在写的页的下一页。TPSR 为发送页的起始页地址。

RCR 接收配置寄存器，一般可设置为使用接收缓冲区，仅接收自己的地址的数据包（以及广播地址数据包）和多点播送地址包，小于64 字节的包丢弃（这是协议的规定，设置成接收是用于网络分析），校验错的数据包不接收。

TCR 发送配置寄存器，一般可设置为使用FIFO缓存，普通模式，8 位或16 位数据传输模式，字节顺序为高位字节在前，低位字节在后。

DCR 数据配置寄存器。

IMR 中断屏蔽寄存器，设置成 0x00，屏蔽所有的中断；设置成 0xff 将允许中断。

MAR0，MAR8 是设置多点播送的参数。

PAR0，PAR1，PAR2，PAR3，PAR4，PAR5。这几个寄存器是网卡的工作时候用的地址，只有符合这个地址的数据包才接收，这个地址是可以设置为其他的值，不一定设置为网卡的物理地址，为了不跟别的网卡地址冲突，最好设置为网卡的地址，（如果用户需要设置为其他的值，也是可以的）。

8019ID0，8019ID1 8019 的 ID 号，分别为 50H 和 70H。

3. Web Server 的实现

整个系统的工作流程如图 7-2 所示。当数据包通过 RJ45 接口传送到 RTL8019AS 和 MCU 后，系统内部的 TCP/IP 堆栈进行数据包解析和流向判断，然后进行解包或者打包的动作，继续进行后续工作。显然，最终的处理结果都要通过 Web Server 来进行。

通常，所谓的 TCP/IP 协议是一个四层协议系统，包括数据链路层、网络层（含 IP 协议）、传输层（含 TCP 协议）和应用层，每一层负责不同的功能。基于 TCP/IP 协议可以实现多种功能应用，如：HTTP（超文本传输控制协议）、TELNET（远程登录）、FTP（文件传输协议）、SMTP（简单邮件传送协议）、SNMP（简单网络管理协议）等。本实训实现 HTTP，也就是 Web Server 在应用层的主要构成协议。当然，用户也可以根据需要附加其它的协议功能。

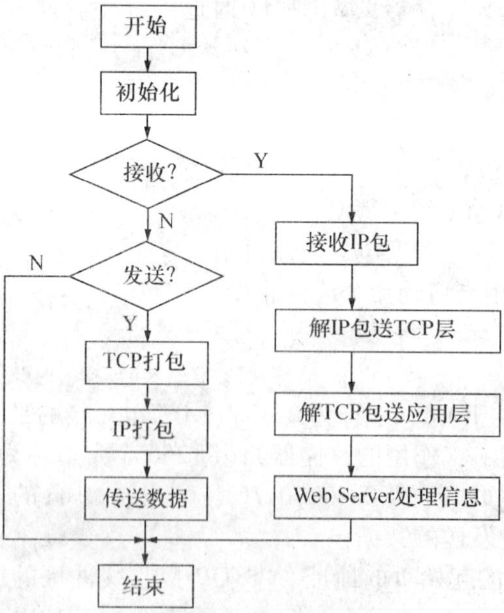

图 7-2 系统工作流程

IP包含编址方案，并提供寻址功能；TCP则是在不同主机的对等进程之间提供可靠的进程间通信。与TCP两端口所连接的实体中，一端为应用程序进程或用户，另一端则为底层协议，如IP协议。TCP在建立连接过程中采用三向握手机制，以保证数据的可靠性。

4. Sniffer软件的介绍

Sniffer是一个比较出名的网络系统监视分析软件，它能够统计和显示传输的包的数量、内容和使用的协议，可以显示活的TCP连接，显示UDP包，显示和记录ICMP包等等。使用一些网络分析工具，对以太网和TCP/IP协议的实现有一定帮助。原理结构框图如图7-3所示。

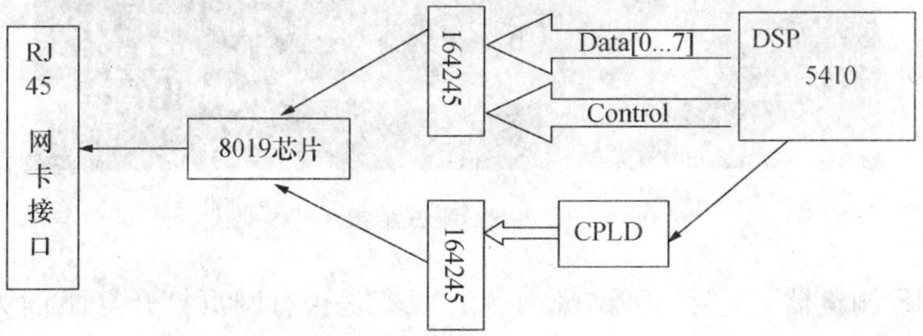

图7-3　原理结构框图

7.1.4　实训步骤

(1) 连接好DSP开发系统，并把实训箱上的网卡插上网线，设置PC机的IP地址，配置为192.168.1.X（0、2、255除外）。若直接插到电脑的网卡上，应该用交叉线。若插到hub上，则用一般的网线。把jd01跳到下面，为了观察方便，我们用8位的数据模式。程序加载如图7-4所示。

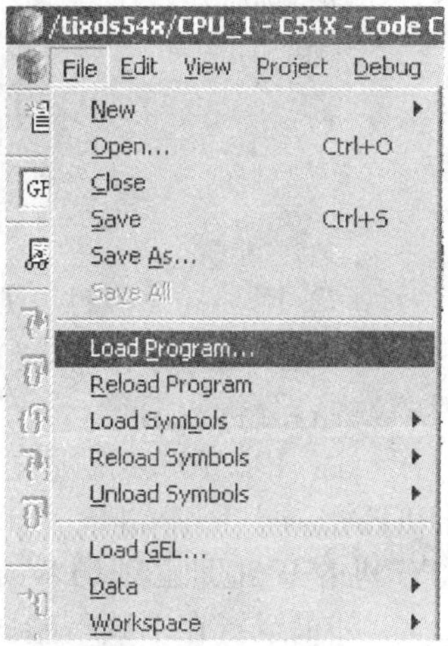

图7-4　程序加载

(2) 打开本实训工程文件（.\8019tcpip_54\8019tcpip_54.pjt），编译；下载程序到DSP。

(3) 复位8019，看到PC机连接上网络后再运行程序。

(4) 打开Sniffer软件，单击开始监控。

(5) 再用PC机运行PING -t 192.168.1.2，观察结果当出现如图7-5时为发送成功；图7-6为测试结果。

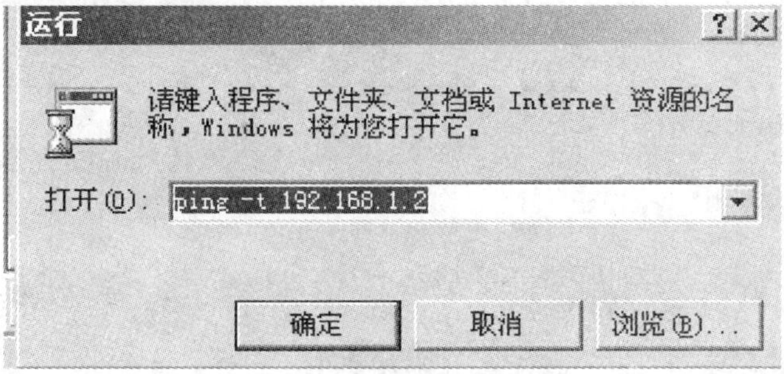

图7-5　发送成功示意图

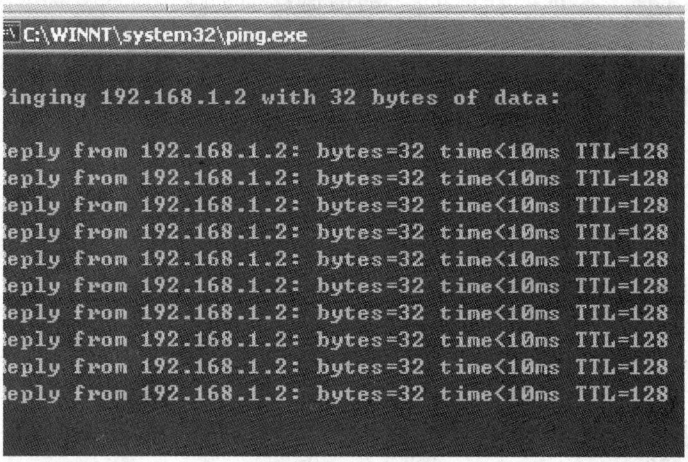

图 7-6 测试结果

(6) 打开 IE 浏览器，输入 192.168.1.2，观察是否有网页打开（下面为网页打开时的情况如图 7-7）。

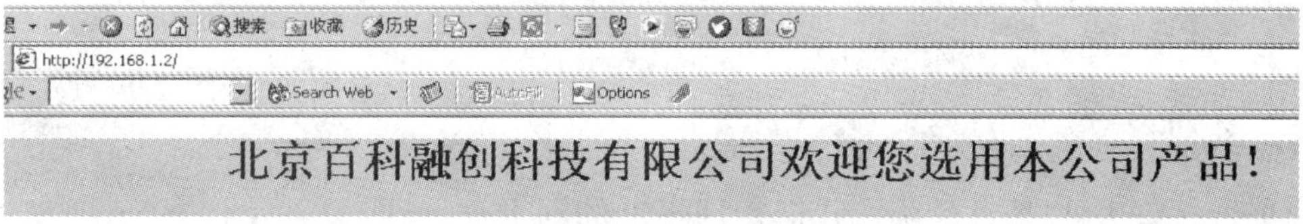

图 7-7 打开浏览器的情况

(7) 用 Sniffer 软件，观察双方发送的数据包，主要的几个：ARP（地址解析协议），ICMP（网间信报控制协议），TCP（传输控制协议）等，对照计算机网络教材的 TCP/IP 协议内容分析数据。

注：192.168.1.2 是出厂时默认的 WebServer 的 IP 地址，可以在 ARP.C 里面找到 UCHAR sed_lclIPAddr [4] = {192, 168, 1, 2}；修改该数组的值就可以改变 IP 地址，PC 机的 IP 地址必须和 WebServer 的 IP 地址在同一个子网内。

如果运行在下载不能显示网页则需手动改变 DROM 值；点击左边工具条中的▣图标在弹出的窗口中将 DROM 原始“0”值改为“1”，XF 原始”1”值改为”0”。然后下载；复位 8019；再运行接第 3 步就可以了。

(8) 本实训源程序。

```
****************************************************************/
#include "8019head.h"
#include "tcp_ip.h"
#include "global.h"

//int MAC_Add[3]={0030,6E1C,EEE1};
unsigned ioport port5355;
unsigned int RevBuffer[500];
unsigned int SendBuffer[500];
unsigned int RevLength=40;
```

```
unsigned int RevFrameType = 0;
int Status = 0;
void InitDSP()
{
    int i;
    *CLKMD = 0x0;
    while(*CLKMD & 0x0001){};
    *CLKMD = 0xf7e7;
    for(i = 0;i < 1000;i + +);
    *PMST = 0x00E3;
    *SWWSR = 0x7000;
    *SWCR = 0x1;
}

ioport unsigned port5355;
void main()
{
//  int rev_result = 0;
    int i;

    InitDSP();
    commandport = 0x0;
    asm("nop");
    asm("nop");
/*    for(;;)
    {
        port5355 = 0xAAAA;
        asm("nop");
    asm("nop");
    asm("  RPT #30");
    asm("  nop");
    }*/
    Reset8019();
    Init8019();
    init_tcp();
//  PFDATDIR = 0XFF00;
    CR = 0x22;
    asm("  nop");
    asm("  nop");
    asm("  RPT #30");
    asm("  nop");
    while(1)
    {
        i = RevPacket();
      if(i = =1)
        i = arp_resolve();
      else if(i = =2)
        ip_rcve((UCHAR *)RevBuffer);
    }

}
```

7.2 通用异步串行接口（UART）模块

7.2.1 实训目的

（1）掌握异步串行通信协议；
（2）掌握通用异步收发器芯片的应用。

7.2.2 实训设备

（1）一台装有 CCS5000 软件的计算机；
（2）插上 5410 主控板的 DSP 实训箱；
（3）DSP 硬件仿真器。

7.2.3 实训原理

1. 异步串行通信协议

在传输数据前，数据线处于高电平状态，这称为标识态。传输开始后，数据线由高电平转为低电平状态，这称为起始位；起始位后面接着 5～8 个信息位；信息位后面是校验位；校验位后是停止位“1”。传输完毕后，可以立即开始下一个字符的传输；否则，数据线再次进入标识态。上面提到的信息位的位数（5～8 位）、停止位的位数（1 位、1.5 位或2 位）、校验的方式（奇校验、偶校验或不校验）等参数都可以根据不同需要进行设置，但对于同一个传输系统中的收发两端来说，这些参数必须保持一致。

异步串行通信方式中另一个重要的参数是波特率。在一般的“0”/“1”系统中，波特率就是每秒钟传输的位数。国际上规定了一个标准波特率系列，它们是最常用的波特率。标准波特率系列为 110、300、600、1200、1800、2400、4800、9600 和 19200。发送端和接收端必须设置统一的波特率，否则无法正确接收数据。

2. 通用异步收发器芯片 SC16C550

通用异步收发器完成的功能是把并行数据转换为串行数据，按上述异步串行通信方式把数据发送出去，同时把接收到的串行数据转换成并行数据。本模块选用的是 Philips 公司的 SC16C550 型号芯片。该芯片内部有 15 个寄存器可由编程者进行读写控制。本实训只用到其中几个，如下：

地址（A_2 A_1 A_0）	寄存器
011	线控制寄存器（LCR）
101	线状态寄存器（LSR）
000	接收数据寄存器（RHC）
000	发送数据寄存器（THC）
000	除数寄存器低位（DLL）
001	除数寄存器高位（DLM）

LCR 用来指定异步串行通信的参数，包括传送的字长、停止位的位数和校验方式。见下表：

LCR [1，0]	传送字长	00 = 5，01 = 6，10 = 7，11 = 8
LCR [2]	停止位位数	0：1 位； 1：1.5 位（字长为 5 时） 1：2 位（字长为 6，7，8 时）
LCR [3]	是否进行校验	0：不校验；1：校验
LCR [4]	奇校验或偶校验	0：奇校验；1：偶校验
LCR [5]	强制校验位	缺省为 0：即不强制校验位
LCR [6]	中止	0：不中止；1：中止发送
LCR [7]	选择除数寄存器	0：收发寄存器有效； 1：除数寄存器有效。

当 LCR [7] 位置为 0 时，CPU 以 000 的地址读取 RHR 中存放的接收到的数据，或者往 THR 中写入要发送的数据。这两个都是 8 位的寄存器。当 RHR 中有数据到达时，线状态寄存器的 LSR [0] 位为“1”，这时可以读出该数据；当 THR 中数据清空时，LSR [5] 位为“1”，这时可以写入下一个要发送的数据。

当 LCR [7] 位置为 1 时，就可以设置除数寄存器的值，该值的计算方法是：除数 = $\frac{\text{晶振频率}}{\text{波特率} \times 16}$。把计算结果（十进制）转换为十六进制分别填入 DLL 和 DLM 即可。本实训中用的晶振频率是 1.8432 MHz，若所需波特率为 9600，则 DLL 中应写入 0CH（即 12），DLM 中写入 0H。

3. 电平转换

RS-232-C 标准中规定 −5 V～ −15 V 为逻辑“1”，+5 V～ +15 V 为逻辑“0”，因此要用专门的芯片完成 TTL 电平与 RS-232 电平的转换，如 MAX3232。

4. 串口调试助手

该计算机端程序可以监测计算机串口接收和发送数据的情况。本实训中需要用该程序帮助观察实训结果。硬件结构框图如图 7-8 所示。

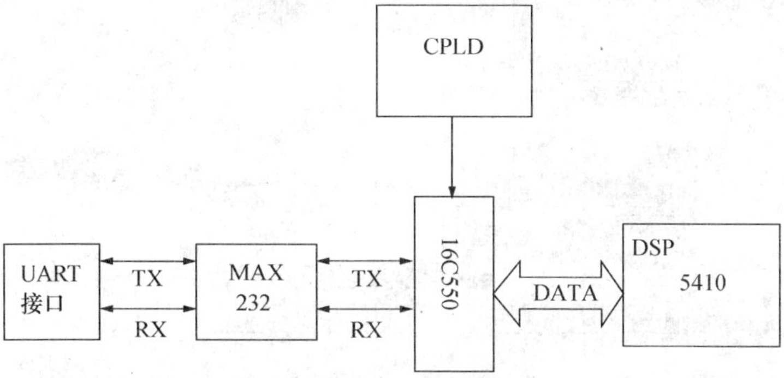

图 7-8　实训硬件结构框图

7.2.4 实训步骤

(1) 用串口线连接实训箱的 UART 模块与计算机串行口。

(2) 在 CCS 环境中打开本实训的工程(.\UARTTEST\UARTTEST.pjt),编译,生成输出文件(.out 文件),通过仿真器把执行代码(.out 的文件)下载到 DSP 芯片;然后复位串行接口模块,如图 7-9 所示。

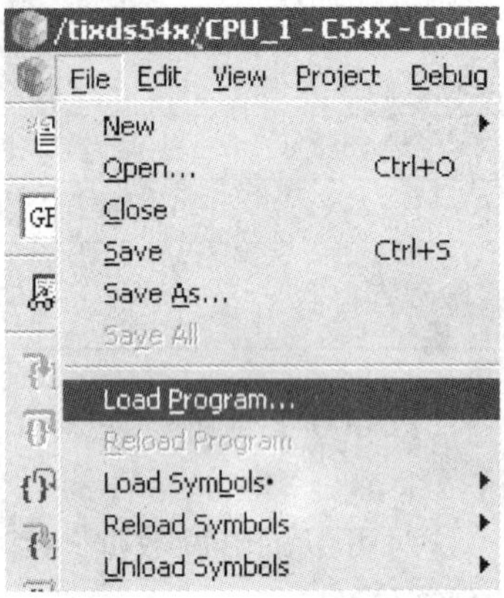

图 7-9 程序加载

(3) 在计算机上运行串口调试助手程序,设置串口为 Com1,波特率为 9600,校验为 None,停止位为 1 位,十六进制显示,以待观察从 DSP 往 PC 串口发送的数据。

(4) 口调试助手程序的发送窗口键入任意字符(如"5A")以待发送至 DSP,并且选择手动发送模式(即不选中自动发送项)和十六进制发送,如图 7-10 所示。

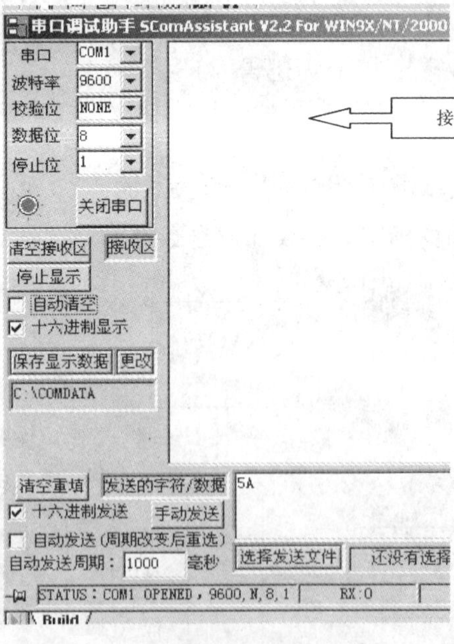

图 7-10 串口调试

（5）运行程序。

（6）在串口调试助手程序中，单击“手动发送”按钮，并在接收窗口中观察是否能正确接收到刚才设置的发送数据（如“5A”）。

（7）本实训源程序。

```
#include "uart.h"
int UartBuff[20];
int k =0;
int i =0;
void InitDSP()
{
  int i;
  *CLKMD =0x0;
  while(*CLKMD & 0x0001){};
  *CLKMD =0xF7e7;
  for(i =0;i <1000;i + +);
  *PMST =0x00E3;
  *SWWSR =0x7000;
}
/*************************************************************** /
/* main                                                          * /
/*************************************************************** /
void main(void)
{
    int tmp;
    asm("SSBX INTM");  ///Disable all interrupt * /
    InitDSP();
    commandport =0x0;
    asm("nop");
    asm("nop");
      UART_LCR_REG =0x80;
      asm("nop");
    asm("nop");
      UART_RBR_REG =12;
      asm("nop");
    asm("nop");
      UART_IER_REG =0;
      asm("nop");
    asm("nop");
      UART_LCR_REG =0x03;
      asm("nop");
    asm("nop");
    while(1)
    {
        while((UART_LSR_REG&0x1) = =0);
        tmp =UART_RBR_REG;
        asm("nop");
        asm("nop");
        while((UART_LSR_REG&0x60)! =0x60);
        UART_RBR_REG =tmp;
        asm("nop");
        asm("nop");
    }

}
```

第 8 章　高精度 ADC 与 DAC 模块

8.1.1　实训目的

（1）熟悉 DSP 中多功能缓冲串口（MCBSP）；

（2）熟悉数字 D/A，A/D 芯片的功能和结构；

（3）掌握 MCBSP 及 AIC23 的设置和使用方法；

（4）了解 AIC23 与 MCBSP 的硬件结构与连接方式。

8.1.2　实训设备

（1）一台装有 CCS 软件的计算机；

（2）DSP 实训箱；

（3）DSP 硬件仿真器；

8.1.3　实训原理

为了方便实训，我们首先介绍一下 AIC23 与 MCBSP 的原理与使用方法。

1. AIC23 基本性能

AIC23 是德州仪器公司（TI）生产的高性能音频 A/D、D/A 放大电路。外围接口工作电压为 3.3 V，内核工作电压是 1.5 V，在 48 kHz 采样率条件下，A/D 变换信噪比可达 100 dB，其控制口可由硬件设置为同步置口（SP2）模式或两线制（2-wire），音频数据接口可采用 I^2S 格式、DSP 格式、USB 格式及最高位或最低位数据调整格式。音频数据字长可设置为 16、24、20、32 位，输出可直接驱动耳机，在 32 位条件下输出可达 30 mW。内置前置放大器及偏置电路可直接连接麦克风。该芯片功耗很低，在休眠（power-down）状态下，功耗小于 15 μW。

2. AIC23 内部结构及功能简介

AIC23 的内部结构框图如图 8-1 所示。

（1）AIC23 有两个数字接口，其一是由 CS（控制信号）、SDIN（信号数据输入）、SCLK（信号时钟）和 MODE（模式）构成的数字控制接口，通过它将芯片的控制字写入 AIC23，从而控制 AIC23 功能；另一组是由 LRCIN（左右声控制输入）、DIN（数据输入）、LROUT（左右声输出）、DOUT（数据输出）和 BLCK（时钟）组成的数字音频接口，AIC23 的数字音频信号从这个接口接收或发出。

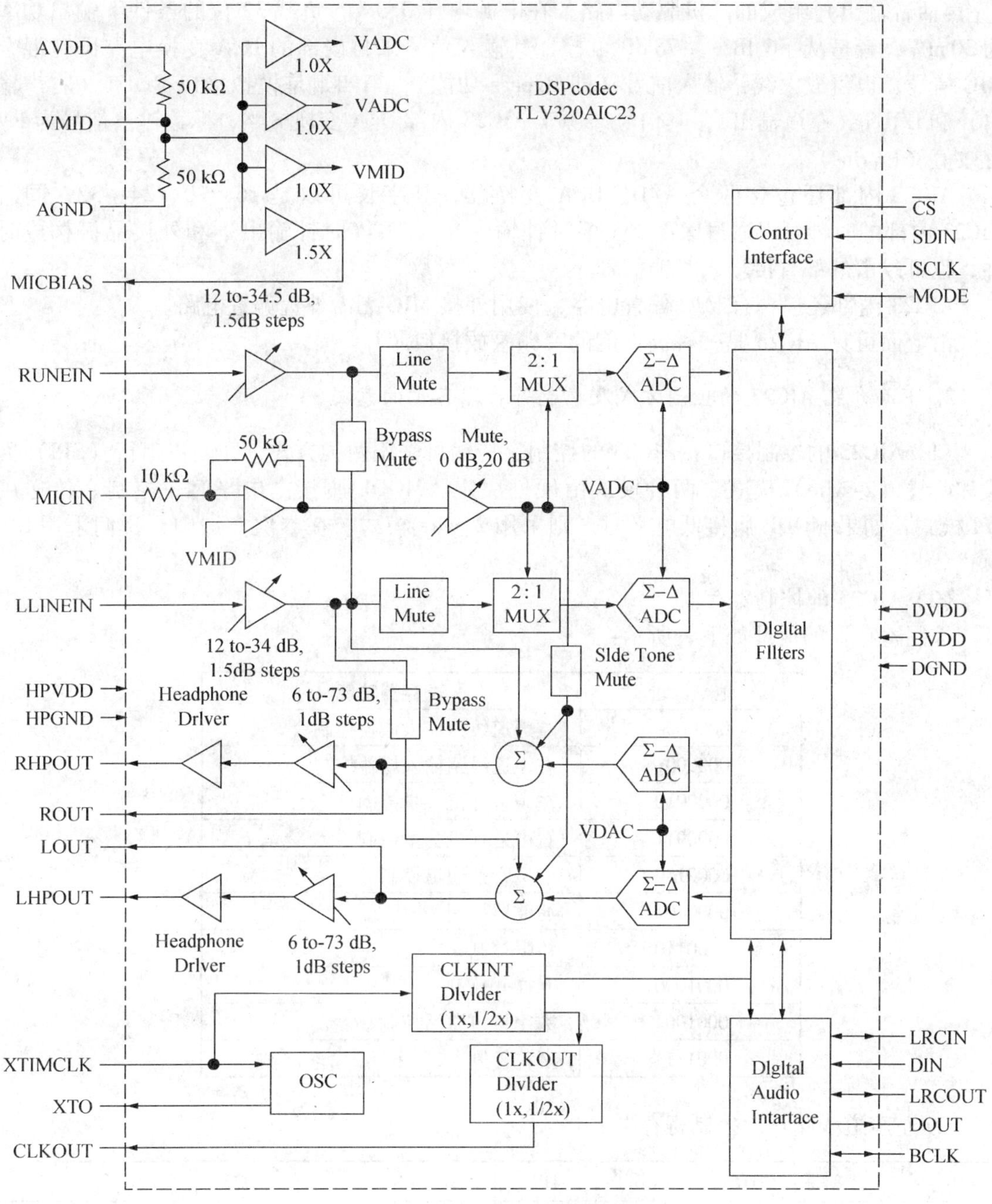

图 8-1　AIC23 的内部结构框图

（2）在模拟信号接口方面，AIC23 有四组：一是由 RLINEIN（右声线入）和 LLINEIN（左声线入）组成的线路输入接口，其内部带可控增益放大器及静音电路，其最大输入模拟信号为 1VRMS；第二组是由 MICIN（麦克输入）构成的 MIC 接口，内部包含 1 个 5 倍固定增益放大器及 0～20 dB 可变增益放大器，该信号与线路输入信号（LINEIN）通过内部模拟开关选择送往 A/D 变换电路；第三组是由 RHPOUT（右声话音输出）和 LHPOUT

（左声话音输出）组成的耳机驱动电路，在电源电压3.3 V、负载32位的条件下输出功率为30 mW，音量从+6 dB～-73 dB可控，其输入信号来自内部的D/A变换电路同时混合MIC信号，也可放大线路输入信号（即Bypass功能）；第四组是模拟接口ROUT（右声输出）和LOUT（左声输出），其信号来源于AIC23内部D/A变换电路，标称输出信号为1 V有效值（1 Vrms）。

AIC23内部还包含两个A/D、D/A变换器，其字长可以是16、20、24、32，同时AIC23内部的时钟可以通过XTI（晶振时钟输入）、XTO（时钟输出）和外接晶振构成时钟，也可以由外部直接输入时钟信号。

AIC23内部还包含有MIC偏置电路，使用外接MIC无需外置偏置电路。

由上面可见AIC23是一种高性能的音频录放接口芯片。

3. 下面介绍AIC23的控制方式及控制寄存器各位的意义

（1）AIC23的控制接口：AIC23的控制字传输可采用两种方式，即同步串行（SPI）模式和两线（2-wire）模式，两种模式由硬件决定。MODE脚接高电平时，控制字传送用SPI模式，如果MODE脚接低电平时，则采用2-wire模式。在本次实训中，我们采用SPI模式。

（2）AIC23的控制寄存器。

控制寄存器的地址如下表所示：

地　址	寄存器功能
0000000	左声道线路输入增益控制
0000001	右声道线路输入增益控制
0000010	左声道耳机音量控制
0000011	右声道耳机音量控制
0000100	模拟音频通道控制
0000101	滤波器控制
0000110	休眠控制
0001000	采样率控制
0001001	数字接口激活控制
0001111	复位控制

① 左声道线路输入控制寄存器

位	D8	D7	D6	D5	D4	D3	D2	D1	D0
功能	LRS	LIM	X	X	LIV4	LIV3	LIV2	LIV1	LIV0
缺省值	0	1	0	0	1	0	1	1	1

LRS：左/右声道线路输入增益控制调节，0=同步调节禁止，1=同步使能；

LIM：左声道线路输入静音控制，0=正常，1=静音；

LIV4～0：左声道音量控制，11111=±12 dB，00000=-34.5 dB，步距1.5 dB/LSB；

X：保留。

② 右声道线路输入控制寄存器

位	D8	D7	D6	D5	D4	D3	D2	D1	D0
功能	RLS	RIM	X	X	RIV4	RIV3	RIV2	RIV1	RIV0
缺省值	0	1	0	0	1	0	1	1	1

③ 左声道耳机音量控制寄存器

位	D8	D7	D6	D5	D4	D3	D2	D1	D0
功能	LRS	LZC	LHV6	LHV5	LHV4	LHV3	LHV2	LHV1	LHV0
缺省值	0	1	1	1	1	1	0	0	1

LSR：左/右声道音量控制同步调节，0 = 同步调节不使能，1 = 同步调节使能；
LZC：左通道过零侦测（防止干扰进入耳机放大器），0 = 关，1 = 开；
LHV（6～0）：耳机音量控制，1111111 = +6 dB，0110000 = -73 dB。

④ 右声道耳机音量控制寄存器

位	D8	D7	D6	D5	D4	D3	D2	D1	D0
功能	RLS	RZC	RHV6	RHV5	RHV4	RHV3	RHV2	RHV1	RHV0
缺省值	0	1	1	1	1	1	0	0	1

⑤ 滤波器控制寄存器

位	D8	D7	D6	D5	D4	D3	D2	D1	D0
功能	X	X	X	X	X	DACM	DEEMP1	DEEMP0	ADCHP
缺省值	0	0	0	0	0	0	1	0	0

DACM：D/A 变换电路软件静音控制，0 = 不静音，1 = 软件静音；
DEEMP：去加重控制选择，00 = 关，01 = 32 kHz，10 = 44 kHz，11 = 48 kHz；
ADCHP：A/D 高通滤波器，0 = 关闭，1 = 开。

⑥ 休眠控制寄存器

位	D8	D7	D6	D5	D4	D3	D2	D1	D0
功能	X	OFF	CLK	OSC	OUT	DAC	ADC	MIC	LINE
缺省值	0	0	0	0	0	0	1	1	1

OFF：芯片休眠控制，0 = 芯片通电，1 = 芯片休眠；
CLK：时钟控制，0 = 时钟开启，1 = 时钟关闭；
OSC：振荡器控制，0 = 振荡器开启，1 = 振荡器关闭；
OUT：输出控制，0 = 输出开启，1 = 输出关闭；
DAC：D/A 变换控制，0 = D/A 变换开启，1 = D/A 变换关闭；
ADC：A/D 变换控制，0 = A/D 变换开启，1 = A/D 变换关闭；
MIC：话筒电路控制，0 = 开启，1 = 关闭；
LINE：线路输入控制，0 = 开，1 = 关。

⑦ 数字音频接口格式控制寄存器

位	D8	D7	D6	D5	D4	D3	D2	D1	D0
功能	X	X	MS	LRSWAP	LRP	IWL1	IWL0	FOR1	FOR0
缺省值	0	0	0	0	0	0	0	0	1

MS：主/从模式控制位，0 = 从模式，1 = 主模式；

LRSWAP：D/A 左右通道交换控制位，0 = 不交换，1 = 交换；

LRP：D/A 左右数字声道帧相位；

IWL：数字音频字长；

FOR：数字音频接口格式选择。

实训中，数据音频字采用 DSP 格式，其工作波形如下：

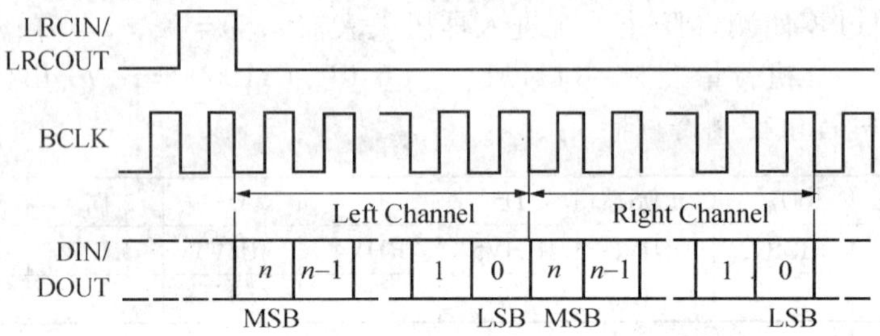

⑧ 取样率控制寄存器

位	D8	D7	D6	D5	D4	D3	D2	D1	D0
功能	X	CLKOUT	CLKIN	SR3	SR2	SR1	SR0	BOSR	USB/Normal
缺省值	0	0	0	0	0	0	0	0	0

CLKOUT：输出时钟分频控制，0 = 不分频，1 = 二分频；

CLKIN：输入时钟分频控制，0 = 不分频，1 = 二分频；

SR：采样率控制位，见下表；

BOSR：超采样率控制；

USB/Normal：时钟模式，0 = 普通模式，1 = USB 模式。

在本次实训中，我们采用 12 MHz 的晶振作为时钟，用 USB 模式。

MCLK = 18 432 MHz

SAMPLING RATE		FILTER TYPE	SAMPLING-RATE CONTROL SETTINGS				
ADC（kHz）	DAC（kHz）		SR3	SR2	SR1	SR0	BOSR
95	95	2	0	1	1	1	1
48	48	1	0	0	0	0	1
32	32	1	0	1	1	0	1
8	8	1	0	0	1	1	1
48	8	1	0	0	0	1	1
8	48	1	0	0	1	0	1

⑨ 数字接口激活控制寄存器

位	D8	D7	D6	D5	D4	D3	D2	D1	D0
功能	X	X	X	X	X	X	X	X	ACT
缺省值	0	0	0	0	0	0	0	0	0

ACT：激活接口，0 = 不激活，1 = 激活

在程序中若改变其它寄存器位，要激活一次接口，否则接口不工作。

⑩ 复位控制寄存器

位	D8	D7	D6	D5	D4	D3	D2	D1	D0
功能	RES	RES	RES	RES	RES	RES	RES	RES	RES
缺省值	0	0	0	0	0	0	0	0	0

RES：复位控制，只要向寄存器写一个数，芯片内寄存器复位，恢复默认值。

4. MCBSP 简介

MCBSP 的基本性能

（1）MCBSP 是 DSP 芯片的标准内部外设，可以提供收发双向串行通信，接收双缓冲，改善三缓冲寄存器，有独立的收发时钟，帧同步信号，可直接与多种格式装置连接，如 AC97，I^2S 和 SPI 等。最多可发送/接收 128 个通道数据。数字字长从 8、12、16、20、24、32 位可变。可提供 A 律或 μ 律压缩，其时钟、帧同步极性、频率可编程。

（2）MCBSP 的结构及与本次实训使用的寄存器简介

① MCBSP 的结构大致如图 8-2 所示：

RSR、RBR 和 DRR 为三组接收缓冲寄存器，XSR 和 DXR 是两组发送缓冲寄存器，compand 为语音的 A 律、μ 律压缩扩展器，其他的为 MCBSP 控制寄存器。DR 和 DX 分别为 MCBSP 的数据接收、发送端，CLKX，CLKR 分别是 MCBSP 的发送时钟与接收时钟，FSX，FSR 分别是 MCBSP 的发送、接收帧同步，CLKS 是系统时钟，XINT，RINT 是 CPU 的发送、接收完毕中断。

MCBSP 口控制寄存器寻址采用子地址寄存器寻址方式，即向子地址寄存器 SPSAx 写入各控制寄存器子地址，然后将控制字写入该 MCBSP 口的主地址（如 0039H）。

② 本实训用到的相关控制寄存器如下，它们在复位时，复位值全部为 0。

串口控制寄存器 1（SPCR1），子地址 0000H；

串口控制寄存器 2（SPCR2），子地址 0001H；

引脚控制寄存器（PCR），子地址 000EH；

传送控制寄存器 1（XCR1），子地址 0004H；

传送控制寄存器 2（XCR2），子地址 0005H。

在设置上述寄存器时，其步骤如下：

- 设 SPCR（1～2）中 XRST = RRST = FRST = 0，使 MCBSP 口处于复位状态；
- 设置各个相关寄存器对应位；
- 等待两个数据周期，确保 MCBSP 内部同步；

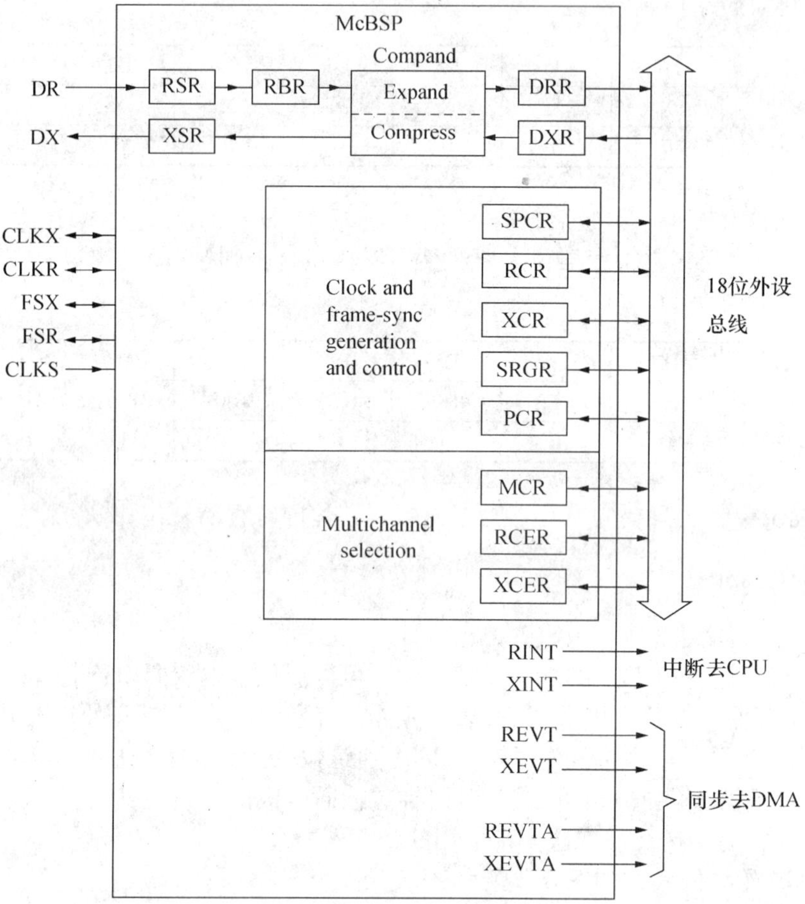

图 8-2 MCBSP 的结构

- 向发送数据寄存器 DXR 写入数据；
- 设 SPCR（1～2）中 XRST = RRST = FRST = 1，使 MCBSP 口离开复位状态；
- 等待两个数据周期，使 MCBSP 收发器启动。

以上是对本实训用到的器件的简介，基本结构框图如图 8-3 所示。如希望进一步了解以上器件可参考相关资料。

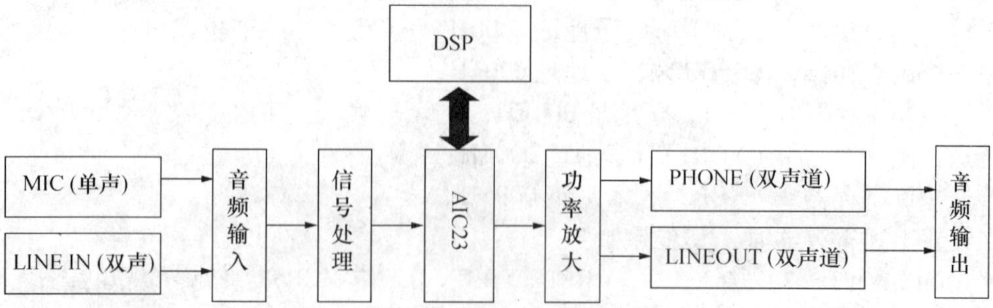

图 8-3 实训结构框图

8.1.4　实训步骤

本次实训包含两部分：一部分是 AIC23 的 Bypass 功能，即从线路输入口（LINEIN）输入音频信号，控制芯片内寄存器，使输入音频信号通过 AIC23 内 Bypass 通道经功率放大直接输出，实现模拟到模拟输出，另一部分是 AIC23 的 D/A 变换实训，即由 DSP 送来的音频数据字，经音频数字接口送到 AIC23 内 D/A 变换成模拟信号，经功率放大器由耳机输出口（HPOUT）输出。

（1）我们首先要了解本次实训使用的硬件资源，在实训中我们使用 5410 芯片的 MCBSP0 口和 AIC23，AIC23 有控制接口，音频数据接口，而 DSP 只提供了 MCBSP0 口。故该串口要复用，传送 AIC23 的控制字与音频数据字。

（2）实训要求首先实现 30 秒的 Bypass 功能，然后自动转换为 DSP 芯片输出音频数据字。其程序流程图如图 8-4 所示。

注意：

① AIC23 控制接口的通信模式是硬件控制，应将 AIC23 的 MODE 引脚拉高电平，置 SPI 模式，即跳线帽插在中间与右边。

② 由 CPLD 的内部设置，在音频数据传送过程中，应设 AIC23 为 DSP 主模式，MCBSP0 为 DSP 从模式，并注意收发时钟，帧同步的极性与延迟脉冲的个数设置匹配。

③ 注意 AIC23 休眠寄存器中 ADC、DAC 不能同时开启，否则芯片会自动关闭，在改变控制字后应激活寄存器，否则芯片不会进入工作状态。

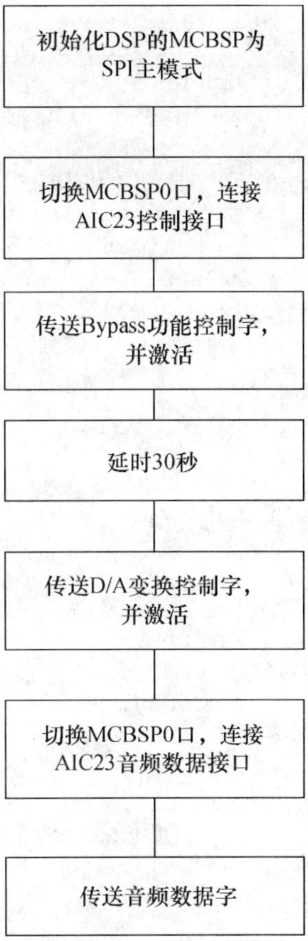

图 8-4　程序流程图

④ 因为此实训要通过高精度音频 AD/DA 转换其中经过多级放大器，所以请将输入的信号调节的尽可能的小，否则将不会输出完美话音。

（3）音频线连接计算机和 AIC23 模块的输入（LINEIN），另一条音频线连接 AIC23 模块输出（PHONE）和扬声器输入，或者用耳机连接 AIC23 模块输出（PHONE），用计算机播放声音文件。

（4）打开本实训工程文件（.\aic23bypassda\aic231215.pjt），编译，下载到 DSP。程序加载如图 8-5 所示。

（5）运行程序，听声音输出的变化。

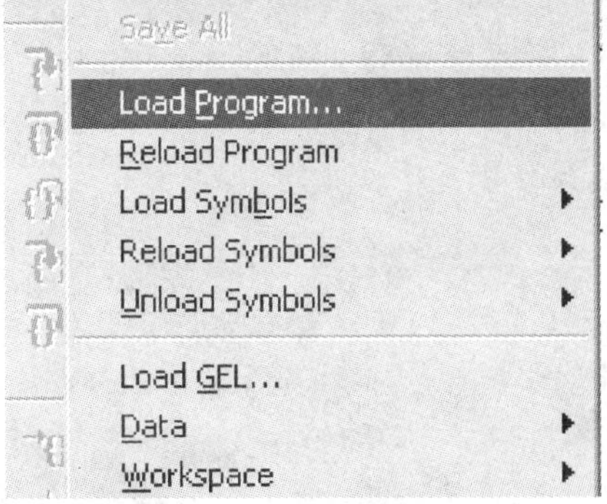

图 8-5　程序加载示意图

8.1.5　本实训源程序

```
include "5410reg.h"
#include "stdio.h"

#define fc_clock port2000
```

```
#define LowPass 0
#define HighPass 1#define BandPass 2
ioport unsigned fc_clock;
ioport unsigned temp;

//McBSP2 初始化表
const unsigned short init_tblx[][2] =
{
{0,0x0000},
{1,0x0200},
//上两目使 McBSP1 处于复位状态
{2,0x0040},
{3,0x0000},
{4,0x0040},
{5,0x0000},

{6,0x0101},
{7,0x2000},
{8,0x0000},
{9,0x0000},
{10,0x0000},
{11,0x0000},
{12,0x0000},
{13,0x0000},
{14,0x000c},
//下两目使 McBSP 开始工作
{0,0x0001},
{1,0x0043}

};

short *init_tbl = (short *)init_tblx;
int mtmp;
int Type;

void Delay()
{
    int temp,ft;
    for(ft =0;ft <100;ft ++)
      for (temp =0;temp <1000;temp ++);
}


void ShortDelay()
{
  int tmp;
  for(tmp =0;tmp <100;tmp ++);
}
void MainDelay(unsigned int count)
{
  int tmp;
  for(tmp =0;tmp < count;tmp ++);
```

```
}


void initMCBSP()
{
int i,j;

//asm("ssbx INTM");

  for(i=0;i<17;i++)
  {
    SPSA0=init_tbl[i*2+0];
//  for(j=0;j<100;j++);
    MCBSP0  =init_tbl[i*2+1];
//  for(j=0;j<100;j++);
  }
  Delay();
}

void initDMA()
{

  IMR=0X1000;               //DMA  4 通道中断使能

  asm("  rsbx intm");       //开放所有可屏蔽中断

  DMSA=0x0014;              //选择 DMA4 通道
  DMSRC1=0x0031;            //设置串口 1 接收端为 DMA 事件的源地址
  DMDST1=0x2000;            //设置 DMA 事件的目的地址
  DMCTR1=0x3000;            //设置直接传送数据个数
  DMSFC1=0x5000;            //设置 DMA 为多帧模式,源地址不调整目的地址按 57h 的值调整

  DMSA=0x0020;
  DMIDX0=0x0001;            //设置目的地址为自动加 1 调整
  DMPERC=0x1090;            //设置通道 4 为高优先级并使能通道 4

}


void WriteAD50(unsigned int Data)
{
  int tmp;

  tmp=fc_clock;
  while((fc_clock&0x40)==0);
  asm ("nop");
  asm ("nop");
  fc_clock=0x12;
  asm ("nop");
  tmp=fc_clock;
  while((tmp&0x40)) tmp=fc_clock;
   //asm ("nop");
  tmp=fc_clock;
```

```
  while((tmp&0x40)==0) tmp=fc_clock;
  fc_clock=0x2;
  asm ("nop");
  asm ("nop");
  DXR10=Data;              //给 TLC320AD50C 的寄存器编程
  SPSA0=0x0001;            //
  while( (MCBSP0&0x0002)==0);  //数据是否被 TLC320AD50C 接收
  asm ("nop");
  asm ("nop");
  ShortDelay();
  asm ("nop");
}

void initAD50()
{
  //int tmp;
  WriteAD50(0x0180);       //给 TLC320AD50C 的寄存器 1 编程,使其复位
  ShortDelay();
  asm ("nop");
  WriteAD50(0x0101);       //TLC320AD50C 脱离复位并且设置寄存器 1,使 INP,INM 为输入
  asm ("nop");
  WriteAD50(0x0210);       //设置 TLC320AD50C 寄存器 2,使电话模式无效
  asm ("nop");
  WriteAD50(0x0420);       //设置 TLC320AD50C 寄存器 4,使采样频率为 10.667 KHz
  asm ("nop");
  asm ("nop");
  WriteAD50(0x0312);       //设置 TLC320AD50C 寄存器 3,使带 0 个从机
  asm("nop");
}


void initDSP()
{
  volatile unsigned int *CLKMD=(volatile unsigned int *)0x58;
  int i;
  *CLKMD=0;
  while((*CLKMD&1)==1);
  *CLKMD=0x17EF;
  while((*CLKMD&1)==0);
  asm("ssbx intm");
  fc_clock=0x2;
  asm("nop");
  asm("nop");
  i=fc_clock;
  asm("nop");
  asm("nop");
  PMST=0xFFE3;
  IFR=0x3fff;

}

void main()
{
  int i;
  static int inbuff[512];
  initDSP();
```

```
    initMCBSP();
    initAD50();
    initDMA();
    i = fc_clock;
    asm("nop");
    asm("nop");
    i = 0;
    for(;;)
    {
      SPSA0 = 0x0000;
      while((MCBSP0&0x0002) = = 0);
      mtmp = DRR10;
      inbuff[i + +] = mtmp;
      if(i = = 512)
        i = 0;
      DXR10 = mtmp;
    }

}
```

第 3 篇

DSP 综合应用系统设计案例

第 9 章　基于 DSP 的单兵背负式短波数字通信系统

21 世纪的战争将以数字化战场为背景，而数字化战场的一个重要特点是信息可以直达单个士兵。本系统采用基于软件无线电的思想，应用第三代数字信号处理器 TMS320C54XX 和数模转换芯片 TLC32044 等器件构成短波自适应调制解调器的硬件平台，将其与传统的模拟电台相连接，构成了可传输数据信息的单兵背负式数字化电台，通过软件程序的编写实现信息处理的一系列功能。

此数字化电台不仅保留了原有的话音通信能力，而且又增加了数据通信功能。它充分利用了现有的短波通信设备，并大大降低了数字化改造的成本。采用它可以将战场上的各种信息转化为数字保密代码，通过短波无线信道发送接收，把指挥所、部队及单个士兵紧密联系起来，形成机动灵活的短波通信网络，使指战员实时掌握战场态势，增加信息对抗和信息攻击能力，从而提高部队的战斗力。将现有的短波通信设备与高速调制解调器、输入输出终端设备相结合，研制成新的短波数字通信系统。该系统应用领域广泛，不仅可用于军事，还可用于公安、消防、边防、石油及森林等单位的数据传输、指挥通信和报文传递；加装 GPS 接收机后还可传输全球定时定位信息。它充分有效地发挥了现有短波电台的性能，实现了屏幕显示的全中文化，以及由此引申的重要功能——中文信息可以直传。此项目的成功，为研制适合我国国情和特点的单兵数字化通信设备奠定了一定的理论和实践基础。

9.1　软件无线电技术

随着高速数字信号处理器（DSP）的研究开发，软件无线电技术得到飞速发展。其基本概念是将硬件作为无线通信的基本平台，而将尽可能多的无线及个人通信功能以软件实现。其组成框图如图 9-1 所示。

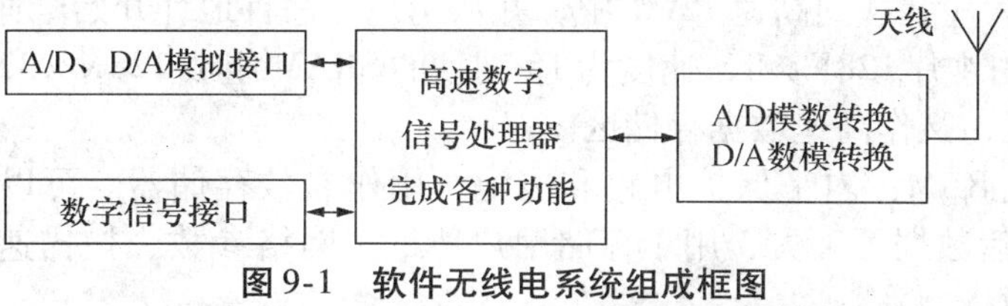

图 9-1　软件无线电系统组成框图

软件无线电的核心是将宽带 A/D 和 D/A 尽可能靠近天线（将 A/D 和 D/A 由基带移到中频甚至射频），用实时高速 DSP/CPU 代替传统的专用数字电路做 A/D 后的一系列处理，将无线通信的各种功能采用软件进行定义。软件无线电代表一个软件可重构的无线电体系，它的可重构性主要体现在其射频、中频以及基带信号处理可以通过软件编程来控制和实现。其硬件平台可以用可编程数字信号处理芯片或可重构专用功能信号处理器来实现。

9.2 系统硬件组成及工作原理

以 TMS320C54XX 高速信号处理器为核心，辅以相应外围电路，构成短波自适应调制解调器，它和短波单边带电台连接后，构成短波数字通信系统中的一个站。短波自适应控制调制解调器主要由主处理器 TMS320C54XX、温补晶振、高速 RAM、低速 EPROM、A/D、D/A 转换器、控制频道转换电路、液晶显示器、按键等部分组成，如图 9-2 所示。

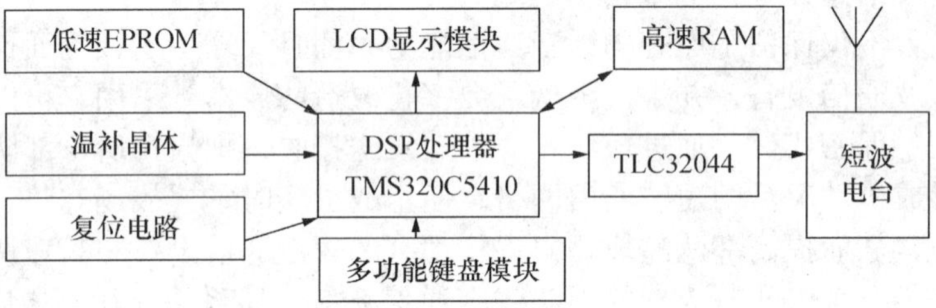

图 9-2 短波自适应调制解调器硬件框图

TMS320C54XX 是 TI 公司生产的第一代浮点 DSP 芯片，具有 32 位的浮点精度，60 纳秒的单周期指令执行时间，能进行整数、浮点及逻辑运算，总共有三套总线，即程序总线、数据总线和 DMA 总线，取指、读写数据以及 DMA 操作可同时进行，可以寻址 16M 字的空间，是目前国内应用比较广泛的 DSP 芯片之一。它提供了可与外部串行设备通信的串行接口，支持 8/16/24/32 位数据交换，为设计 A/D、D/A 接口电路提供了很大的灵活性。它的程序引导功能（Boot loader）使其程序可以从低速 EPROM、PROM 或串行口装入到系统的高速 RAM 中全速运行。

存储器部分包括 128K×32 高速 RAM、256K×8 低速 EPROM（或 EEPROM）和 8K×8 不挥发 RAM。EPROM 是用户程序存储器，由于高速 EPROM 价格昂贵，这里采用低速廉价的 EPROM，开机或复位后，利用 TMS320C54XX 特有的程序自动装载功能，自动将 EPROM 中的用户程序装载到高速 RAM 中，并从用户程序首地址开始全速运行。

高速 RAM：由 4 片 128K×8、速度为 15 纳秒的 SRAM 组成 128K×32 的高速 RAM 区。它既作程序存储区，又作高速数据存储区。

8K×8 不挥发 RAM：内带保护电路和电池，用作参数存储器。可以随时读写（需加等待状态），关机后数据不丢失，用于存储用户地址、网络参数、扫描速度及系统内部运行所需的一些参数。

短波电台接口：TLC32044 是 TI 公司生产的接口芯片（简称 AIC）TLC32040 系列中的一种，它集 A/D、D/A 于一体，具有两个模拟输入口和一个模拟输出口，最高采样频率为 19.2 KHz。它用于电台与 TMS320C54XX 之间的收发信号接口，通过 TMS320C54XX 的串行口与 TMS320C54XX 芯片连接。在程序控制下，A/D 转换器将来自电台的模拟信号经高速采样后传送给 CPU，由 CPU 运算处理和解码后恢复数据信息。D/A 转换器的功能是将经过编码的发送信息转换成适合信道传输的模拟信号经电台发送出去。

液晶显示器：采用 MGLS12864T 点阵式液晶显示器，编制汉字库以存储汉字字模（即点阵数据），以图形显示方式显示发送或接收的数据。

小键盘：共 20 个，用菜单方式选择不同的操作功能，如输入密钥、键入数据等。各键的定义由软件实现，其参数的设置和控制功能的修改无须改变键盘硬件结构，只需改变相应软件，便于功能扩展。

若干个这样的站可以组成一个短波数字通信系统，如图 9-3 所示。

系统由一个主控站及若干个从站组成。主控站及各从站均由短波调制解调器和短波电台组成；每个从站有自己固定的站号，且各不相同。主控站一次只能与一个从站建立链路，链路的持续时间由主控站与从站之间需传输的数据量的大小而定。主控站按照一定的顺序更换站号，便可与不同的从站建立链路，从而组成一个星型短波数字通信系统。

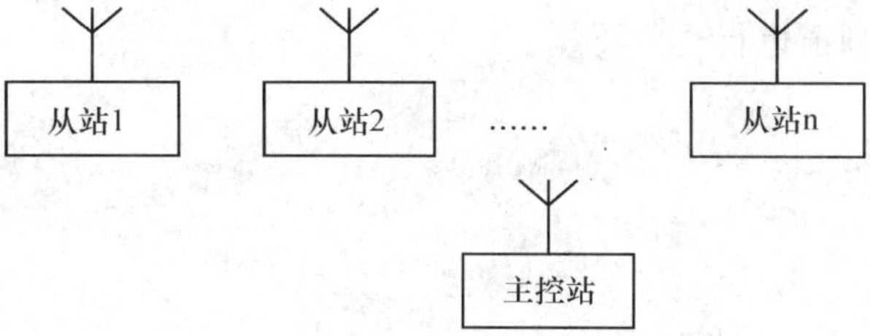

图 9-3　系统组成框图

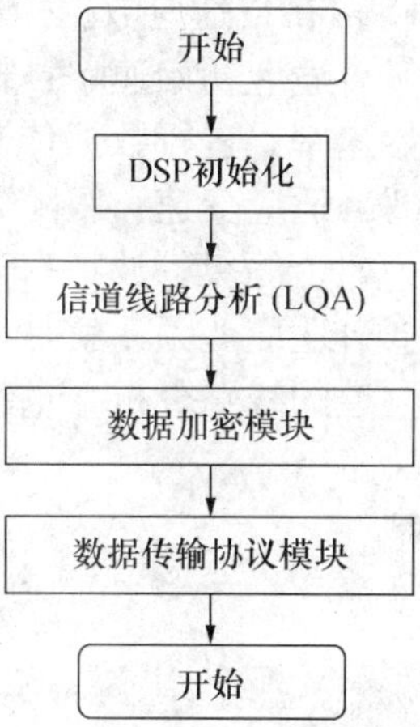

图 9-4　系统工作模块流程图

该系统在电台原有半双工模拟明话通信的基础上，增加了一点对多点半双工准数字话音的实时保密通信、一点对多点半双工各种报文的保密通信和一点对多点半双工低速率雷达数据的保密通信；在模拟明话、准数字话音、各种报文和雷达数据通信中，能进行自适应选频、自适应变速和自动加解密。

9.3　系统软件工作流程及关键技术

该控制调制解调器采用了先进的短波调制解调、差错控制和自适应等技术，减少了误码率，提高了通信速率，保证了通信质量。其工作模块流程图如图 9-4 所示。

（1）初始化 DSP 模块：上电后，初始化程序完成一系列初始化操作，包括总线设置、中断矢量设置、中断控制寄存器设置、定时器初始化、串行口初始化等。

（2）自动线路建立（即信道线路分析）模块：在电台预置的若干个频道中根据线路质量分析（LQA）情况选出最佳频道，并在该频道上建立通信链路。通信双方停留在该频道上，进行通话或传递数据。

（3）加解密模块：采用IDEA加密算法，对传输的数据和数字代码进行加密。该系统对传输的雷达数据、数字话音及报文代码能够自动加密和解密，大大提高了密文的生成速度，减少了差错，实现了快速保密通信。

（4）数据传输协议模块：利用自动线路建立功能建立的通信链路，将待发数据打包后，发送给指定站。其中，满帧数据为16包，每包36个字节，前两个字节为包号及包号的取反值，中间32字节为数据，最后2个字节为此包数据的16位CRC校验值。发送站发完一帧数据后，接收站对收到的数据进行识别，并返回应答信号。应答信号为两个字节，16位数据，其中每一位数据对应收到的每一包数据，为1则说明此包数据传输错误，为0则接收正确。发送站收到应答信号后，根据反馈信息将错误数据包打入下一数据帧进行重传。

（5）在自适应数据传输中采用了如下自适应措施：

①自适应初始速率：根据自动线路分析时的信道质量求出一个最佳速率作为数据传输的初始速率，进行数据传输。

③自适应变速：跟随数据传输时的信道质量的变化来改变当前的数传速率。将数传速率设为四个等级，波特率分别为62.5、600、1200和2400。

③自适应变频：就是在当前信道连最低速率都不能进行正常通信的情况下，重新进行所有频道的线路分析，重新选一个最佳频道进行通信。

第10章　基于TMS320 DM642的多路视频处理系统设计

10.1 引　　言

近年来，DSP技术不断进步和发展，现有的高端通用DSP芯片，如TI公司的C6000系列，已具有最高可达5760MIPS的处理能力，广泛应用于雷达、移动通信基站等大运算量、高实时性的信号处理领域，同样也完全可以满足诸如视频处理等多媒体应用的要求。

但是随着视频监控市场的飞速扩大，目前市面上的一些视频监控系统缺点逐渐显现，包括成本高昂、路数少、实时性差以及画质不佳，且由于不同场合监控需求不一样使得用户对监控产品的灵活性和针对性提出了更高的要求。本设计采用TI公司的TMS320 DM642多媒体处理芯片作为主控芯片，将成本控制在可行范围内，并且充分利用芯片内核的高速处理能力保证监控系统实时性，是一种兼顾成本及监控质量的好方法。

TMS320 DM642（以下简称DM642）是TI公司于2002年推出的一款专门为数字媒体应用设计开发的32-bit定点DSP芯片，具备高性能的C64x数字信号处理器内核且集成了丰富的外设资源，如可配置的音视频接口、以太网MAC控制器、JATG仿真器接口等。

10.2 系统整体方案

图10-1为整个系统的结构框图。以DM642为核心，主要包括视频模块、存储模块、通信模块以及其他外围电路部分。视频模块由四块编码器芯片和一块解码器芯片组成，采用切换方式以支持四路复合视频输入和一路视频输出显示；存储模块通过DM642的EMIF接口扩展片外存储器SDRAM和FLASH，并通过CPLD控制FLASH片内分页寄存器的读写；通信模块部分利用CPLD控制并口传输模式，实现时序逻辑以及数据传输，使整个系统作为从设备接受主设备控制以完成特定的图像处理运算等。

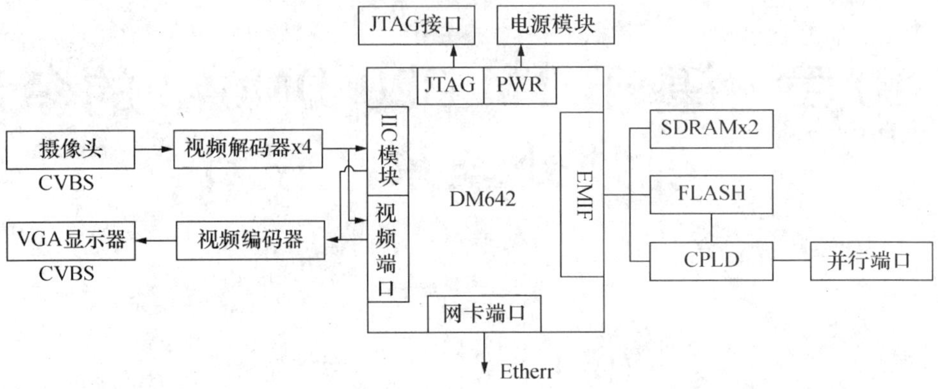

图 10-1　系统结构框图

10.2.1　电源管理模块

DM642 工作频率为 600 MHz，采取双电源供电方式：CPU 内核电压 +1.4 V，电流 793 mA；外围 I/O 电压 +3.3 V，电流 165 mA。这两个独立电压在供电时需要严格按照顺序进行，保证内核电源先上电，最晚也应当与 I/O 电源同时上电，避免对芯片造成危害。

电源芯片，采用 TI 公司的高性能电源转换芯片 TPS54310，它利用电路板上 5 V 电源驱动两个线性稳压模块，经过两路电压转换生成所需的 +1.4 V 及 +3.3 V 电压，精度达 1%。

上电过程中，在内核电压和 I/O 电源达到要求的电压之前需确保系统时钟处于复位状态，以避免产生不受控制的状态。因此采用 TI 公司的电源检测芯片 TPS3823-33，它能够对系统使用最多的 +3.3 V 电压进行监测，并且允许系统中各芯片在任意时刻通过复位来调整工作状态。

10.2.2　时钟电路

为了降低片外时钟频率，提高系统稳定性，在设计 DSP 系统时应尽量使用 DSP 片内锁相环（PLL）。在本设计中选用外部 50 MHz 的时钟源，经过 PLL 进行 12 倍频后得到 CPU 所需的 600 MHz 主频。在本设计中，采用 1/4CPU 时钟为 ECLKIN 提供 150 MHz 的时钟，并通过 ECLKOUT1 引脚将时钟提供给 SDRAM 的 CLK 引脚。

整个系统中使用到的时钟频率还有视频编解码芯片的 14.31818 MHz 时钟，它与 DSP 主时钟一样都采用外部有源晶体振荡器。

10.2.3　外部存储器

本系统主要用于视频图像处理，在处理过程中会产生海量数据，而 DM642 片内最多仅有 256 kB 容量的 RAM，所以必须扩展大容量的外部存储器才能够满足数据处理的需要。

本设计采用两片 Hynix 公司的 HY57V283220T（4M×32bit）SDRAM 芯片构成 64bit 外部 RAM 空间；采用一片 AM29LV033C（4M×8bit）FLASH 芯片构成外部 ROM 空间。将

上述两片 SDRAM 芯片并联构成 64-bit 位宽、32 MB 大小的存储空间映射到配置为同步动态存储器接口、64bit 位宽的 CEO 子空间。

10.2.4　视频通路模块

本设计中将 DM642 的 3 个视频端口 VP0 \ VP1 \ VP2 均设置为 8-bit BT.656 模式，其中 VP0 和 VP1 采用单通道方式，将通道 A 用于视频采集；VP2 采用双通道方式，通道 A 和 B 均用于视频采集。因此，最多可以同时采集 4 路模拟视频信号。在 BT.656 视频捕获模式下，FIFO 空间总共为 2560kB 且如下分配：1 个 1280Byte 的 FIFO 专用于存储 Y 采样数据；2 个 640Byte 的 FIFO 分别用于存储 Cb 和 Cr 数据。

采用 4 片飞利浦公司的 SAA7113 解码芯片来实现 4 路模拟视频输入的转换。SAA7113 支持 6 路复合视频信号 CVBS 或 1 路 S 端子（S-Video）输入，输出为带离散同步信号的 8bit4:2:2YCbCr 格式或者带内嵌同步信号的 8bitBT.656 格式的数字视频信号。

在视频回放部分，编码器选用 1 片飞利浦公司的 SAA7121，其可将数字亮色信号（YUV）或数字 RGB 信号等数据转换成 CVBS，S-VIDEO，RGB 等模拟信号输出，支持 PAL/NTSC 制式，并且支持 VGA 及高清晰 HDTV 输出。

编解码器与 DM642 的引脚连接图如图 10-2 所示。

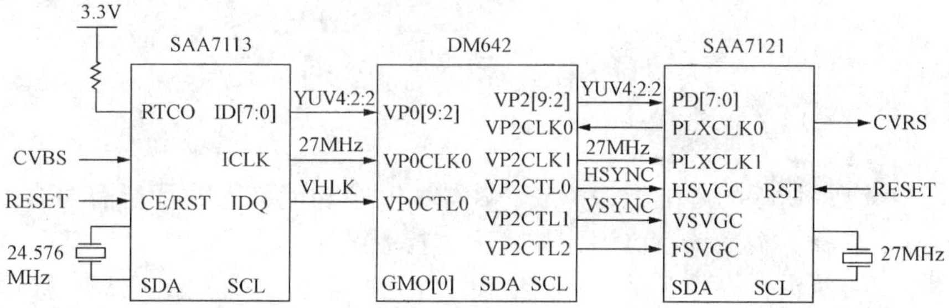

图 10-2　编解码器与 DSP 引脚连接图

DM642 中的 IIC 接口不支持高速模块［2］，因此在本设计中所使用的 I2C 总线速率最高为 400kbit/s。本设计中采用 TI 的 4bit 2 选 1 切换器 SN74CDT3257 使 DM642 可以每次选择接收一组 IIC 数据。由于 SAA7113 只能配置两个不同的设备地址，一条 I2C 总线中不能同时连接 4 个 SAA7113，因此须将 IIC 总线切分成 IIC0 和 IIC1。具体连接方式见图 10-3。

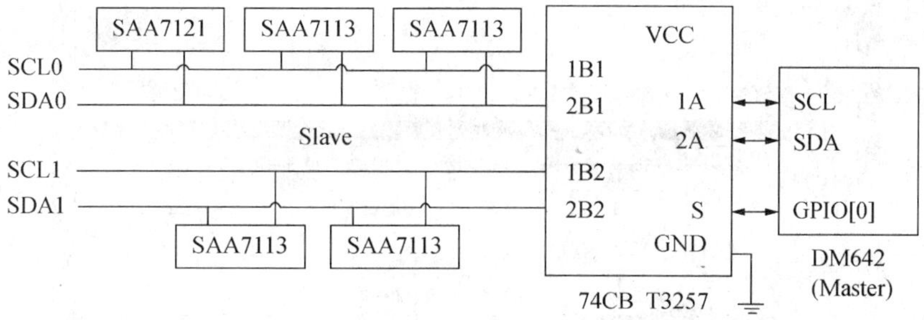

图 10-3　IIC 总线结构框图

10.3 软件设计

设置 DM642 内部模块的配置参数，包括 VPort 视频端口参数配置，SDRAM 及 FLASH 寄存器配置；IIC 总线参数配置；编解码芯片内部寄存器配置等。

系统上电初始化，DM642 通过内部软件模拟 IIC 总线时序，配置好 SAA7113 内部寄存器，设置其工作方式；之后 DM642 向 CPLD 发送采集指令，双方通过 HOLD、HOLDA 握手信号，实现总线控制交接，此时 CPLD 获得总线控制权，然后打开 SAA7113 的输出，对采集到的视频数据进行写控制；当一帧视频数据写入 SDRAM 帧缓存器后，CPLD 关闭 SAA7113 视频输出，放弃总线控制权，并发送中断信号给 DM642；DM642 重新获得控制权后，对采集到的视频数据使用特定算法进行图像处理，并将处理后的视频数据缓存在 SDRAM 中，同时配置 SAA7121 内部寄存器，设置其工作方式，此时将 SDRAM 中缓存的图像数据送入 SAA7121 进行 D/A 转换，并经过并口送 VGA 显示器进行图像显示；DM642 在图像处理完毕后即重新发出开始采集命令，进行下一帧数据的采集。

10.4 系统应用

本设计在参考评估板的基础上，即成功裁减了冗余功能又保证了所需功能，大大降低了成本，节省了资源。本系统已应用在某法庭监控系统中（见图 10-4）。其中摄像头 1 为被告席视频监控摄像头，摄像头 2、3 分别为公诉人及辩护人监控摄像头，摄像头 4 为法官席监控摄像头。数字监控平台可置于书记席处便于实时操作。整套系统建立在本视频处理系统设计之上，兼顾了成本与监控质量，已成功达到预期效果。

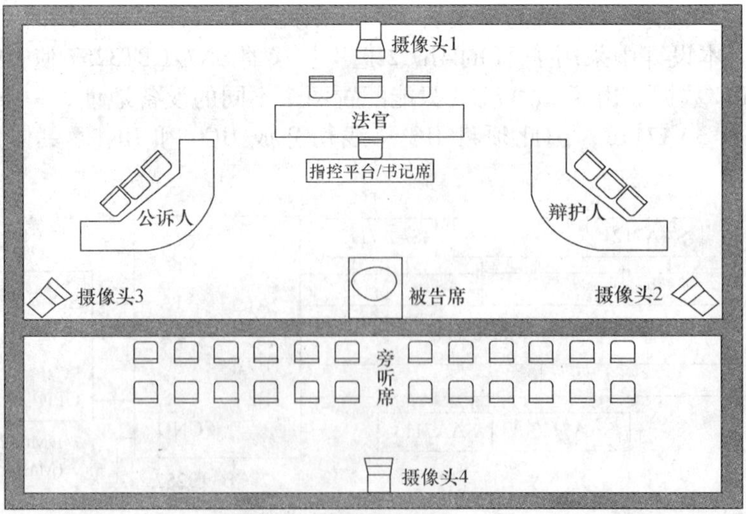

图 10-4 法庭监控布局示意图

目前，业内主流还是基于 CIF 分辨率的视频监控，今后高分辨率的监控记录以及采用 H. 264 技术的编码压缩产品的市场需求将逐渐增加，给算法优化及处理器性能提升提出了新的课题，这将是下一步关注的重点。

10. 5　本章小结

整套系统充分利用了 DM642 的高速数据处理能力，其优点在于成本较低且具有较强的通用性和可扩展性。随着视频监控应用的快速发展，人们对图像质量以及实时处理的要求也会越来越高。基于 DM642 的嵌入式视频处理系统一定会越来越多地应用于多媒体数字信号处理领域，在工业应用及民用领域发挥越来越大的作用。

第 11 章　数据采集系统设计

信号采集与处理一直是生产实践研究与应用领域的一个热点和难点。随着微电子制造工艺水平的飞速提高及数据分析理论的进一步完善与成熟，目前国内外对信号采集系统的高性能研究上取得了很大的进展。就 AD 转换的精度、速度和通道数来说，采样通道由单通道发展到双通道、多通道，采样频率、分辨率、精度逐步提高，为分析功能的加强提供了前提条件。对于信号采集模块，通常要求其能对多通道进行并行处理，具备较高的实时性并具有一定的数据预处理能力。随着现代检测与控制系统复杂性的提高，对信号采集模块也提出了新的要求。在许多控制系统中，要求信号采集模块能够对多个信号通道进行实时、高速采集与高精度的数据预处理。传统的信号采集处理系统多以单片机作为微控制处理器，但对于高精度、高速度、实时的信号采集和处理系统，单片机难以适应高精度信号采集与处理的要求，特别对于数字信号处理算法如数字滤波、FFT 等实现较为困难。信号处理运算操作 DSP 比单片机有更快的指令执行速度，精度更高，这大大提高了数据处理能力，适合于实时数字信号处理。

本项目设计了一个基于 DSP 的信号采集与处理系统。在 DSP 的众多应用领域里，信号采集与处理以及频域分析是 DSP 最基本的应用，也是控制过程中必要的环节。设计流程是：应用 TMS320LF2407A 系列 DSP 做主控制器，将模拟信号通过调理电路及抗混叠滤波器（二阶巴特沃斯有源低通滤波器）处理后进行 AD 采样，使模拟信号 $x(t)$ 变换为数字信号 $x(n)$，将其抽取部分归一化后作时域波形显示。同时数字信号处理器对 $x(n)$ 进行处理，得到序列 $y(n)$，用以对 $x(n)$ 进行频谱特性分析，并以不同的模式（波形和数据）显示处理结果。其中抗混叠滤波器的作用，是将输入信号 $x(t)$ 中高于折叠频率（其值等于采样频率的一半）的分量滤除，以防止信号频谱的混叠。

11.1　信号采集与处理系统总体设计方案

基于 DSP 的信号采集系统由信号采集装置、微控制器 TMS320LF2407A 和液晶显示模块组成。系统整体方案如图 11-1 所示。模拟信号经过抗混叠滤波器处理后用 AD 进行采样转换成数据流，在 DSP 的控制下进行时域和频域处理。在液晶屏中显示信号波形和频域分析结果。其信号处理流程如图 11-2 所示。

调理电路的功能是将多路输入的标准正弦波（幅值在一定范围内，没有直流分量）进行叠加，然后按特定的比例调整到 0～3.3 V（AD 采用范围）的范围内。同时对已叠加的信号进行抗混叠低通滤波处理，以满足采样定理。另外，调理电路同时提供同步触发信号，以供显示波形之用，其中触发电平可调。调理电路如图 11-3。

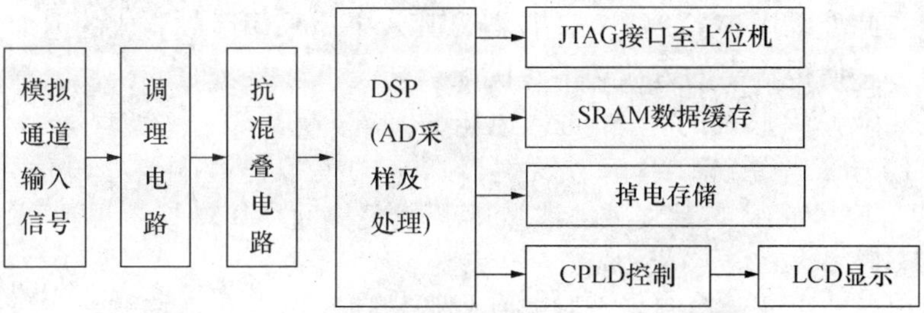

图 11-1　信号采集处理系统整体方案示意图

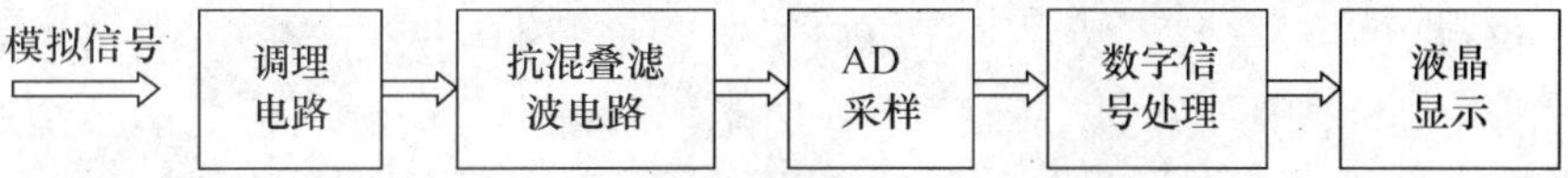

图 11-2　信号采集预处理系统流程图

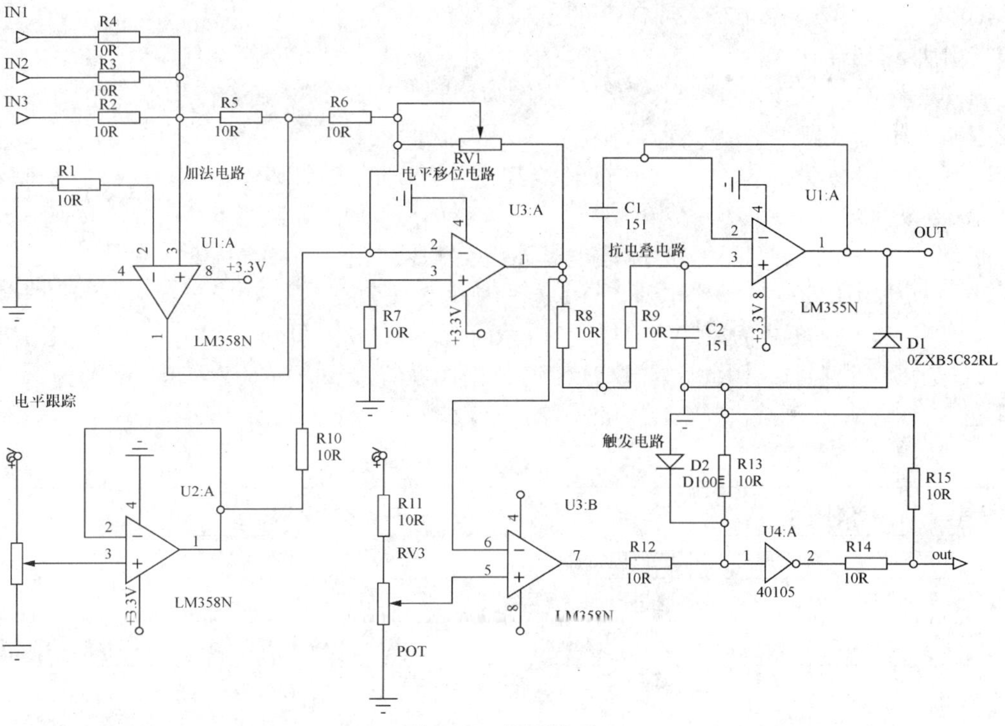

图 11-3　调理电路

加法器电路是由运放构成的反相加法器。采用 LM358 高速运放，其带宽增益积为 300 KHz。本电路主要用于信号叠加，增益为 1，考虑到信号输出阻抗，此处输入电阻选取 10 K，反馈电阻亦为 10 K。

电平移位电路是采用运放构成的反相加法器，其主要作用是将信号与直流电平进行叠加，从而使得输出信号成为单极性信号。其中的直流电平来自于电平跟随电路，这样做的目的是使得阻抗得以匹配，从而能够有更广的调整范围。考虑到输入信号的频率范围为 1～100 kHz，所以采用 LM358 型号运放。

触发电路用于从已调整的信号中提取周期同步信号，为波形显示提供同步功能，使得波形显示稳定。此处采用MAX942双比较器，其效果比采用运放构成的迟滞比较器的效果要好。非门整形，使得输出的方波边沿更陡峭，防止波形显示时的抖动。最后采用分压器的接法是为了匹配DSP芯片的3.3V输入电压的要求。

对于一个信号采集系统，经信号发生器送来的模拟信号先要经过信号调理（signal condition），即将信号放大或者衰减、滤波等，使之满足AD转换器输入的要求，再经过AD转换送入DSP。

液晶接口电路，由于液晶显示器具有功耗低、体积小、质量轻、超薄等诸多其他显示器无法比拟的优点，它广泛用于各种智能型仪器和低功耗电子产品中。点阵式（或图形式）LCD不仅可以显示字符、数字，还可以显示图形、曲线及汉字，并且可以实现屏幕上下左右滚动、动画、闪烁、文本特征显示等功能，用途十分广泛。根据本系统对图形及文字显示的需求，选择具有图形显示功能的LCD-OCM12864系列图形点阵液晶显示模块。液晶屏LCD12564接口连接如表11-1。液晶显示硬件连接如图11-4。

IOPB0～IOPB7为2407系列DSP的IO口，通过74LVC4245芯片与液晶屏LCD12864连接；引脚1、3、18连接一个外接电位器，用于调节背光亮度；引脚4（RS）、5（R/W）、6（E）、15（CS1）、16（CS2）分别作为控制信号与DSP试验板相连；引脚7~14作为数据输入输出引脚。

LCD的连接分为数据线连接和控制线连接。DSP的IOPB0～IOPB7端口分别映射到LCD12864数据接口D0～D7口，IOB0～IOB7端口分别映射到RS、R/W、E、CSl、CS2五根控制端口。中间的74LVC4245是电压转换芯片。由于DSP的FO输出电压是0～+3.3V，而LCD12864的工作电压是+5V，因此要让数据信号确定有效，必须进行电压转化，即将+3.3V转换为+5V。对控制信号而言，+3.3V即可识别为高电平。由于DSP的FO口是多功能端口，因此在向LCD传输数据以及控制LCD前，一定要设置为IO口工作模式。

表11-1 OCM12864说明表

管脚号	管脚	方向	说明
1	VSS	—	逻辑电源地
2	VDD	—	逻辑电源+5V
3	V0	I	LCD调整电压，应用时接10K电位器可调端
4	RS	I	数据/指令选择：高电平：数据D0~D7将送入显示RAM； 低电平：数据D0~D7将送入指令寄存器执行
5	R/W	I	读/写选择：高电平：读数据；低电平：写数据
6	E	I	读写使能，高电平有效，下降沿锁定数据
7	DB0	I/O	数据输入输出引脚
8	DB1	I/O	数据输入输出引脚
9	DB2	I/O	数据输入输出引脚
10	DB3	I/O	数据输入输出引脚
11	DB4	I/O	数据输入输出引脚
12	DB5	I/O	数据输入输出引脚

续表

管脚号	管　脚	方　向	说　明
13	DB6	I/O	数据输入输出引脚
14	DB7	I/O	数据输入输出引脚
15	CS1	I	片选择信号，高电平时选择左半屏
16	CS2	I	片选择信号，高电平时选择右半屏
17	/RET	I	复位信号，低电平有效
18	VEE	O	LCD 驱动，负电压输出，对地接 10 K 电位器
19	LEDA	—	背光电源，LED +（5 V）
20	LEDK	—	背光电源，LED -（0 V）

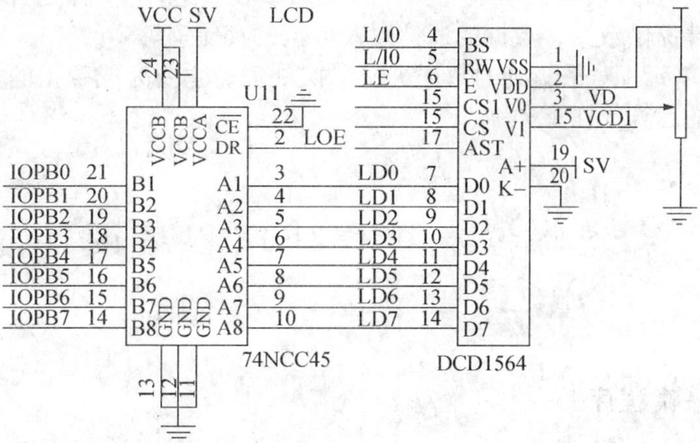

图 11-4　TMS320LF2407A 与 OCM12864 模块接口电路示意图

11.2　信号采集系统程序总体设计

信号采集系统程序结构设计

在信号采集处理系统的程序设计中，要完成对模拟信号进行信号采集，从而对采集的数据进行整理和分析。主程序要完成对整个系统的初始化和管理本系统的用户操作界面。软件系统的整体框图如图 11-5 所示。软件部分主要包括：监控程序，接口处理程序和数据采集。

① 数据显示单元：面向系统的显示部分和各个芯片，其内容主要包括芯片工作情况是否正确，处理后的数据是否在液晶显示器上，以及数字/字母和图型正确显示。显示采用了 LCD12864 液晶控制电路。

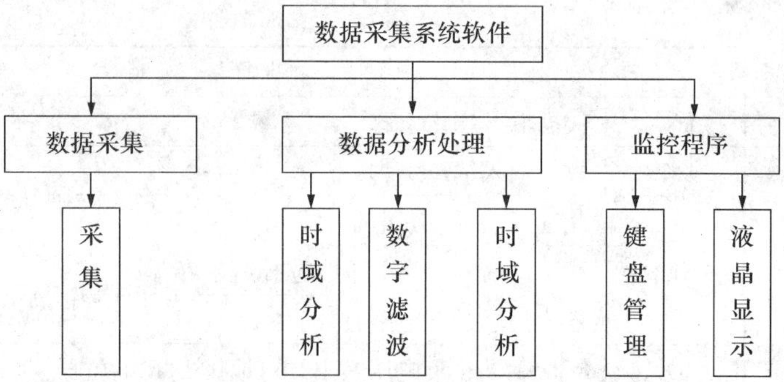

图 11-5 信号采集系统软件整体框图

② 信号采集单元：主要功能是对整个信号采集系统的初始化，如对信号采集通道采样/保持器，控制、管理信号采集系统硬件的工作参数和运行状况，接收和初步处理采样数据及向上层软件提供数据，数据的通信以及数据的存储等等。

③ 监控程序单元：对采集到的数据进行二次处理，主要完成数据的数字滤波、时域/频域分析、数据的运算等任务。

11.3 系统监控及接口处理程序设计与实现

11.3.1 信号采集程序

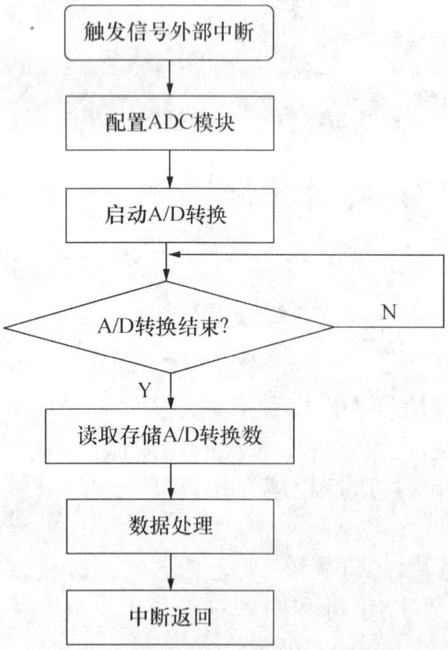

图 11-6 信号采集程序流程图

当系统上电，硬件自检完毕后，便开始信号采集的工作。首先，程序进行中断保护，将断点程序地址，标志位压入堆栈，以便程序返回。其次，启动 AD 转换控制信号，开始信号采集工作。再次，采用中断查询方式，判断 AD 转换是否结束，如果结束，则读取、存储 AD 转换的数据，并将存储的数据进行数据处理，然后中断返回；如果转换没有结束，则重复中断循环查询操作，直到 AD/转换结束。最后，中断返回。返回到原先正在执行的程序。信号采集程序流程图，如图 11-6 所示。

11.3.2 DSP 主控制程序

在整个系统中，TMS320LF2407A 管理着从信号采集、信号处理到数据显示以及按键管理等一系列工作。整体程序流程图如图 11-7。整个主程序流程如下：首先系统进行时钟初始化，配置成二倍频的方式从而使系统时钟工作在 40 MHz。然后使各个模块初始化，包括端口初始化，AD 模块初始化，以及液晶接口的初始化。接着系统进入主循环，在主循环中，系统不断扫描按键信号，刷新液晶显示，同时监控信号处理标志位(end-flag)，如果需要处理就进入信号处理部分，包括 2048 点的 FFT 运算以及幅度谱的求解量化及排序。处理完成后继续返回主循环。在主循环的过程中，外部中断是打开的，如果有外部中断信号（这个信号是由前面的触发电路产生的），就会立即进入中断处理程序，来按照预设的采样频率进行 AD 采样并存储。采样完成后清除中断标志位，打开总中断并退出中断程序，返回主循环。

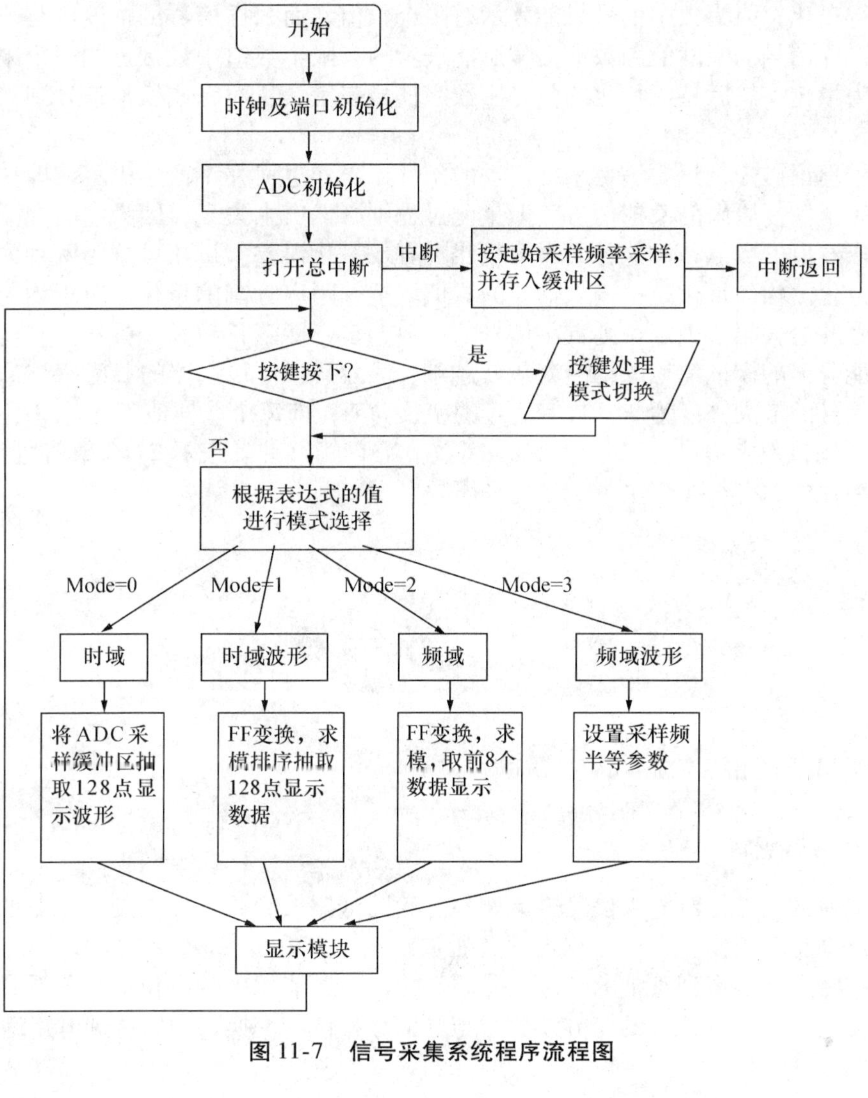

图 11-7　信号采集系统程序流程图

11.4 AD转换模块的实现

AD转换器是将一个模拟信号变成数字信号的电路，对于输入的模拟信号，AD转换器首先将输入模拟信号采样，为保证不产生采样过程的失真，采样频率必须满足采样定理的要求，所得采样信号时间上离散而在幅度上连续的信号序列。然后，对这个序列中的每个取样值进行量化，因为数字信号只能表示有限个数值，而采样信号的幅度值是连续的，这就需要将采样信号的幅度值用数字信号所能表示的有限个数值中最接近的一个来表示，这个过程称为量化。然后将已量化的信号用数字信号表示，从而完成模拟信号到数字信号的转换。

从信号理论可知，只要满足采样定理的条件，采样过程并不产生失真，即从采样信号序列可以完全恢复原来的模拟信号。但量化过程则必然产生失真，因为它改变了采样信号序列中各取样值的数值，称这种失真为量化失真或量化误差。量化可分为两种，均匀量化和非均匀量化。均匀量化是把输入信号的取值域按等距离分割的量化。对于均匀量化，如果输入信号的最大幅值确定，则数字信号的位数越多，即字长越长，量化失真就越小，数字信号所能分辨的模拟信号的幅度变化就越细，表示该AD转换器的分辨率越高。若假定输入模拟信号的最大幅度为A，数字信号的字长为N，即每个取样值用N个码元（N个比特）表示，则该数字信号可以表示2^N个离散值，它能够准确表示2^N个数值之间的间隔。本系统采用片内10位ADC模块，最高采样频率为2 M。

11.5 系统调试

11.5.1 TMS320LF2407A系统调试

1. 调理电路调试

调理电路的功能是对输入信号进行调整。其调试比较简单，根据硬件电路的设计，保证运放负反馈正常工作，在信号输出端查看波形的幅度在0～3.3 V之间，同时信号不失真，而且在触发端能看到正常的与原信号同步方波，调节相应的电位器，能看到输出的信号能有幅度变换，直流分量的变方波信号与原信号相位的变换，说明调理电路调试成功。

2. CCS调试

CCS软件调试主要是通过软件设置断点的方法来保证整个程序的流程的确性，同时通过软件产生正弦波数据来检测FFT及求模算法的正确性，以保软件算法的正确性。这部分的分析是脱离了信号采集的。CCS硬件调试是将程序载入片外的RAM中进行调试的，但TMS320LF24O7A的中断向量表是在原OOOOOOOh的地址，因此需要先设置中断向量表。

在软件调试之后，基本的问题就在于信号采集以及显示数据处理之的波形及数据显示。

3. 仿真调试．

仿真时有两个问题。

（1）必须先调入一个例程程序执行，然后调入系统程序才能正确地看到 LCD 的正确显示。分析其原因，主要是 LCD 初始化有问题，通过正确的初始化 LCD 该问题得到解决。

（2）AD 采样不能精确地计算其采样频率，因为仿真时程序在 RAM 中运行速度比在 FLASH 中运行要快，因此采样频率的确定要在实际运行中来调整。

11.5.2　MATLAB 仿真

采用 MATLAB 来对处理原理及过程进行仿真。仿真程序主要的过程是对一个合成信号进行等时间间隔抽样得到一个 N 点序列（此处 N 取 512），然后对此序列进行时域显示，即时域波形；接着对此序列进行 FFT 变换，得到一个复序列，取其模值，并采用图形显示功能得到其幅频特性图，如果对复序列进行求幅角，即得到相频特性图。

分析原始信号：

```
S=ADC+A1*sin(2*Pi*F1*t+pi*P1/180)+A2*sin(2*Pi*F2*t+Pi*P2/180)+A3*
   n(2*Pi*F3*t+Pi*P3/180)+A4*sin(2*Pi*F4*t+Pi*P4/180);
```

可知，s 由直流分量和 F1、F2、F3、F4 五个部分组成，各个频率分量的幅度分别为 A1、A2、A3、A4，其值见程序中。

%频谱分析 MATLAB 仿真程序：

```
close all;                      % 先关闭所有图片
Adc=0;                          % 直流分量幅度
A1=1.020;                       % 频率 F1 信号的幅度
A2=0.503;                       % 频率 F2 信号的幅度
A3=0;
A4=0;
F1=500;                         % 信号 1 频率(Hz)
F2=300;                         % 信号 2 频率(Hz)
F3=0;                           % 信号 1 频率(Hz)
F4=0;                           % 信号 2 频率(Hz)
Fs=2048;                        % 采样频率(Hz)
P 1=0;                          % 信号 1 相位(度)
P2=0;                           % 信号相位(度)
P3=0;                           % 信号 1 相位(度)
P4=0;                           % 信号相位(度)
N=512;                          % 采样点数
t=[0:1/Fs:N/Fs];                % 信号
                              % 采样时刻 S=ADC+A1*sin(2*pi*F1*
                              t+pi*P1 /180)+A2*sin(2*pi*F2*t
                              +pi*P2/180)+A3*sin(
                              2*pi*F3*t+pi*P3/180)+A4*sin(2
plot(S);                      *pi*F4*t+ pi*P4/180);
title('原始信号');               % 显示原始信号 S
figure;
Y=fft(S,N);
Ayy=(abs(Y));                   % 做 FFT 变换
```

```
plot(Ayy(1:N));                          % 取模
title('FFT 模值')                         % 显示原始的 FFT 模值结果
figure;
Ayy = Ayy/(N/2);
Ayy(1) = Ayy(1)/2;                       % 换算成实际的幅度
F = ([1:N] -1) * Fs/N;                   % 换算成实际的频率值
plot(F(1:N/2),Ayy(1:N/2));               % 显示换算后的 FFT 模值结果
title('幅度-频率曲线图');
% figure;
Pyy = [1:N/2];
for i =1:N/2
  Pyy(i) = phase(Y(i));
  Pyy(i) = Pyy(i) * 180/pi;              % 计算相位
End;                                     % 换算为角度
plot(F(1:N/2),Pyy(1:N/2));
title('相位—频率曲线图');                  % 显示相位图
end
```

第 12 章　指纹识别系统

指纹识别是广泛应用的生物识别技术之一，具有便利性、唯一性、高安全性、智能性、一次性投资等优点，是今后个人认证的发展潮流。目前指纹识别系统广泛应用于指纹考勤机、指纹门禁控制器、指纹一体化锁、指纹保险柜等，今后指纹识别技术将更加广泛地应用到公安机关犯罪指纹系统、网上银行系统、养老金领取系统等。目前指纹识别研究的重点是怎样将指纹识别小型化，提高指纹识别的正确率。

指纹识别系统具有如下优点：

（1）识别速度是所有生物识别系统中最快、应用最方便的；

（2）推广容易、应用最为广泛、适应能力强；

（3）误判率和拒真率低；

（4）稳定性和可靠性强；

（5）易操作，无须特殊培训既可使用；

（6）安全性强，系统扫描对身体无害；

（7）指纹具备再生性；

（8）可持续的发展性。

12.1　系统整体设计

指纹识别系统包括硬件指纹采集部分和软件指纹识别部分，本项目主要研究指纹识别算法中预处理部分以及设计指纹采集的小型嵌入式系统，力求得到较好的指纹图像并清晰恢复指纹的本身原有形态。

首先是快速采集指纹信息，将信息保存到 TI 公司的 DSP 型号为 TMS320C5402（以下简称 5402）上，或者通过 RS232 将指纹信息传给 PC 机，然后对指纹进行预处理，得到清晰的指纹本身原有形态。由于软件识别是系统的核心，它是否能达到快速识别、高正确率、适合小型系统是整个工程具有可行性的前提和目标，所以采用在上位机 PC 上设计、验证算法的合理性和正确性，然后将算法通过 CCS2.2 仿真软件下载到 5402，而指纹的采集直接在硬件采集系统中实现。

本设计综合考虑便携性、成本、采集图像质量、功耗、使用寿命等因素采用一款美国 Veridicom 公司设计的硅电容式指纹采集器 FPS200，它包含以下 3 个部分：传感阵列、采样-保持器、A/D 转换器。

本设计的指纹采集系统框图如图 12-1 所示。系统主要由 3 部分组成，第一部分是指纹采集部分，实现 5402 对指纹传感器 FPS200 的初始化配置，从 FPS200 读取指纹信息；第二部分是指纹数据存储部分，完成对采集的数据的存储；第三部分是 5402 通过 RS232 将采集的数据传到 PC。

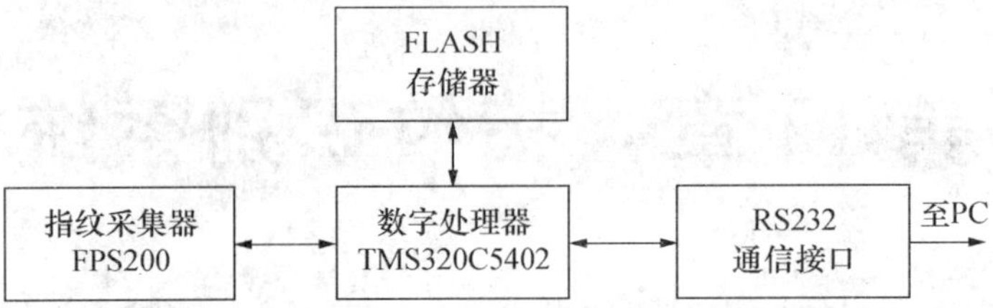

图 12-1 指纹采集系统框图

在设计时5402与FPS200之间的通信采用SPI通信方式，此种方式配置可以实现在0.1 s内完成一幅指纹图像信息的采集，满足实时性需要，另外采用SPI协议只需要4根信号线即可完成通信，节省了5402外部引脚，以便系统今后扩展。

12.2 指纹预处理算法

在预处理算法研究过程中，采用基于Gabor函数指纹图像增强算法进行研究，Gabor滤波器的增强方法有以下特点：

（1）滤波器能沿着指纹纹路的方向进行增强（具有方向性）；

（2）滤波器窗口的大小Wmn对应于信号的一个周期，即脊线和谷线的宽度的总和（具有周期性）；

（3）进行图像增强是依赖于所处理图像所在区域的像素的平均灰度值，而不是整幅图像的平均灰度（具有局部适应性）；

（4）滤波器必须关于它的滤波方向具有水平和垂直对称性，滤波器的大小为基数（具有对称性）。

Gabor滤波器能够有效地连接指纹分裂处、断开指纹粘连处及在纹线方向上增强指纹信息，起到滤除噪声，修复、增强指纹的效果。基于经典的Gabor函数指纹图像增强算法上，采用如下预处理步骤：方向场计算、核心点提取、方向场校正、滤波、增强、二值化、细化、及特征提取。处理流程如图12-2所示：

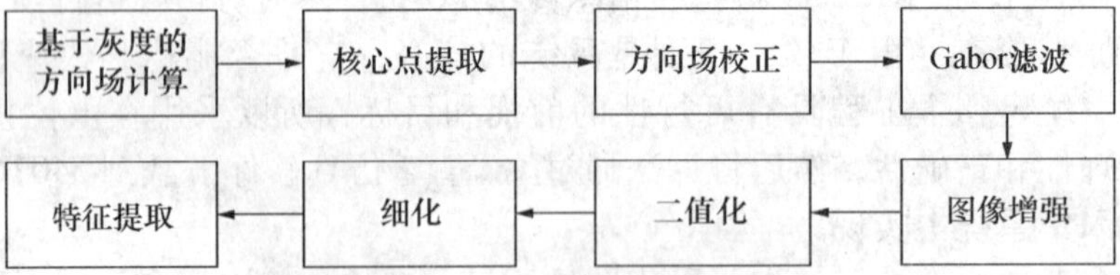

图 12-2 指纹采集预处理流程

12.2.1 传感器FPS200的初始化

FPS200在正式使用之前必须进行初始化。初始化主要是设置控制寄存器B（即CTRLB）使能A/D转换器，设置中断控制寄存器ICR和中断状态寄存器ISR，设置放电次数寄存器DTR、放电电流寄存器DCR和可编程获取寄存器PGC等。FPS200的初始化过程如

图 12-3 所示。这里需注意的是，在对寄存器 CTRLB 配置好后，需等待至少 3 μs 的时间，以便寄存器值稳定，在这期间可以对其他寄存器如 DCR 等进行配置。

12.2.2　读取指纹信息

从 FPS200 读取多帧数据的过程如图 12-4 所示。所谓一次从 FPS200 芯片读取多帧数据，就是通过 SPI 发送一次命令，可以多次读取数据帧，McBSP0 端口初始化成 SPI 接口，并与 FPS200 互连，从 FPS200 芯片中读取多帧数据的时序为：首先通过将 McBSP0 的 SPCR10 的 RRST 和 SPCR20 的 XRST 位置为高位，允许该端口发送和接收数据帧；其次是等待 2 个时钟周期，使寄存器的值稳定；接着就是等待发送寄存器准备好，由 SPCR20 寄存器的 XRDY 标志位表示，将读取多帧数据的命令发送给 DXR10 寄存器；等待发送寄存器准备好，由 SPCR20 寄存器的 XRDY 标志位表示，在 DXR10 寄存器中置虚拟数据 0x0000，等待接收寄存器准备好，由 SPCR10 寄存器的 RRDY 标志位表示，从 DRR10 寄存器中读取所需的数据；接着就是循环执行上面的操作，即等待发送寄存器准备好，由 SPCR20 寄存器的 XRDY 标志位表示，在 DXR10 寄存器中置虚拟数据 0x0000，等待接收寄存器准备好，由 SPCR10 寄存器的 RRDY 标志位表示，从 DRR10 寄存器中读取所需的数据，直至全部数据帧读完为止；最后通过将 McBSP0 的 SPCR10 的 RRST 和 SPCR20 的 XRST 位置为低位，禁止该端口发送和接收数据帧，就完成了从 FPS200 中读取多帧数据的操作。

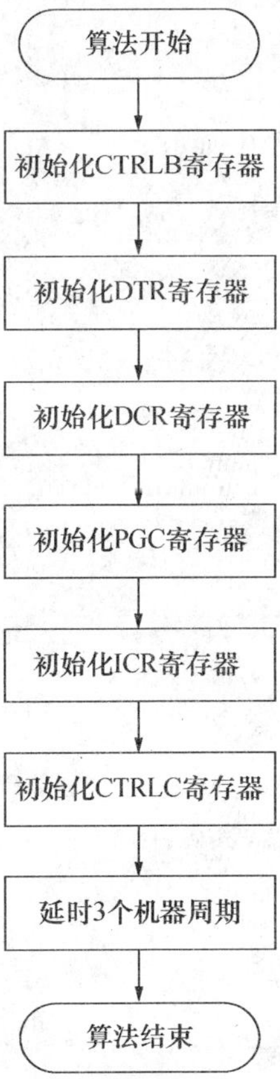

图 12-3　FPS200 的初始化过程

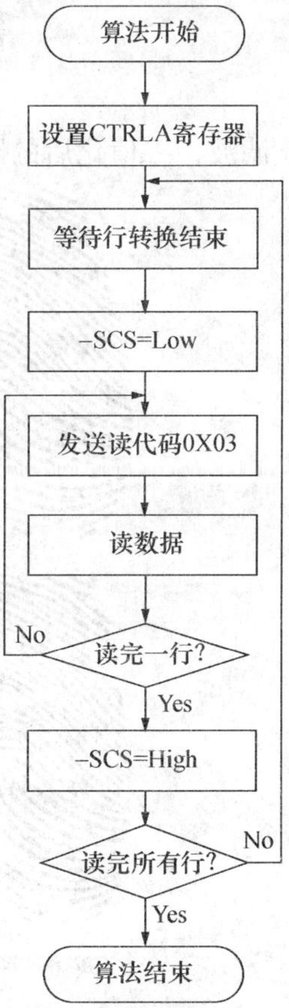

图 12-4　从 FPS200 读取多帧数据的流程图

12.3 FPS200 与 5402 的 SPI 连接

在将 5402 的 McBSP0 配置成 SPI 主模式后，5402 与 FPS200 的 SPI 连接如图 12-5 所示。

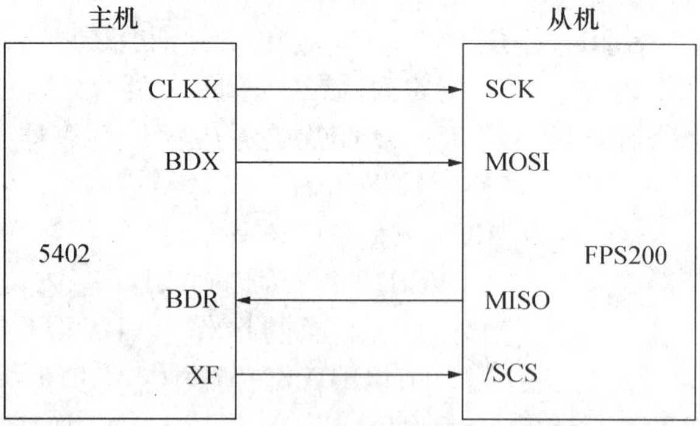

图 12-5　5402 与 FPS200 的 SPI 连接

12.4 系统效果

从 Gabor 滤波，二值化后的图得到特征点的效果图如图 12-6 所示。

图 12-6　从二值化图提取特征点

附录 1 TMS320C5410 DSP 芯片简介

一、TMS320 系列 DSP 的发展概况

1982 年，TI 公司推出了 TMS320 系列数字信号处理器（DSP）中的第一个定点 DSP——TMS32010。至今，TMS320 系列的 DSP 产品已经经历了若干代：′C1x、′C2x、′C2xx、′C5x、′C54x、′C62x 等定点 DSP；′C3x、′C4x、′C67x 等浮点 DSP；以及′C8x 多处理器 DSP。

二、TMS320C54x 数字信号处理器

TMS320C54x 采用先进的修正哈佛结构，片内共有 8 条总线（一条程序存储器总线、3 条数据存储器总线和 4 条地址总线）、CPU、在片存储器和在片外围电路等硬件，加上高度专业化的指令系统，使′C54x 具有功耗小、高度并行等优点。TMS320C54x 引脚如附图 1-1 所示。

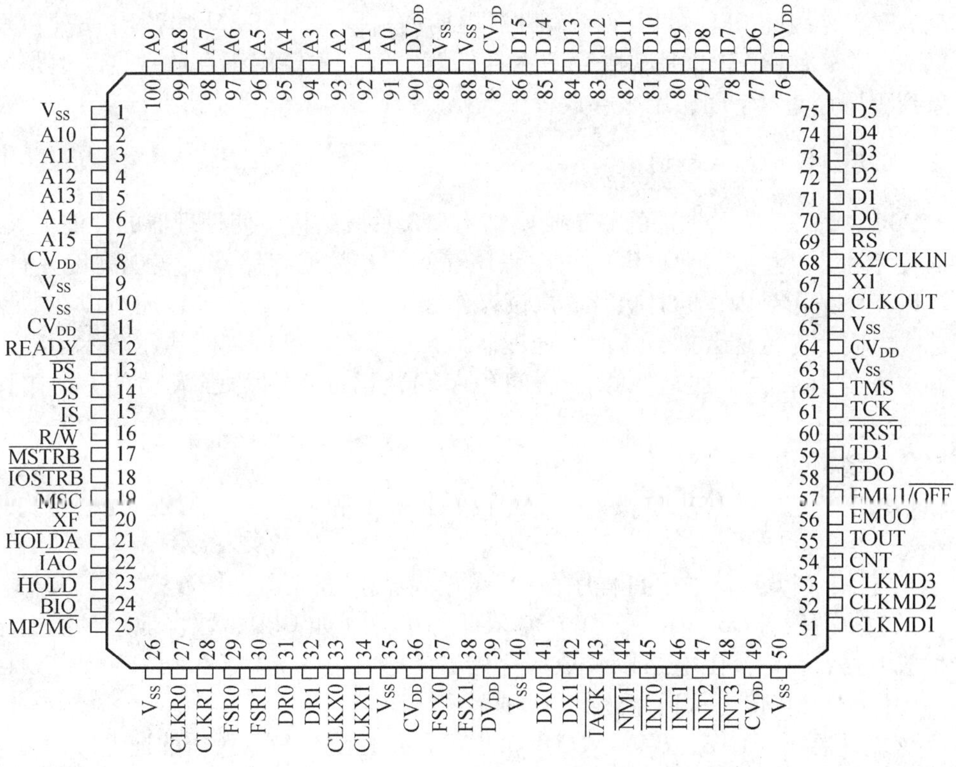

附图 1-1 TMS320C54x 的管脚示意图

引脚说明：

1. TMS320C54x 的主要特性

CPU：

● 先进的多总线结构（一条程序总线，3 条数据总线和 4 条地址总线）；

● 40 位算术逻辑运算单元（ALU），包括 1 个 40 位桶形移位寄存器和 2 个独立的 40 位累加器；

● 17 位 * 17 位并行乘法器，与 40 位专用加法器相连，用于非流水线式单周期乘法/累加（MAC）运算；

● 比较、选择、存储单元（CSSU），用于加法/比较选择；

● 指数编码器，可以在单个周期内计算 40 位累加器中数值的指数；

● 双地址生成器，包括 8 个辅助寄存器和 2 个辅助寄存器算术运算单元（ARAU）。

存储器：

● 192K 字可寻址存储空间（64 K 字程序存储器、64 K 字数据存储器以及 64 K 字 I/O 空间）；

● 片内 ROM，可配置为程序/数据存储器；

● 片内双寻址 RAM（DARAM）；

● 片内单寻址 RAM（SARAM）；

'C54X 中的 DARAM 分成若干块。由于在每个机器周期内，允许对同一 DARAM 块寻址（访问）2 次，因此 CPU 可以在一个机器周期内对同一 DARAM 块读出一次和写入一次。一般情况下，DARAM 总是映象到数据存储器空间，主要用于存放数据。但是，它也可以映象到程序存储器空间，用来存放程序代码。

2. TMS320C54x 的组成框图

TMS320C54x DSP 采用先进的修正哈佛结构和 8 总线结构，使处理器的性能大大提高。其独立的程序和数据总线，允许同时访问程序存储器和数据存储器，实现高度并行操作。例如，可以在一条指令中，同时执行 3 次读操作和 1 次写操作。此外，还可以在数据总线与程序总线之间相互传送数据，从而使处理器具有在单个周期内同时执行算术运算、逻辑运算、移位操作、乘法累加运算以及访问程序和数据存储器的强大功能。如附图 1-2 所示。

三、总线结构

'C54x 片内有 8 条 16 位主总线：4 条程序/数据总线和 4 条地址总线。这些总线的功能如下：

● 程序总线（PB）传送取自程序存储器的指令代码和立即操作数；

● 3 条数据总线（CB、DB 和 EB）将内部各单元（如 CPU、数据地址生成电路、程序地址生成电路、在片外围电路以及数据存储器）连接在一起。CB 和 DB 传送读自数据存储器的操作数。EB 传送写到存储器的数据；

● 4 个地址总线（PAB、CAB、DAB 和 EAB）传送执行指令所需的地址。

'C54x 可以利用两个辅助寄存器算术运算单元（ARAU0 和 ARAU1），在每个周期内产生两个数据存储器的地址。PB 能够将存放在程序空间中的操作数，传送到乘法器和加法器，以便执行乘法/累加操作，或通过数据传送指令（MVPD 和 READA 指令）传送到数据空间的目的地。此种功能，连同双操作数的特性，支持在一个周期内执行 3 操作数指令。

'C54x 还有一条在片双向总线，用于寻址在片外围电路。这条总线通过 CPU 接口中的总线交换器连到 DB 和 EB。

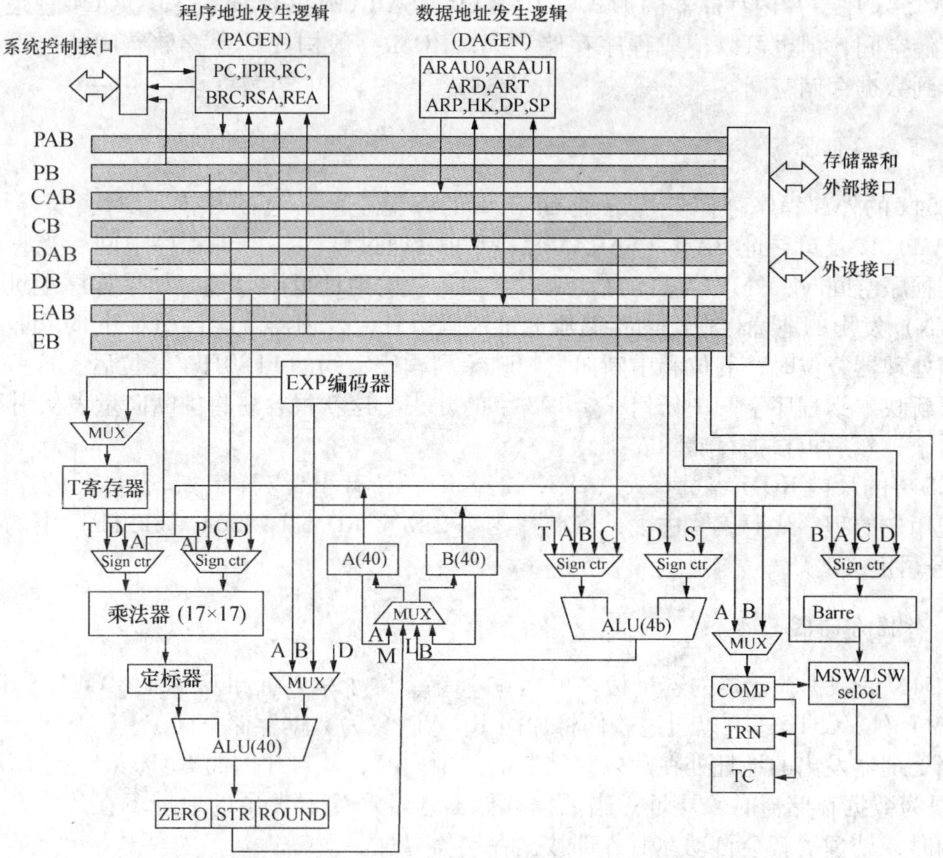

附图 1-2　TMS320C54x DSP 的内部硬件组成框图

四、存储器

'C54x 的总存储空间为 192 K 字，分成 3 个可选择的存储空间：64 K 字的程序存储空间、64 K 字的数据存储空间和 64 K 字的 I/O 空间。所有的'C54x 片内都有随机存储器（RAM）和只读存储器（ROM）。RAM 有两种型式：单寻址 RAM（SARAM）和双寻址 RAM（DARAM）。

'C54x 片内还有 26 个映象到数据存储空间的 CPU 寄存器和外围电路寄存器。其结构上的并行性以及在片 RAM 的双寻址能力，使它能够在任何一个给定的机器周期内同时执行 4 次存储器操作：1 次取址，读 2 个操作数和写一个操作数。

1. 存储器空间

'C54X 的存储器空间可分成 3 个可单独选择的空间：程序、数据和 I/O 空间。在任何一个存储空间内，RAM、ROM、EPROM、EEPROM 或存储器映象外围设备都可以驻留在片内或者片外。这 3 个空间的总地址范围为 192 K 字。

程序存储空间存放要执行的指令和执行中所用的系数表。数据存储器存放执行指令所要用的数据。I/O 存储空间与存储器映象外围设备相接口，也可以作为附加的数据存储空间使用。

在'C54x 中，片内存储器的形式有 DARAM、SARAM 和 ROM 三种。RAM 总是安排到数据存储空间，但也可以构成程序存储空间。ROM 一般构成程序存储空间，也可以部分的安排到数据存储空间。

2. 程序存储器

'C54x 的外部程序存储器可寻址 64 K 字的存储空间。它的片内 ROM、双寻址 RAM（DARAM）以及单寻址 RAM（SARAM），都可以通过软件映象到程序空间。当存储单元映象到程序空间时，处理器就能自动地对它们所处的地址范围寻址。如果程序地址生成器（PAGEN）发出的地址处在片内存储器地址范围以外，处理器就能自动对外部寻址。

当处理器复位时，复位和中断向量都映象到程序空间的 FF80H。复位后，这些向量可以被重新映象到程序空间中任何一个 128 字的开头。这就很容易将中断向量表从引导 ROM 中移出来，然后再根据存储图安排。

'C54x 的片内 ROM 容量有大（28 K 或 48 K 字）有小（2 K 字），容量大的片内 ROM 可以把用户的程序代码编写进去，然而片内高 2 K 字 ROM（F800h～FFFFh）中的内容是由 TI 公司定义的。

3. 数据存储器

'C54X 的数据存储器的容量最多可达 64 K 字。除了单寻址和双寻址 RAM（SARAM 和 DARAM）外，'C54x 还可以通过软件将片内 ROM 映象为数据存储空间。

当处理器发出的地址处在片内存储器的范围内时，就对片内的 RAM 或数据 ROM（当 ROM 设为数据存储器时）寻址。当数据存储器地址产生器发出的地址不在片内存储器的范围内时，处理器就会自动地对外部数据存储器寻址。

4. I/O 存储器

'C54x 除了程序和数据存储器空间外，还有一个 I/O 存储器空间。它是一个 64 K 字的地址空间（0000h～FFFFh），都在片外。可以用两条指令（输入指令 PORTR 和输出指令 PORTW）对 I/O 空间寻址。

五、中央处理单元

对所有的'C54x 器件来说，CPU 是通用的。CPU 的基本组成如下：

- 40 位算术逻辑单元（ALU）；
- 2 个 40 位累加器；
- 移位—16～30 位的桶形移位寄存器；
- 乘法器/加法器单元；
- 比较、选择和存储单元（CSSU）；
- 指数编码器；
- CPU 状态和控制寄存器。

1. 算术逻辑运算单元

'C54x 可以通过一个 40 位算术逻辑单元（ALU）和两个 40 位累加器（累加器 A 和 B）执行二进制补码数学运算。除存储操作指令外，ALU 的运算结果通常都被传送到目的累加器（累加器A或B）。一个40位ALU也可同时作为两个16位ALU，执行两个16位操作。

ALU的X输入端的数据为以下2个数据中的任何一个：

- 移位寄存器的输出（32位或16位数据存储器操作数以及累加器中的数值，经移位寄存器移位后输出）；
- 来自数据总线DB的数据存储器操作数。

加到ALU的Y输入端的数据，是以下4个数据中的任何一个：

- 累加器A中的数据；
- 累加器B中的数据；
- 来自数据总线CB的数据存储器操作数；
- T寄存器中的数据。

ALU的输出为40位，被送往累加器A或B。

2. 累加器

累加器A和B用于存储ALU或乘法器/加法器块的输出。它们也可提供ALU的另一个输入，累加器A可作为乘法器/加法器的输入。每个累加器分安全字（39～32位）、高位字（31～16位）、低位字（15～0位）。系统提供了存储安全位指令，即在数据存储器内存储累加器的高位字和低位字，累加器向数据存储器读出或写入32位字。此外，一个累加器可以作为另一个累加器的暂存寄存器。

六、在片外围电路

所有的'C54x，它们的CPU是相同的，但是连到CPU的在片外围电路就不一定相同了。'C54x的在片外围电路如下：

- 通用I/O引脚：BIO和XF；
- 定时器；
- 时钟发生器；
- 主机接口；
- 软件可编程等待状态发生器；
- 可编程分区开关。

1. 通用I/O引脚

'C54x除了64 K字I/O存储空间外，还有2个受软件控制的专用引脚BIO和XF。分支转移控制输入引脚BIO用来监控外围设备。在时间要求苛刻的循环中，不允许受干扰，此时可以根据BIO引脚的状态（即外围设备的状态）决定分支转移的去向，以替代中断。外部标志输出引脚XF可以用来向外部器件发信号。

2. 定时器

片内定时器是一个软件可编程定时器，可以用来周期的产生中断。定时器主要由3个寄存器所组成：定时器寄存器（TIM）、定时器周期寄存器（PRD）和定时器控制寄存器（TCR）。这3个寄存器都是存储器映象寄存器，它们在数据存储器中的地址分别为0024h、0025h和0026h。TIM是一个减1计数器，PRD中存放时间常数，TCR中包含有定时器的控制位和状态位。

′C54x的特点是有一个带4位预定标器的16位定时器。每过一个CLOCKOUT周期，定时器减一，每次减至0时产生时钟中断。通过设置专用的状态位，可控制定时器停止计数、重新计数、复位或停止工作。

3. 时钟发生器

时钟发生器为′C54x提供时钟信号。时钟发生器由振荡器和锁相环（PLL）组成。时钟发生器可由石英晶体与内部振荡器进行内部驱动，或由外部时钟信号驱动。PLL通过专用器件使源时钟信号与某一因子相乘产生内部CPU时钟，因而应采用比CPU工作频率低的源时钟信号。

4. 主机接口

HPI是一个8位并行口，用来与主设备或主处理器接口。外部主机是HPI的主控者，它可以通过HPI直接访问CPU的存储空间，包括存储器映象寄存器。当′C54x与主机（或主设备）交换信息时，HPI是主机的一个外围设备。HPI的外部数据线是8根，HD（7－0），在传送数据时，HPI能自动地将外部接口传来的连续的8位数组合成16位数后再传送给′C54x。

附录2　TMS320C54x 指令速查表

TMS320C54x 指令一共有 129 条，按功能分为算术指令、逻辑指令、程序控制指令、存储和装入指令、单个循环指令 5 类。

要读懂指令系统，首先须理解其中的符号所代表的意义，见下表：

符　　号	意　　义
A	累加器 A
ACC	累加器
ACCA	累加器 A
ACCB	累加器 B
ALU	算术逻辑单元
ARx	特指某个辅助寄存器（$0 \leqslant x \leqslant 7$）
ARP	ST0 中的辅助寄存器指针位；这 3 位指向当前辅助寄存器（AR）
ASM	ST1 中的 5 位累加器移位方式位（$-16 \leqslant ASM \leqslant 15$）
B	累加器 B
BRAF	ST1 中的块循环有效标志
BRC	块循环计数器
BITC	4 位数决定位测试指令对指定的数据存储器值的哪一位进行测试
C16	ST1 中的双 16 位/双精度算术方式位
C	ST0 中的进位位
CC	2 位条件代码（$0 \leqslant CC \leqslant 3$）
CMPT	ST1 中的兼容方式位
CPL	ST1 中的编译方式位
Cond	操作数表示条件执行指令使用的条件
[d], [D]	延迟方式
DAB	D 数据总线
DAR	DAB 地址寄存器
dmad	16 位立即数表示的数据存储器地址（$0 \leqslant dmad \leqslant 65535$）
Dmem	数据存储器操作数
DP	ST0 中的 9 位数据存储器页指针（$0 \leqslant DP \leqslant 511$）
dst	目的累加器（A 或 B）
dst_	另一个目的累加器

续表

符　号	意　义
EAB	E 地址总线
EAR	EAB 地址寄存器
extpmad	23 位立即数表示的程序存储器地址
FRCT	ST1 中的分数方式位
hi（A）	累加器 A 的高端（31～16 位）
HM	ST1 中的保持方式位
IFR	中断标志寄存器
INTM	ST1 中的中断屏蔽位
K	少于 9 位的短立即数
K3	3 位立即数（0≤K3≤7）
K5	5 位立即数（－16≤K5≤15）
K9	9 位立即数（0≤K9≤511）
lk	16 位长立即数
Lmem	使用长字寻址 32 位单数据存储器操作数
mmr MMR	存储器映射寄存器
MMRx MMRy	存储器映射寄存器，AR0-AR7 或 SP
n	紧跟 XC 指令的字数，$n=1$ 或 2
N	指定在 RSBX，SSBX 和 XC 指令中修改的状态寄存器（ST0 或 ST1）
OVA	ST0 中的累加器 A 的溢出标志
OVB	ST0 中的累加器 B 的溢出标志
OVdst	目的累加器（A 或 B）的溢出标志
OVdst_	目的累加器反（A 或 B）的溢出标志
Ovsrc	源累加器（A 或 B）的溢出标志
OVM	ST1 中的溢出方式位
PA	16 位立即数表示的端口地址（0≤PA≤65535）
PAR	程序地址寄存器
PC	程序计数器
pmad	16 位立即数表示的程序存储器地址（0≤pmad≤65535）
Pmem	程序存储器操作数
PMST	处理器方式状态寄存器
prog	程序存储器操作数
[R]	凑整选项
md	凑整
RC	循环计数器

续表

符号	意义
RTN	在指令 RETF［D］中使用的快速返回寄存器
REA	块循环结束地址寄存器
RSA	块循环开始地址寄存器
SBIT	4 位数指明在指令 RSBX，SSBX 和 XC 中修改的状态寄存器位数（0≤SBIT≤15）
SHFT	4 位移位数（0≤SHFT≤15）
SHIFT	5 位移位数（－16≤SHIFT≤15）
Sind	使用间接寻址的单数据存储器操作数
Smem	16 位单数据存储器操作数
SP	堆栈指针
src	源累加器（A 或 B）
ST0	状态存储器 0
ST1	状态存储器 1
SXM	ST1 中的符号扩展方式位
T	暂存器
TC	ST0 中测试/控制标志位
TOS	堆栈栈顶
TRN	状态转移寄存器
TS	T 寄存器的 5～0 位确定的移位数（－16≤TS≤31）
uns	无符号的数
XF	ST1 中的外部标志状态位
XPC	程序计数器扩展寄存器
Xmem	在双操作数指令和一些单操作数指令中使用的 16 位双数据存储器操作数
Ymem	在双操作数指令使用的 16 位双数据存储器操作数

1. 算术运算指令

（1）加法指令

ADD Smem，src	与 ACC 相加
ADD Smem，TS，src	操作数移位后加到 ACC 中
ADD Smem，16，src［，dst］	把左移 16 位的操作数加到 ACC 中
ADD Smem，［，SHIFT］，src［，dst］	把移位后的操作数加到 ACC 中
ADD Xmem，SHFT，src	把移位后的操作数加到 ACC 中
ADD Xmem，Ymem，dst	把两个操作数分别左移 16 位，然后相加
ADD # lk［，SHFT］，src［，dst］	长立即数移位后加到 ACC 中
ADD # lk，16，src［，dst］	把左移 16 位的长立即数加到 ACC 中

续表

ADD src, [, SHIFT] [, dst]	移位再相加
ADD src, ASM [, dst]	移位再相加，移动位数为 ASM 的值
ADDC Smem, src	带有进位位的加法
ADDM # lk, Smem	把长立即数加到存储器中
ADDS Smem, src	带符号扩展的加法

（2）减法指令

SUB Smem, src	从累加器中减去一个操作数
SUB Smem, TS, src	移位后再与 ACC 相减
SUB Smem, 16, src [, dst]	把左移 16 位的操作数与 ACC 相减
SUB Smem, [, SHIFT], src [, dst]	把移位后的操作数与 ACC 相减
SUB Xmem, SHFT, src	把移位后的操作数与 ACC 相减
SUB Xmem, Ymem, dst	把两个操作数分别左移 16 位，然后相减
SUB # lk [, SHFT], src [, dst]	长立即数移位后与 ACC 相减
SUB # lk, 16, src [, dst]	把左移 16 位的长立即数与 ACC 相减
SUB src, [, SHIFT] [, dst]	移位再相减
SUB src, ASM [, dst]	移位再相减，移动位数为 ASM 的值
SUBB Smem, src	带有借位位的加法
SUBC Smem, src	条件减法
SUBS Smem, src	带符号扩展的减法

（3）乘法指令

MPY Smem, dst	T 寄存器与单数据存储器操作数相乘
MPYR Smem, dst	T 寄存器带四舍五入与单数据存储器操作数相乘
MPY Xmem, Ymem, dst	两个数据存储器操作数相乘
MPY Smem, # lk, dst	长立即数与单数据存储器操作数相乘
MPY # lk, dst	长立即数与 T 寄存器的值相乘
MPYA dst	ACCA 的高端与 T 寄存器的值相乘
MPYA Smem	单数据存储器操作数与 ACCA 的高端相乘
MPYU Smem, dst	T 寄存器的值与符号数相乘
SQUR Smem, dst	单数据存储器操作数的平方
SQUR A, dst	ACCA 的高端的平方

（4）乘加与乘减指令

MAC Smem, src	与 T 寄存器相乘再加到 ACC 中
MAC Xmem, Ymem src [, dst]	双操作数相乘再加到 ACC 中
MAC # lk, src [, dst]	T 寄存器与长立即数相乘再加到 ACC 中
MAC Smem, # lk, src [, dst]	与长立即数相乘再加到 ACC 中
MACR Smem, src	带四舍五入与 T 寄存器相乘再加到 ACC 中（凑整）
MACR Xmem, Ymem, src [, dst]	带四舍五入双操作数相乘再加到 ACC 中（凑整）
MACA Smem, [, B]	与 ACCA 的高端相乘再加到 ACCB 中
MACA T, src [, dst]	T 寄存器与 ACCA 的高端相乘再加到 ACC 中
MACAR Smem [, B]	带四舍五入与 ACCA 的高端相乘再加到 ACCB（凑整）
MACAR T, src [, dst]	T 寄存器带四舍五入与 ACCA 高端相乘，再加到 ACC 中（凑整）
MACD Smem, pmad, src	带延时的与程序寄存器值相乘再累加
MACP Smem, pmad, src	与程序寄存器值相乘再累加
MACSU Xmem, Ymem, src	带符号数与无符号数相乘再累加
MAS Smem, src	与 T 寄存器相乘再与 ACC 相减
MASR Smem, src	带四舍五入与 T 寄存器相乘再与 ACC 相减（凑整）
MAS Xmem, Ymem, src [, dst]	双操作数相乘再与 ACC 相减
MASR Xmem, Ymem, src [, dst]	双操作数带四舍五入相乘再与 ACC 相减
MASA Smem [, B]	从 ACCB 中减去单数据存储器操作数与 ACCA 的乘积
MASA T, src [, dst]	从 src 中减去 ACCA 高端与 T 寄存器的乘积
MASAR T, src [, dst]	从 src 中减去 ACCA 高端与 T 寄存器的乘积（凑整）
SQURA Smem, src	平方后累加
SQURS Smem, src	平方后相减

（5）双操作数指令

DADD Lmem, src [, dst]	双重加法
DADST Lmem, dst	T 寄存器与长立即数的双重加法和减法
DRSUB Lmem, src	长字的双 16 位减法
DSADT Lmem, dst	T 寄存器与长操作数的双重减法
DSUB Lmem, src	ACC 的双精度/双 16 位减法
DSUBT Lmem, dst	T 寄存器和长操作数的双重减法

（6）特殊应用指令

ABDST Xmem, Ymem	求绝对值
ABS src [, dst]	ACC 的值取绝对值
CMPL src [, dst]	求累加器值的反码
DELAY Smem	存储器延迟
EXP src	求累加器指数
FIRS Xmem, Ymem, pmad	对称有限冲击响应滤波器

续表

LMS Xmem, Ymem	求最小均方值
MAX dst	求累加器的最大值
MIN dst	求累加器的最小值
NEG src [, dst]	求累加器的反值
NORM src [, dst]	归一化
POLY Smem	求多项式的值
RND src [, dst]	求累加器的四舍五入值
SAT src	对累加器的值做饱和计算
SQDST Xmem, Ymem	求两点之间距离的平方

2. 逻辑指令

(1) 与指令

AND Smem, src	单数据存储器读数和 ACC 相与
AND # lk [, SHFT], src [, dst]	长立即数移位后和 ACC 相与
AND # lk, 16, src [, dst]	长立即数左移 16 位后和 ACC 相与
AND src [, SHIFT] [, dst]	累加器的值移位后相与
ANDM # lk, Smem	单数据存储器操作数与长立即数相与

(2) 或指令

OR Smem, src	单数据存储器读数和 ACC 相或
OR # lk [, SHFT], src [, dst]	长立即数移位后和 ACC 相或
OR # lk, 16, src [, dst]	长立即数左移 16 位后和 ACC 相或
OR src [, SHIFT] [, dst]	累加器的值移位后相或
ORM # lk, Smem	单数据存储器操作数与长立即数相或

(3) 异或指令

XOR Smem, src	单数据存储器读数和 ACC 相异或
XOR # lk [, SHFT], src [, dst]	长立即数移位后和 ACC 相异或
XOR # lk, 16, src [, dst]	长立即数左移 16 位后和 ACC 相异或
XOR src [, SHIFT] [, dst]	累加器的值移位后相异或
XORM # lk, Smem	单数据存储器操作数与长立即数相异或

（4）移位指令

ROL src	累加器值循环左移
ROL TC src	累加器值带 TC 位循环左移
ROR src	累加器值循环右移
SFTA src, SHIFT [, dst]	累加器值算术移位
SFTC src	累加器值条件移位
SFTL src, SHIFT [, dst]	累加器值逻辑移位

（5）测试指令

BIT Xmem, BITC	测试指定位
BITF Smem, # lk	测试由立即数指定位
BITF Smem	测试由 T 寄存器指定位
CMPM Smem, # lk	比较单数据存储器操作数和立即数的值
CMPR CC, ARx	辅助寄存器 ARx 和 AR0 相比较

3. 程序控制指令

（1）分支指令

B [D] pmad	可以选择延时的无条件转移
BACC [D] src	可以选择延时的指针指向的地址
BANZ [D] pmad, Sind	当 AR 不为 0 时转移
BC [D] pmad, cond [, cond [, cond]]	可以选择延时的条件转移
FB [D] extpmad	可以选择延时的远程无条件转移
FBACC [D] src	远程转移到 ACC 所指向的地址

（2）调用指令

CALA [D] src	可选择延时的调用 ACC 所指向的子程序
CALL [D] pmad	可选择延时的无条件调用
CC [D] pmad, cond [, cond [, cond]]	可选择延时的条件调用
FCALA [D] src	可选择延时的远程无条件调用
FCALL [D] extpmad	可选择延时的远程条件调用

（3）中断指令

INTRK	软件中断
TRAPK	软件中断

（4）返回指令

FRET [D]	可选择延时的远程返回
FRETE [D]	可选择延时的远程返回，且允许中断
RC [D] cond [, cond [, cond]]	可选择延时的条件返回
RET [D]	可选择延时的无条件返回
RETE [D]	可选择延时的无条件返回，且允许中断
RETF [D]	可选择延时的快速无条件返回，且允许中断

（5）重复指令

RPT Smem	循环执行下一条指令，计数为单数据存储器操作数
RPT # k	循环执行下一条指令，计数为短立即数
RPT # lk	循环执行下一条指令，计数为长立即数
RPTB [D] pmad	可以选择延时的块循环
RPTZ dst, # lk	循环执行下一条指令且对 ACC 清 0

（6）堆栈操作指令

FRAME K	堆栈指针加上立即数的值
POPD Smem	把数据从栈顶弹入数据存储器
POPM MMR	把数据从栈顶弹入存储器映射寄存器
PSHD Smem	把数据存储器值压入堆栈
PSHM MMR	把存储器映射寄存器值压入堆栈

（7）其他程序控制指令

IDLE k	保持空闲状态直到有中断产生
MAR Smem	修改辅助寄存器
NOP	无任何操作
RESET	软件复位
RSBX N, SBIT	状态寄存器复位
SSBX N, SBIT	状态寄存器置位
XC n, cond [, cond [, cond]]	条件执行

4. 装入指令

(1) 存储指令

DST src, Lmem	把累加器的值存放到长字中
ST T, Smem	存储 T 寄存器的值
ST TRN, Smem	存储 TRN 的值
ST # lk, Smem	存储长立即操作数
STH src, Smem	把累加器的高端存放到数据存储器中
STH src, ASM, Smem	ACC 的高端移位后存放到数据存储器中，移动位数由 ASM 决定
STH src, SHFT, Xmem	ACC 的高端移位后存放到数据存储器中
STH src [, SHIFT], Smem	ACC 的高端移位后存放到数据存储器中
STL src, Smem	把累加器的低端存放到数据存储器中
STL src, ASM, Smem	ACC 的低端移位后存放到数据存储器中，移动位数由 ASM 决定
STL src, SHFT, Xmem	ACC 的低端移位后存放到数据存储器中
STL src [, SHIFT], Smem	ACC 的低端移位后存放到数据存储器中
STL M src, MMR	把累加器的低端存放到存储器中
STM # lk, MMR	把累加器的低端存放到存储器映射寄存器中

(2) 装入指令

DLD Lmem, dst	把长字装入累加器
LD Smem, dst	把操作数装入累加器
LD Smem, TS, dst	操作数移位后装入 ACC
LD Smem, 16, dst	把操作数左移 16 位后装入 ACC
LD Smem [, SHIFT], dst	操作数移位后装入 ACC
LD Xmem, SHFT, dst	操作数 Xmem 移位后装入 ACC
LD # K, dst	把短立即操作数装入 ACC
LD # lk [, SHFT], dst	长立即操作数移位后装入 ACC
LD # lk, 16, dst	长立即操作数左移 16 位后装入 ACC
LD src, ASM [, dst]	累加器移动由 ASM 决定的位数
LD src [, SHIFT], dst	累加器移位
LD Smem, T	把单数据存储器操作数装入 T 寄存器
LD Smem, DP	把单数据存储器操作数装入 DP
LD # k9, DP	把 9 位操作数装入 DP
LD # k5, ASM	把 5 位操作数装入累加器移位方式寄存器中

续表

LD # k3, ARP	把3位操作数装入ARP中
LD Smem, ASM	把操作数的4～0位装入ASM
LDM MMR, dst	把存储器映射寄存器值装入累加器中
LDR Smem, dst	把存储器值装入ACC的高端
LDU Smem, dst	把不带符号的存储器值装入累加器中
LTD Smem	把单数据存储器操作数装入T寄存器，且插入延迟

(3) 条件存储指令

CMPS src, Smem	比较、选择并存储最大值
SACCD src, Xmem, cond	条件存储累加器的值
SRCCD Xmem, cond	条件存储块循环计数器
STRCD Xmem, cond	条件存储T寄存器的值

(4) 并行装入和存储指令

ST src, Ymem ‖ LD Xmem, dst	存储ACC和装入累加器中并行执行
ST src, Ymem ‖ LD Xmem, T	存储ACC和装入T寄存器中并行执行

(5) 并行装入和乘法指令

LD Xmem, dst ‖ MAC Ymem, dst_	装入和乘/累加操作并行执行
LD Xmem, dst ‖ MACR Ymem, dst_	装入和乘/累加操作并行执行，可凑整
LD Xmem, dst ‖ MAS Ymem, dst_	装入和乘/减法操作并行执行
LD Xmem, dst ‖ MASR Ymem, dst_	装入和乘/减法操作并行执行，可凑整

(6) 并行存储和加减指令

ST src, Ymem ‖ ADD Xmem, dst	存储ACC和加法并行执行
ST src, Ymem ‖ ADD Xmem, dst	存储ACC和减法并行执行

(7) 并行存储和乘法指令

ST src, Ymem ‖ MAC Xmem, dst	存储和乘/累加操作并行执行
ST src, Ymem ‖ MACR Xmem, dst	存储和乘/累加操作并行执行，可凑整
ST src, Ymem ‖ MAS Xmem, dst	存储和乘/减法操作并行执行
ST src, Ymem ‖ MASR Xmem, dst	存储和乘/减法操作并行执行，可凑整
ST src, Ymem ‖ MPY Xmem, dst	存储和乘法操作并行执行

(8) 其他存储和装入指令

MVDD Xmem, Ymem	在数据存储器内部转移
MVDK Smem, dmad	目的地址寻址的数据转移
MVDM dmad, MMR	把数据转移到存储器映射寄存器
MVDP Smem, pmad	把数据转移到程序存储器
MVKD dmad, Smem	源地址寻址的数据转移
MVMD MMR, dmad	把存储器映射寄存器值转移到数据存储器中
MVMM MMRx, MMRy	在存储器映射寄存器之间转移数据
MVPD pmad, Smem	把程序存储器的值转移到数据存储器中
PORTR PA, Smem	从端口把数据读到数据存储器单元中
PORTW Smem, PA	把数据写到端口
READA Smem	把由 ACCA 寻址的程序存储器单元的值读到数据单元中
WRITA Smem	把数据单元中的值写到由 ACCA 寻址的程序存储器中

5. 单个循环指令

(1) 单个循环指令

FIRS	有限冲击响应滤波器
MACD	乘和移动结果延时存于累加器
MACP	乘和移动结果存于累加器
MVDK	数据到数据移动
MVDM	数据到 MMR 移动
MVDP	数据到程序移动
MVKD	数据到数据移动
MVMD	MMR 到数据移动
MVPD	程序到数据移动
READA	从程序存储器读到数据存储器
WRITA	写数据存储器到程序存储器

（2）不可使用 RPT 或 RPTZ 指令循环执行的指令

ADDM	加长立即数到数据存储器
ANDM	把数据存储器与长立即数相与
B [D]	无条件跳转
BACC [D]	跳转到累加器地址
BANZ [D]	跳转到非 0 的辅助寄存器
BC [D]	条件转移
CALA [D]	调用累加器地址
CALL [D]	无条件调用
CC [D]	条件调用
CMPR	和辅助寄存器相比较
DST	长字（32 位）存储
FB [D]	无条件远程跳转
FBACC [D]	远程跳转至累加器所指定的位置
FCALA [D]	远程调用子循环，地址由累加器所指定
FCALL [D]	无条件远程调用
FRET [D]	远程返回
FRETE [D]	中断使能并从中断中远程返回
IDLE	IDLE 指令
INTR	中断
LD ARP	调用辅助寄存器指针
LD DP	调用数据页指针
MVMM	MMR 之间的移动
ORM	数据存储器与长立即数相与
RC [D]	条件返回
RESET	软件复位
RET [D]	无条件返回
RETF [D]	从中断返回
RND	累加器求余
RPT	重复执行下一条指令
RPTB [D]	块重复
RPTZ	重复下一条指令并清除累加器
RSBX	复位状态寄存器中的位
SSBX	置位状态寄存器中的位
TRAP	软件中断
XC	条件执行
XORM	长立即数和数据存储器相异或

参 考 文 献

[1] 纪宗南. DSP实用技术和应用实例. 北京：航空工业出版社，2006.
[2] 刘丽均. 数字信号处理技术及其应用. 北京：机械工业出版社，2004.
[3] 彭启琮. TMS320C54X实用教程. 成都：电子科技大学出版社，2000.
[4] 尹勇. DSP集成开发环境CCS开发指南. 北京：北京航空航天大学出版社，2003.
[5] 张雄伟. DSP芯片的原理与开发应用（第三版）. 北京：电子工业出版社，2003.
[6] 赵明忠. DSP应用技术. 西安：西安电子科技大学出版社，2004.
[7] 乔瑞萍. TMS320C54x DSP原理及应用. 西安：西安电子科技大学出版社，2009.
[8] TMS320C54X DSP CPU and Peripherals Set, Volume 1. Texas Instrument Incorporated, 1998.
[9] TMS320C54X Assembly Language Tools User's Guide. Texas Instrument Incorporated, 1998.
[10] TMS320C54X DSP Application Guide Reference Set, Volume 4. Texas Instrument Incorporated, 1998.